预防性刑法的风险及控制研究

Research on the Risks and Control of Preventive Criminal Law

房慧颖 ◎著

图书在版编目(CIP)数据

预防性刑法的风险及控制研究 / 房慧颖著. -- 北京：北京大学出版社，2025.1. -- ISBN 978-7-301-35852-8

Ⅰ.D924.04

中国国家版本馆 CIP 数据核字第 2024LX5445 号

书　　　名	预防性刑法的风险及控制研究
	YUFANGXING XINGFA DE FENGXIAN JI KONGZHI YANJIU
著作责任者	房慧颖　著
责 任 编 辑	李小舟
标 准 书 号	ISBN 978-7-301-35852-8
出 版 发 行	北京大学出版社
地　　　址	北京市海淀区成府路 205 号　100871
网　　　址	http://www.pup.cn　新浪微博：@北京大学出版社
电 子 邮 箱	zpup@pup.cn
电　　　话	邮购部 010-62752015　发行部 010-62750672　编辑部 021-62071998
印 刷 者	北京圣夫亚美印刷有限公司
经 销 者	新华书店
	730 毫米×980 毫米　16 开本　13.5 印张　187 千字
	2025 年 1 月第 1 版　2025 年 1 月第 1 次印刷
定　　　价	62.00 元

未经许可，不得以任何方式复制或抄袭本书之部分或全部内容。
版权所有，侵权必究
举报电话：010-62752024　电子邮箱：fd@pup.cn
图书如有印装质量问题，请与出版部联系，电话：010-62756370

目录 Contents

引 言　　　　　　　　　　　　　　　　　　　　1

第一章　预防性刑法的理论阐释　　　　　　　　9
　　第一节　预防性刑法的产生背景　　　　　　9
　　第二节　预防性刑法的现实考察　　　　　　20
　　第三节　预防性刑法的驱动因素　　　　　　28

第二章　预防性刑法的风险检视　　　　　　　　40
　　第一节　预防性刑法的内生隐患　　　　　　40
　　第二节　预防性刑法的风险展示　　　　　　47
　　第三节　预防性刑法风险产生的原因剖析　　55

第三章　预防性刑法的风险化解　　　　　　　　65
　　第一节　预防性刑法应坚守的原则导向　　　66
　　第二节　预防性刑法应秉持的理念进路　　　85
　　第三节　预防性刑法风险化解的现实路径　　95

第四章　预防性刑法的具象考察与模式革新（上）
　　　　——对网络犯罪预防性规制模式的考察与
　　　　革新　　　　　　　　　　　　　　　　110
　　第一节　网络犯罪预防性规制模式的正当依据　111

第二节　网络犯罪预防性规制模式的危机展示　118
　　第三节　网络犯罪预防性规制模式的必要限缩　124

第五章　预防性刑法的具象考察与模式革新（中）
　　　　——对污染环境罪预防性规制模式的考察与
　　　　革新　133
　　第一节　污染环境罪预防性规制模式的现实图景　135
　　第二节　污染环境罪预防性规制模式的体系省察　141
　　第三节　污染环境罪预防性规制模式的危机应答　158

第六章　预防性刑法的具象考察与模式革新（下）
　　　　——对数据犯罪预防性规制模式的考察与
　　　　革新　173
　　第一节　数据犯罪预防性规制模式的现状梳理　175
　　第二节　数据犯罪预防性规制模式的困境研判　183
　　第三节　数据犯罪预防性规制模式的范式建构　189

后　记　211

引　言

一、研究缘起

网络犯罪、恐怖主义、环境污染、生产事故、道路交通事故、重大传染疾病等日益威胁社会安全。为了应对上述威胁，各国刑事立法活动日趋活跃，以预防风险理念为导向的预防性刑法观逐渐渗透进刑法体系，使得刑法介入法益保护的时点日趋前置。刑法介入时点的前置化，体现出积极防控社会风险、维护社会安全的预防性刑法的特征。预防性刑法是相对于传统刑法而言的，它不严格强调将现实的法益侵害结果作为追究刑事责任的基础，而是着眼于对潜在法益侵害危险的防范，从而实现对法益的事前保护。如果赋予刑法以"救火队长"的角色，预防性刑法便使刑法从"扑灭火灾"的被动角色向"预防火灾"的主动角色转变，强调与追求社会保护的秩序形塑。

在治理新型社会风险时，预防性刑法契合了维护社会安全的时代需求。但是，预防追求"越早越好"的倾向，很可能会模糊刑法干预社会的应有界限，侵蚀刑法的自由保护机能。预防性刑法具有的双重属性，使得立法者在借助预防性刑法规制社会风险时，始终面临两难处境：一方面，如果为了实现风险防控、保护社会的目的而放任预防性刑法的扩张，则可能导致刑罚权的过度膨胀，无法回应对其合理性的诘问；另一方面，如果因忌惮刑罚权过度膨胀而踌躇不前,则无法保护受犯罪行为侵犯的法益,无法有效规制社会风险,无法满足社会转型期国家、社会、公民对法律制度的需求。

应当看到,在总体国家安全观逐渐渗入到法律体系的大背景下,预防性刑法承载着维护国家与社会安全的时代使命。这决定了立法者不可能因预防性刑法具有挤压与克减公民自由的潜在风险,就全盘否定预防性刑法的正当性与合理性。在此前提下,一味给予预防性刑法否定性评价显然缺乏实际意义。更为可取的方案是,一方面,主动发现与挖掘预防性刑法的潜在风险,充分展示其在立法层面、司法层面与理论层面存在的危机与隐忧;另一方面,积极探索应对预防性刑法风险的策略,为有效遏制预防性刑法的侵夺自由风险提供理论依据。

二、研究意义

在社会转型的过程中,传统刑法与预防性刑法逐渐分化,刑事立法从保守转向积极是大势所趋、不可遏止。在预防性刑法发展过程中,必然要扬弃传统刑法中过于消极、保守的因素。但是,预防性刑法具有天然的价值偏向,即注重保障社会却忽略保护人权。预防性刑法要想维持其发展的正当性、科学性、审慎性,必须批判式地继承传统刑法的合理因素,并摒弃自身发展过程中的非理性化因素。预防性刑事立法目前为止仍停留在对社会风险"碎片化"的"修补"状态,尚未形成系统化、体系化的方案。在此状况下,预防性刑法理论及理念应先行一步,着力构建整体性、系统化的理论方案,尤其需注重为预防性刑法的发展设定合理边界,以实现安全与自由双重价值的平衡。在非传统风险不断涌现和蔓延的当下,国家将提升治理能力作为重要任务,预防性刑法的风险及控制研究,有利于为国家治理能力现代化提供重要的理论支撑和规范供给,为未来的刑事立法提供新范式。预防性刑法的风险及控制研究,具有重要的理论价值和实践意义。

第一,有助于理论上对预防性刑法研究的创新和发展。在当下的社会转型期,我国面临诸多艰巨且复杂的现实难题,这是对我国刑事立法前瞻性、科学性的严峻现实考验。我们必须站在社会治理现实需求及刑法发展的历史经验的角度,审视我国的预防性刑法理论,并力求发展出一套能够适应当下和未来发展的新理论。本书对预防性刑法进行集中的梳理,对预防性刑法的风险及产生原因进行具象考察,并探索能有效化解预防性刑法风险的现实路径。本书的研究内容能够在一定程度上弥补以往对预防性刑法体系性研究的不足,有助于实现我国预防性刑法理论体系的整合和完善。

第二,为我国传统刑法的预防性转型提供科学指引。我国的预防性刑事立法实践在一定程度上呈现出情绪性、象征性特征,进而影响刑事立法的科学性和正当性。本书对我国预防性刑事立法实践进行具象考察,明晰我国预防性刑法风险产生的根源和动因,并对症下药,探寻化解预防性刑法天然偏差的治本之策,以构建系统化、科学化、现代化的预防性刑法规范体系,增强刑法在风险社会中的安全保障机能和适用效果,为总体国家安全观的贯彻落实以及国家治理体系和治理能力现代化提供重要保障。

第三,有助于建构我国预防性刑法规制模式的新范式。面对智能时代日益复杂的社会状况,事后回应型的古典刑法理论因无法规制某些新型犯罪而显得力有不逮、捉襟见肘。晚近兴起的以事前预防为主的预防性刑法理论又可能会因诱发刑罚权的恣意扩张、导致公民自由的不当限缩而显得过犹不及、矫枉过正。刑法体系需要具有自我演化的能力和自我反思的内在因素,必须不断适应社会的发展需求,实现与社会系统的同步进化。为此,本书尝试构建吸收二者优势、去除二者隐患的刑法体系,即构建通过适当策略实现对重大风险的事前防控,同时又谨防对公民自由造成不当侵害的"事前防控+事后惩治"型刑法体系,以促进社会的健康、有序、蓬勃发展。

三、研究进路

人类发展史上的几次革命都带来了人类的大飞跃、大发展。农业革命使得人类获取食物的方式发生了根本性的变革。工业革命使得人类的劳动模式发生了重大变革,极大地提升了人类的生产力水平。近几十年来逐渐形成与发展的信息技术和人工智能技术更是极大地改变了人类社会的面貌,重塑着社会结构。以信息技术和人工智能技术为动力源泉的智能时代,蕴含着巨大的福祉,也潜藏着众多的威胁。以工业社会为基础构建的传统刑法理论体系,在去中心化、网络化、行为与人分离化的智能时代社会结构中,逐渐呈现出捉襟见肘、力所不逮的状态,无法有效发挥刑法的保护机能。孕育于工业时代的传统刑法理论如何在智能时代作出自我更新与调整以适应时代发展的需求,是刑法在智能时代面临的最大挑战。晚近兴起的以事前预防为主的预防刑法理论又可能会因诱发刑罚权的恣意扩张,而导致公民自由的不当限缩而显得过犹不及、矫枉过正。刑法体系需要具有自我演化的能力和自我反思的内在因素,必须不断适应社会的发展需求,实现与社会系统的同步进化。

本书正文共分六章。

第一章"预防性刑法的理论阐释"。该章从预防性刑法的产生背景、现实考察、驱动因素三个方面入手,介绍预防性刑法的产生背景与正当性根据。处于转型期的现代社会是一个充满了高度复杂与不确定风险的时代,风险的种类与日俱增,风险的不确定性日益突出。国家任务的转变与公民安全期待的提升共同赋予了刑法预防和控制风险的正当性。预防刑法是相对于传统刑法而言的将积极预防社会风险作为价值导向的一系列刑事立法活动的统称。预防刑法着眼于对潜在法益侵害之危险的防范,目的是维护社会安全,实现社会控制。与工业时代相比,社会中的智能社会风险可谓有增无减,且呈现复杂化、规模化趋势,传统刑法逐渐暴露出不适状态。在此背景下,预防刑法以积极干预社会风险的姿态呈现,起到了保护法益、阻止危险的效果,适应了时代的需求。预防性刑法可谓契合时代需求,应运而生,扮演着维护社会安全的重要角色。

第二章"预防性刑法的风险检视"。预防性刑法具有内生的扩张逻辑,一味追求刑法的预防导向,将会模糊刑法干预社会的应有界限,从而导致预防性刑法无节制发展,展现出一系列风险,并进而侵蚀刑法的自由保护机能。具体表现为:在立法层面,过度强化预防性刑法在社会治理中的作用易滋生过度刑法化隐忧;在司法层面,犯罪认定标准的模糊化潜藏着司法恣意的危机;在理论层面,放松对国家刑罚权的限制易导致刑法社会保护与人权保障机能的失衡。应当看到,传统刑法对现代社会中具有不确定性、复杂性特征的风险疲于应对,一味坚持传统刑法对危害结果的被动应对思路,不利于社会的稳定和安全。预防性刑法所体现的主动出击观念,有利于完成现代社会治理的任务,增强社会成员对政治机体的认同,从而维护社会的安全与秩序。因此,预防性刑法在现代社会中的功效并非传统刑法所能替代,其存在的价值应得以肯定。但不可否认,预防性刑法将维护社会的安全作为内生动力,忽略对国家刑罚权的约束和限制,具有忽略保障公民权利和自由的天然偏差。这一偏差的存在,使得预防性刑法在运行过程中存在因国家刑罚权过度扩张而威胁公民自由和权利的巨大法治风险,甚至会动摇刑事法治的根基。如何化解预防性刑法的天然偏差所引发的法治风险,是不可回避、亟须解决的问题。

第三章"预防性刑法的风险化解"。预防性刑法之所以存在一系列的风险,根本原因在于,其为了扩张刑事处罚范围而对传统理论发展出来的限制刑事立法的标准做了相对化处理。因此,我们要探求限制预防性刑法不当扩张的策略,为预防性刑法的发展设置合理边界,实现安全保障与自由保护的动态平衡,从而有助于在不侵犯公民自由的前提下维护社会安全,维护公民的根本利益,实现社会的长期稳定发展。设置预防性刑法边界,应在坚守刑法谦抑性原则与比例原则的基础上,明晰安全保障机能与自由保护机能之间的实质关联,筛选预防性刑法所应保护的法益,审查预防性刑法具体手段的必要性与合理性。关键的着力点是,在理论上明确刑事立法的界限,通过合理限定预防性刑法的法益保护范围,明确刑法与前置法的位阶关系。在法益保护范围层面,预防性刑法保护的集体法益、公共安全法益和个人法益的维护之间必须存在相当性关联。同时,如果对集体法益或公共安全法益的侵害造成的风险,满足了行为人不可控、被害人难以容忍、既有的规范体系不能有效规制的标准,预防性刑法的介入就并不违背前置法优先的要求。

第四章"预防性刑法的具象考察与模式革新(上)——对网络犯罪预防性规制模式的考察与革新"。以帮助信息网络犯罪活动罪为代表的网络犯罪预防性规制模式,在宏观层面符合风险社会语境中风险预防的内在逻辑,在中观层面契合我国"严而不厉"的刑法理念,在微观层面有利于化解司法解释立法化所引发的合法化危机,具有一定的正当性。但刑法教义学不应是立法规定的简单背书,所有立法规定都应回归到教义学原理进行理性审视。当前刑事立法的扩张趋势可能会造成公民自由的不当限缩,从而使网络犯罪预防性规制模式在刑法外部关系层面和刑法内部体系层面都面临着正当性危机。为最大程度地协调个人权利保护与犯罪扩张化态势,必须对网络犯罪预防性刑法规制模式进行必要的限制。对帮助信息网络犯罪活动罪的构成要件不宜进行概括性、宽泛性的宽松解释,而应采取类型化、限缩性的严格解释。将立法论中的适度扩张与解释论中的目的限缩结合起来,才能在打击网络犯罪、维护网络秩序的同时,遏制刑法过度扩张的趋势,在瞬息万变的外部环境中形成适应社会发展的理论张力,实现网络时代刑法治理语境下安全与自由的平衡。

第五章"预防性刑法的具象考察与模式革新(中)——对污染环境罪预防性规制模式的考察与革新"。污染环境罪的刑法治理机制已从事后惩治型规制模式转向事前预防型规制模式,但采用事前预防型规制模式治理污染环境罪存在诸多流弊与危机。在立法层面,污染环境罪的法益内涵和功能的转变削弱了法益概念的立法批判机能;在司法层面,污染环境罪解释标准的抽象化有滋生司法恣意的风险。应采取必要措施对污染环境罪事前预防型规制模式进行限缩,刑法不能脱离公民个人权利而单独保护生态法益,应充分发挥行政法律规范对污染环境罪认定的限缩过滤功能。生态环境污染的治理需要刑法机制,而刑法机制和其他法律机制同属法治系统的组成部分,法治系统中各关联要素之间既有功能区分又有价值连接。建构污染环境罪的刑事治理机制,需要在法秩序统一视野下审视刑法机制与行政法、民法等部门法机制之间的关系,充分发挥各部门法的功效,以形成层次分明、轻重有序、宽严适中、效果显著的污染环境犯罪的法律治理机制。恢复被污染的生态环境,实现人与自然的和谐共生,是惩治污染环境罪的最高旨归。为此,在公法方面,应在顶层设计中坚持环境修复优先原则;在私法方面,应健全污染环境罪刑事附带民事诉讼机制,最终形成"有限制的事前预防+有成效的事后修复"的污染环境罪治理新范式。

第六章"预防性刑法的具象考察与模式革新(下)——对数据犯罪预防性规制模式的考察与革新"。以维护数据安全、释放数据价值为导向,建构符合我国数据犯罪特征的刑法规制模式,是立法者、司法者和研究者共同面临的不可回避的重要议题。我国刑法中尚未以数据法益为核心建立罪刑规范体系,刑法规制数据犯罪的行为链条和行为类型并不完整,仍存在明显的体系性不足与系统性缺陷,导致数据犯罪的刑法规制在立法层面和司法层面都面临困境。应跳出刑法的闭塞体系,以求建立数据犯罪治理的新范式。通过构建纵向维度与横向维度的治理链条,形成数据犯罪的立体化刑法治理体系,实现对数据犯罪行为从上游到下游的有效治理和对数据犯罪行为类型的全面规制。同时,应严格把握数据犯罪刑法治理的轻重程度,寻求社会治理与科技发展之间的平衡,谨守刑法不阻碍科技发展的底线。应实现企业内控机制与国家监管规则之间的功能化互动,为数据犯罪治理提供充足的外部制度补给予支撑,构建内外共治的数据犯罪"双轨"治理格局。同时,为了同时实现对数据犯罪的治理"到位"和避免刑法"越位",应准确把握刑法介入数据犯罪治理的时机,构筑防范数据犯罪的"三道防线":发挥企业自身能动性,通过企业数据刑事合规计划推进对数据犯罪的预防,构筑"第一道防线";利用前置性法律法规限制数据犯罪相关罪名的适用范围,构筑"第二道防线";将刑法作为保护数据安全、惩治数据犯罪的"最后一道防线",由此形成数据犯罪的分级治理格局。

在未来,随着科技与社会的进一步发展,预防性刑法治理模式将会不断面临新的挑战和困难,如何以实现社会有效治理、释放刑法的应有价值为导向,建构符合我国国情的刑法规制模式,是立法者、司法者和研究者共同面临的不可回避的重要议题。对预防性刑法治理模式的探索,可谓任重而道远。笔者在书中提出的方案并非盖棺之论,更重要的目的在于,通过对预防性刑法的系统性研判,以及对未来优化预防性刑法规制模式的倡导,引发学者们的关注和思索,检讨舛误、理清进路,共同论证、探寻预防性刑法在立法层面与司法层面所面临困境的对策,真正实现社会保护与自由保障之间的平衡。

第一章

预防性刑法的理论阐释

在当今风险社会与网络社会交织、社会风险有增无减的社会转型期,治理社会风险、维护社会安全是刑法不可推卸的重要使命。近代社会以来,通过使用权威法令来对社会进行高度专门控制的法律,与道德、宗教等其他社会控制手段互相配合、相辅相成,最终实现对社会利益冲突的控制。① "我国法治建设事业已经迈入后立法时代。"② 在当今社会风险有增无减的时代背景下,预防性刑法实现了风险预防在法律上的制度化,具有深厚的现实土壤。预防性刑法具有种种优势和合理性,有效弥补了传统刑法在治理新型社会风险时基于事后法属性与逻辑而出现的"缓不济急"的缺陷。由此,预防性刑法可谓是契合时代需求,应运而生,扮演着维护社会安全的角色。

第一节 预防性刑法的产生背景

人类发展史上的几次革命都带来了人类的大飞跃、大发展。农业革命

---

① 参见〔美〕罗·庞德:《通过法律的社会控制——法律的任务》,沈宗灵、董世忠译,商务印书馆1984年版,第22页。

② 于改之:《法域协调视角下规范保护目的理论之重构》,载《中国法学》2021年第2期。

使得人类获取食物的方式发生了根本性的变革。工业革命使得人类的劳动模式发生了重大变革,极大地提升了人类的生产力水平。① 近几十年来逐渐形成与发展的信息技术和人工智能技术更是极大地改变了人类社会的面貌,重塑着社会结构。孕育于工业时代的传统刑法理论如何在智能时代作出自我更新与调整以适应时代发展的需求,是刑法在智能时代面临的最大挑战。

一、智能革命与智能时代的到来

信息技术、人工智能技术与工业革命时代的蒸汽技术、电气技术的本质不同在于:后两者是机械动力技术大发展的集中体现,扩展与延伸了人的体力,扩大了人类的活动范围,减轻了人类的体力劳动强度;前两者以算法、数据为核心驱动力,扩展与延伸了人的脑力,在客观上超越了人脑的运算极限,甚至突破了人脑的智能程度。② 由此可见,信息技术与人工智能技术是对人类大脑与智能的超越和突破,我们可以将二者的飞速发展称为"智能革命"。有不少学者将信息技术革命与人工智能技术革命作为蒸汽技术革命与电气技术革命的延续,从而将信息技术革命称为"第三次工业革命",将人工智能技术革命称为"第四次工业革命"。笔者认为,此种分类方式不仅是对信息技术革命、人工智能技术革命与工业革命基本内容的混淆,也是对信息技术与人工智能技术内在共性的忽视。事实上,信息技术革命与人工智能技术革命的产生背景、技术根基存在共通之处,均以数据和算法作为核心驱动力,且二者又从本质上区别于工业革命(包括蒸汽技术革命与电气技术革命)。因此,我们可将扩展和替代人类脑力为核心的信息技术与人工智能技术引发的技术革命称为"智能革命",以区别于以扩

---

① 参见何星亮:《智能革命与文明变迁——人类学的视角》,载《中南民族大学学报(人文社会科学版)》2019年第4期。

② 参见刘宪权:《对人工智能法学研究"伪批判"的回应》,载《法学》2020年第1期。

展和替代人类体力为核心的工业革命。同时,我们可将受到信息技术与人工智能技术深度浸染的人类发展阶段称为"智能时代",以区别于受到蒸汽技术与电气技术广泛影响的人类发展阶段——工业时代。

工业革命与智能革命的具体区别在于:第一,两种技术革命的内容存在本质区别。工业革命通过改善劳动者使用的工具来达到扩展与延伸人的体力、减轻人类劳动强度的目的;智能革命则通过算法革新来达到扩展与延伸人的脑力、在更高层次促进人类社会发展的目的。第二,两种技术革命所利用的能源差异明显。工业革命以蒸汽机、内燃机等的发明和使用为标志,这些机器的运转离不开煤、天然气、石油等能源的支撑。"这意味着人类文明开始吃自然界的'老本',而不只是吃自然界的'利息'了。"①智能革命以计算机、互联网、智能机器人等的发明和使用为标志,其运转主要依靠数据与算法来实现对信息的接收、生成或释放。这种"原料"可谓取之不尽、用之不竭。"通过信息和想象力,我们将找到取代今天消耗殆尽的资源的替代物。"②第三,两种技术革命对生产力结构的影响不同。工业革命塑造的生产力结构是,劳动者驾驭无自主能力的机械化工具;智能革命缔造的生产力结构是,劳动者利用有自主能力的智能化工具。

信息技术与人工智能技术均在20世纪50年代萌芽,其发展与更迭促进了人类社会生产力与生产生活方式的巨变,开创了一个新时代——智能时代。"工业时代'知识就是力量'。智能时代'智能就是力量'。知识比物质有力量,智力比知识有力量。工业时代由能量驱动物质型经济,智能时代则以智力驱动智能经济。智能成为比土地、金钱更重要的资本,是一种战略资源。"③智能时代的来临,固然为人类社会带来了千载难逢的机遇,但同时也应看到,"人类每一次技术的飞跃,都会带来人类的大发展,同时

---

① 〔美〕阿尔文·托夫勒:《第三次浪潮》,朱志焱等译,新华出版社1996年版,第21页。
② 同上书,第391页。
③ 童天湘:《从信息革命到智能革命》,载《中国科技信息》1996年第3期。

也给人类自身带来巨大的风险和问题"[①]。由此可见,以信息技术和人工智能技术为动力源泉的智能革命所引发的智能时代,蕴含着巨大的福祉,但也潜藏着众多的威胁。

二、智能时代的社会结构特征

智能革命对社会的影响在20世纪50年代初见端倪,进而席卷全球,迅速影响了人类社会的生存发展状况。在包括信息技术革命与人工智能技术革命在内的智能革命的刺激之下,社会结构发生了翻天覆地的变化,逐渐呈现出去中心化、网络化的特征。社会结构变化对刑法领域产生的重要影响则是,行为人实施的犯罪行为在绝大多数情况下呈现出与行为人本人相分离的特征,即行为与人的分离化。

(一)去中心化

受信息技术与人工智能技术的影响,社会的功能日趋分化。传统的以政治系统作为核心的社会治理机制逐渐瓦解,取而代之的是一个由政治、经济、法律、教育、科学等诸多独立系统汇合的社会。各个独立系统内部由具有本系统内部特征的准则、运作逻辑支撑和引导,来实现内部自洽,从而实现本系统在社会整体中的应有功能。"包括政治、法律、教育等在内的诸社会功能子系统,通过一种自反性的、具有运作封闭性和认知开放性的社会系统结构,来应对现代风险社会日益增强的复杂性压力。"[②]随着社会生产力的发展,尤其是随着智能时代的来临,社会的分工化、各领域的专业化逐渐增强,这是社会结构随生产力发展状况自我调适的必然结果。算法对智能系统的运作能够起到决定性的影响。算法具有高度的专业性,未受过

[①] 何星亮:《智能革命与文明变迁——人类学的视角》,载《中南民族大学学报(人文社会科学版)》2019年第4期。

[②] 〔德〕贡塔·托依布纳:《魔阵·剥削·异化——托依布纳法律社会学文集》,泮伟江、高鸿均等译,清华大学出版社2012年版,第5页。

专业训练的人往往无法掌握算法的运作原理,更无法对算法的运作过程施加影响。因此,算法的高度专业性使得算法的编制与运行过程被极少数的专业人士所掌握。① 算法作为智能技术的核心体现,本身是中立的,不具有个人偏好或者人类的善恶价值。但是,智能技术本身的中立并不代表智能系统运行之后产生的结果中立。智能系统运作的过程看上去体现了充分的自主性,并非受到人为控制,但是智能系统运作的原动力——算法,在被编制与设计的阶段,往往会不可避免地受到算法设计者伦理道德、价值取向、结果导读、指标标准的影响。② 融入了设计者不良伦理道德、不当价值取向等的算法,即是存在偏差的算法。同时,应当看到,某一算法的编制,往往不仅影响一个智能系统,而可能会同时作用于多个系统;又或者,一个智能系统不仅影响一个特定领域,而可能会同时影响到多个领域。算法偏差的影响非个人力量所能比拟,其范围通常会呈现规模化、系统化的特征,从而对社会发展产生不良影响。由此,各独立系统依自身逻辑运作,而非在社会统一中心指挥与引导之下作出行为的风险也是显而易见的。依据自身逻辑运作的社会独立子系统势必具有将自身准则最大化的内在需求,从而可能会过度扩张。当具有上述内在需求的各独立子系统都存在过度扩张的状况而缺乏内在反思性的限缩机制时,就将对自然、社会、公民造成巨大威胁。

(二) 网络化

"网络是一种分布式的存在,由一堆彼此指向、相互纠缠的箭头织就的网,它没有开始,没有结束,也没有中心;或者反之,到处是开始,到处是结束,到处都是中心。"③ 去中心化的社会结构是社会网络化的重要原因,去

---

① 参见周游:《我国亟待建立人工智能算法审查机制》,载《中国计算机报》2018年5月14日第12版。
② 参见于冲:《刑事合规视野下人工智能的刑法评价进路》,载《环球法律评论》2019年第6期。
③ 〔美〕凯文·凯利:《失控》,张行舟等译,电子工业出版社2016年版,第40—41页。

中心化是对社会复杂状况的回应,各子系统相对独立的运作机制又会使得社会进一步形成网络化的结构。位于网络交织点的各子系统之间的交互运作又会使得社会复杂性进一步加剧。信息技术、人工智能技术发展的三要素是算法、数据和算力[1],其本质在于对数据与算法的处理,是否具有物理形体则在所不论。得益于信息技术的飞速发展,诞生已久但在很长时间之内悄然无声的人工智能技术才能够重新焕发活力与生机。智能革命是在大数据技术和以计算机技术为核心的信息技术二者基础之上,以自动化决策分析的智能系统为主干,进行自主学习、判断、决策的算法革命。[2] 可以说,智能时代的生产力进步源泉是算法,智能风险的核心则是算法偏差。算法的组成因子则是数据,也即数据按照一定规律所进行的能够产生自主分析、决策等作用的排列组合即是算法。因此,从这个意义上而言,算法偏差的具体表现包括数据瑕疵与算法过错。数据是算法的基本组成单位,是智能系统运作的原始材料。同时,根据智能系统的运作原理,原始数据被分析、整合之后会产生新数据,新数据又将作为被分析、整合的数据,进而产生下一层级的新数据,由此数据瑕疵将会被层层传递。可见,当原始数据存在瑕疵的时候,智能系统将会在运作过程中将这一瑕疵传递并放大,进而带来不良后果。[3] 智能系统进行深度学习在很大程度上会依赖于原始数据,如果数据的采集者以及数据处理过程的设计者等在设计过程中过失甚至故意地将存在瑕疵的数据输入,将可能引发严重的社会危害,甚至带来相应的刑事风险。[4] 尤其是在与公民生命健康或者财产安全息息相关的领域,如自动驾驶、医疗、工程机械等智能系统,一旦原始数据存在瑕

---

[1] 参见赛迪顾问股份有限公司:《2018人工智能核心产业发展白皮书》,载《中国计算机报》2018年11月26日第8版。
[2] 参见郑戈:《算法的法律与法律的算法》,载《中国法律评论》2018年第2期。
[3] 参见于冲:《刑事合规视野下人工智能的刑法评价进路》,载《环球法律评论》2019年第6期。
[4] 参见李智勇:《终极复制:人工智能将如何推动社会巨变》,机械工业出版社2016年版,第90页。

疵,将会造成难以想象的恶果。在呈现网络化结构的社会中,"牵一发而动全身"的特征会体现得淋漓尽致。正如前述,对某个微不足道的数据进行篡改,或者对某一算法进行恶意植入,也许并不会直接侵犯国家、社会利益或者公民的权利,但是在"蝴蝶效应"的作用下,可能会使得某一特定独立系统无法良性运转,进而通过各独立系统之间的网状联系传递至整个社会系统,引发社会整体的系统危机。[①] 社会呈现出网络化的结构特征是社会良性运转的必备条件,同时也为犯罪行为危害性的加乘传播推波助澜。

(三)行为与人的分离化

信息技术与人工智能技术研发的初衷便是延伸、拓展乃至替代人类大脑功能,在工业革命实现了将人类从繁重的体力劳动之中解放出来的目标之后,进一步实现将人类从烦琐的脑力劳动之中解脱出来的目标。实现这一目标的基本方式便是,通过设计相应的程序算法,来取代人类大脑的思维过程。当然,随着智能革命的深入,人类设计的程序算法不仅可以取代人类大脑的思维过程,还可以以指数级的发展速度实现对人类大脑功能的超越。无论是替代还是超越,都意味着信息技术与人工智能技术所产生的成果,如计算机、智能机器人等,能够在原本人类亲自参与的领域独立发挥作用,而无须人类的配合和帮助。与工业革命塑造的劳动者驾驭无自主能力的机械化工具的生产力结构不同的是,智能革命缔造的生产力结构是劳动者利用有自主能力的智能化工具。[②] "驾驭"意味着机械化工具作用的发挥离不开劳动者的直接操控,而"利用"意味着智能化工具作用的发挥无须劳动者的直接参与,劳动者仅需启动智能化工具,并等待着"享受"智能化工具所产生的成果。由此,"工具化"的生产工具逐步演变为"本体化"的

[①] 参见刘涛:《网络帮助行为刑法不法归责模式——以功能主义为视角》,载《政治与法律》2020年第3期。

[②] 参见何立民:《人工智能时代是什么时代?》,载《单片机与嵌入式系统应用》2020年第4期。

生产工具。与此同时,这意味着直接实施"危害行为"的主体由人转变为智能化工具,由此造成行为与人的分离化。① 问题在于,智能化工具实施危害行为的原始发动力确为人类提供,但是整个算法循环运作过程无人类直接参与。确切来说,人类被排除在了算法循环之外,被动接受算法运行结果。② "危险在于没有人能确保该算法设计正确,尤其是当它与众多算法交互时。"③ 换言之,当数量惊人的算法交互运作,且速度远超人类想象时,人类社会所面临的风险以及对危害结果进行归责的困难便显而易见。

三、力所不逮:事后回应型刑法之憾

传统刑法理论是以事后回应为主的模式体系,其具有特定的社会性、历史性,而非放之四海皆准的真理。在智能时代,当社会形态发生了重大变革时,当社会的复杂性日益提升时,当结果与行为之间介入了诸多难以掌控的因素时,乃至当结果的出现可能会对人类生存环境与社会秩序稳定带来毁灭性的打击时,传统的事后回应型刑法体系便会出现无法适应社会发展的症状,表现出心余力绌的体系危机。

(一)事后回应型刑法诞生的时代背景

尽管在漫长的人类历史中,有相当长的时期都是实行结果责任,但是本书所提及的事后回应型刑法并非能够追溯至远古社会早期文明的结果责任,而是以工业时代产生的传统刑法理论作为基石的事后回应型刑法体系。远古时代的人们将世界理解成闭合的统一体,对结果负责只是顺应自然循环的既定规律。因结果的出现而追溯于行为人的行为时,行为人的故

---

① 参见于冲:《刑事合规视野下人工智能的刑法评价进路》,载《环球法律评论》2019 年第 6 期。
② 参见〔英〕玛格丽特·博登编著:《人工智能哲学》,刘西瑞、王汉琦译,上海译文出版社 2001 年版,第 11 页。
③ 〔美〕皮埃罗·斯加鲁菲:《智能的本质:人工智能与机器人领域的 64 个大问题》,任莉、张建宇译,人民邮电出版社 2017 年版,第 169 页。

第一章 预防性刑法的理论阐释

意或者过失可能对于归责而言无关紧要。换言之,即使结果的出现具有偶然性,也不存在归责的障碍。① 孕育于工业时代的传统刑法理论所讲求的结果责任,与远古时代的结果责任具有本质的区别。传统刑法理论对于将结果归责于行为人塑造了一整套可适用的标准,即在什么程度、什么条件下,让行为人对其行为引发的结果承担刑事责任。

事后回应型的传统刑法理论萌芽于前工业时代,成长于工业时代,蓬勃于后工业时代,其形成、成长、成熟的历程与工业社会的发展水平相吻合。作为上层建筑组成部分的刑法体系和理论,根植于其所处时代的生产力发展水平,且深受其所处时代其他社会科学尤其是哲学的影响。17世纪的数学家、哲学家笛卡尔将自然界与人的关系形容为机器和掌控机器的理性人之间的关系。这一先驱性的思想在牛顿三大定律发现之后得到人们的彻底信服乃至追捧。② 由此,"理性时代的舆论才形成,理性时代也才真正地来临"③。彼时,人们认为通过牛顿三大定律等对自然界规律的发现与利用,便可进一步实现控制自然界的梦想。人们依托牛顿力学理论所构建的具有确定性的思维方式和世界观所形成的事物都具有确定性的认知,直到相对论、测不准原理、哥德尔不完全性定理等提出后才逐步被扭转。但是,受牛顿力学影响,期待用因果定律控制社会秩序的认知,并未因自然科学的重大发展而快速改变。古典刑法理论强调刑法对个人行为精准的控制④,通过对个人行为的控制,最终达到对社会秩序的控制。边沁所提出的功利主义从根本上契合了工业社会中对个人行为控制的需求,并由此产生了巨大影响,是工业时代极具代表性的哲学思想。边沁提出:"惩罚必然使受罚者感受某种痛苦,因而它本身是一种恶。但是,只要惩罚所

---

① 参见王钰:《功能刑法与责任原则——围绕雅科布斯和罗克辛理论的展开》,载《中外法学》2019年第4期。

② 参见〔美〕罗兰·斯特龙伯格:《西方现代思想史》,刘北成、赵国新译,金城出版社2012年版,第52页。

③ 同上书,第59页。

④ 参见劳东燕:《网络时代刑法体系的功能化走向》,载《中国法律评论》2020年第2期。

要排除的犯罪之恶大于惩罚之恶,惩罚就是善的。因此,刑事立法者所要做的,就是认识和比较犯罪之恶与惩罚之恶的轻重,通过必要、有效的惩罚来获取制止犯罪的效果,并辅之以符合功利观念的其他预防犯罪策略。"① 总而言之,所谓功利主义,即是利用人求福避祸的特性,通过采取必要的刑罚手段,对实施了造成严重社会危害性后果的行为之行为人予以制裁,来达到防止该行为人再次实施此种行为并警示其他人不要实施此种行为的目的。通过施加相应刑罚,来达到控制人的行为的目的,便是工业时代传统刑法理论的重要特征。这种思维方式和刑法体系在以机器化大生产为背景的时代有其合理性。照此思维,人作为具有内在理性的主体,自有其运转的规律,正如人可以利用自然规律改造自然、利用自然一样,包括刑法在内的统治社会的工具,也可利用人的内在理性运转的规律,来达到对人的行为的控制。

(二) 事后回应型刑法在智能时代捉襟见肘的表现

人的主体性特征在智能时代变得越来越模糊,进而对法律体系产生挑战。② 智能时代技术的迭代更新,会不可避免地对事后回应型刑法体系带来影响。对于基于信息技术或人工智能技术的行为所产生的危害后果,传统刑法理论体系中的事后回应型的责任原则难以对其作出有效评价。如果因刑法自身的保守性特征而因循守旧,忽视智能时代社会结构性调整对刑法体系更新产生的需求,妄图用传统理论解决全部的智能时代的刑法问题,可能就陷入了"骑车上月球"的荒诞逻辑范畴。③ 面对算法偏差引发的智能风险,刑法体系面临着结构性更新与自我抉择的问题。以事后回应为主的古典刑法理论是适应工业时代社会发展需求的产物。面对着智能时

---

① 转引自马克昌主编:《近代西方刑法学说史》,中国人民公安大学出版社2016年版,第120—121页。
② 参见陈璞:《论网络法权构建中的主体性原则》,载《中国法学》2018年第3期。
③ 参见高艳东:《诈骗罪与集资诈骗罪的规范超越:吴英案的罪与罚》,载《中外法学》2012年第2期。

代日益复杂的社会状况,事后回应型的古典刑法理论因无法规制某些新型犯罪而显得心余力绌。换言之,以工业社会为基础构建的传统刑法理论体系,在去中心化、网络化、行为与人的分离化的智能时代社会结构中,逐渐呈现出捉襟见肘、力所不逮的状态,主要表现为刑法的保护机能发挥不畅。

在智能时代,刑法机能发挥不畅的原因在于"仍然沿用传统工业社会的管理方式来管理和规避风险中的风险问题"[①]。智能时代技术是引发社会风险的原发动力。随着算法设计与编制技术的日益精进,在监督学习下可受控制的算法逐渐演进为人造神经网络算法(ANN)等有能力根据大数据进行自行深度学习、具备自主决策能力的算法。对于此类具有超越人类意志的算法自觉性的算法,相关人员难以精确预测算法运行所产生的实际结果,难以绝对控制算法运行结果对社会所带来的实际影响,更难以准确预知算法失控后对社会的影响范围和危害程度。[②] 同时,算法的设计与应用并非同一个时间点,而是处于某一产业链条。在这一产业链条之上,"越接近于应用端,应用的时间越长,人类的可控性则越差,所谓的过错也更加难以判断"[③]。由此,传统的"救火式"的刑法理论对于此种刑事风险必然疲于应对。原因在于,与工业时代的社会状况相比,智能时代的社会中人为制造的风险更为高发,更加具有不稳定性、未来性和不可预测性,设计的潜在被害人的范围更加广泛。[④] "人类理性往往在风险的不确定性中失效,这对刑法干预方式提出挑战。刑法规制社会风险的罪责基础具有复杂性,并非传统的经验或因果关系逻辑所能圆满处理,面临风险归因的难题,

---

① 林丹:《乌尔里希·贝克风险社会理论及其对中国的影响》,人民出版社 2013 年版,第 8 页。
② See Gabriel Hallevy, *When Robots Kill: Artificial Intelligence under Criminal Law*, Northeastern University Press, 2013, pp. 144-159.
③ 于冲:《刑事合规视野下人工智能的刑法评价进路》,载《环球法律评论》2019 年第 6 期。
④ 参见范如国:《"全球风险社会"治理:复杂性范式与中国参与》,载《中国社会科学》2017 年第 2 期。

无法判断后果的责任归属。"① 由此,传统的事后回应型的刑法体系,难以对智能时代具有不可控特征的危害后果进行有效归责,也难以对行为人的主观罪过进行准确认定。

同时,事后回应型的刑法体系更加倾向于在危害结果发生之后再行介入并对行为人的罪责作出评价。但是,正如笔者前面所言,智能时代的网络化特征使得社会处于"牵一发而动全身"的状态,如果未对处于因果链条前端的算法瑕疵进行有效制止和规制,则当瑕疵行进到因果链条的后端时,可能会对社会带来毁灭性打击。此时亡羊补牢,恐怕为时已晚。事后回应型的刑法体系的弊端在智能时代的集中体现正在于此。虽然根据传统刑法理论,只有当法益遭受重大侵害时,才可能由刑法予以保护。② 这在智能时代来临之前颇具合理性。原因在于,工业社会中的风险扩散范围小,当某一危害行为发生后,对实施该危害行为的行为人进行规制,预防该行为人再次实施此类行为以及警告其他人不要实施类似行为,便基本可实现保护该危害行为所侵犯的法益免遭再次侵害的目的。但是,智能时代的社会风险具有呈指数级扩大和在全社会扩散的危险性,等到严重危害结果发生时再行规制将为时已晚。现代社会的危机往往始于微末,却在后果发生时爆发力惊人,为国家、社会和公民带来难以承受之痛。换言之,根据事后回应型刑法体系的规制模式,当危机变成现实时,刑法的保护机能可能已沦为一纸空谈。

第二节 预防性刑法的现实考察

一、预防性刑法在我国的萌芽

预防性刑法是相对于事后回应型的传统刑法体系而言的,其特征在于

---

① 姜涛:《社会风险的刑法调控及其模式改造》,载《中国社会科学》2019 年第 7 期。
② 参见马克昌:《比较刑法原理——外国刑法学总论》,武汉大学出版社 2002 年版,第 13 页。

第一章 预防性刑法的理论阐释

不严格强调将法益侵害结果看作追究行为人刑事责任的必备要件和基础,而是着重防范尚未发生的、潜在的法益侵害危险,以实现对社会的有效控制。① 与事后回应型刑法体系相对照,预防性刑法注重刑法的预防功能的发挥,是为了应对智能时代复杂的犯罪形势而呈现的刑法发展的新趋势。② 在此状况下,刑法体系的核心逐渐转变为国家借由刑法有效预防与控制法益侵害危险。③ 预防性刑法体系与事后回应型刑法体系相比,呈现出刑法的早期化介入、行为人构成犯罪的先行义务范围膨胀等特征,其本质是降低了入罪的门槛,体现了刑法体系从以结果为本位的模式向以行为为本位的模式演进的趋势。

(一)刑法的早期化介入

增设抽象危险犯和将刑罚处罚节点前置,是晚近刑事立法所呈现出的重要特色,也是预防性刑法的表现之一。例如,《刑法修正案(八)》增设了危险驾驶罪,成立本罪无须造成特定的实害结果或者具体的法益侵害危险,仅需造成抽象的法益侵害危险即可。相对于严重交通事故发生的危害结果而言,危险驾驶行为尚未造成严重的危害结果或者具体的法益侵害危险,对危险驾驶行为的打击体现了为维护道路交通安全而对可能造成道路交通事故的行为提前打击的预防性刑事立法策略。显然,立法的天平在此倾向于维护社会安全这一公共法益。刑事立法中将此类行为规定为犯罪,是在维护社会安全与保障公民自由之间所作的考量,通过限缩公民自由来达到维护社会安全的目的。在智能时代,刑法早期化介入的特征主要体现为晚近刑法修正案对于网络犯罪相关条文的修改和增设。例如,《刑法修正案(七)》增设《刑法》第285条第2款(非法获取计算机信息系统数据、非法控制计算机信息系统罪),无论是获取计算机信息系统数据的行为,还是

---

① 参见姜涛:《社会风险的刑法调控及其模式改造》,载《中国社会科学》2019年第7期。
② 参见〔德〕乌尔里希·齐白:《全球风险社会与信息社会中的刑法:二十一世纪刑法模式的转换》,周遵友、江溯等译,中国法制出版社2012年版,第4页。
③ 参见何荣功:《预防刑法的扩张及其限度》,载《法学研究》2017年第4期。

非法控制计算机信息系统的行为,都并未实际地产生侵害法益的后果。事实上,上述行为是行为人为实施其他相关犯罪行为作准备。刑法分则条文将上述行为规定为犯罪,是预备行为实行化的表现,相当于提前介入了对相关行为的刑法规制。再如,《刑法修正案(九)》增设《刑法》第287条之一(非法利用信息网络罪),并且将本条设置成行为犯,使得刑法介入相关利用信息网络实施犯罪行为的刑法规制的时间节点大大提前[①],显示出刑法介入相关犯罪行为规制的早期化趋势。诸如此类,不一而足。

(二)行为人构成犯罪的先行义务范围膨胀

与传统刑法相比,预防性刑法赋予公民的刑法义务大大增加,将原属于公民行政义务范畴的内容上升为刑法义务,从而扩大了刑罚处罚范围。行为人构成犯罪的先行义务范围膨胀的特征主要体现为通过刑法修正案对刑法条文进行调整,将网络服务提供者等行为主体的管理义务、社会责任等直接提升,使之成为行为主体构成犯罪的先行义务。例如,《刑法修正案(九)》将拒绝提供恐怖主义、极端主义犯罪证据的情形规定为犯罪行为,也即赋予公民与国家合作,打击恐怖主义、极端主义的刑法义务。又如,《刑法修正案(九)》增设拒不履行信息网络安全管理义务罪(《刑法》第286条之一),目的是通过刑法的强制作用,强化网络服务提供者所承担的网络安全管理义务,预防网络犯罪,维护信息网络的安全。[②] 事实上,2011年全国人大常委会《关于维护互联网安全的决定》、2012年全国人大常委会《关于加强网络信息保护的决定》以及2016年《网络安全法》均规定,网络服务提供者需要履行信息网络安全管理义务。拒不履行信息网络安全管理义务罪的增设,将原本属于网络服务提供者行政义务的信息网络安全管理义务上升为刑法层面的管理义务,以此促进网络服务提供者对这一义务的重视和有效履行,从而有效预防通过信息网络所实施的犯罪活动。互联网接

[①] 参见高铭暄、孙道萃:《预防性刑法观及其教义学思考》,载《中国法学》2018年第1期。

[②] 参见全国人大常委会法制工作委员会主任李适时2014年10月27日在第十二届全国人民代表大会常务委员会第十一次会议所作的《关于〈中华人民共和国刑法修正案(九)(草案)〉的说明》。

入、服务器托管等网络服务提供的行为,在本质上是商事经营的行为。赋予提供商事服务的网络服务提供者面对海量信息时实质性甄别、审查信息合法性、真实性的行政义务,本就可能妨碍网络运营。① 立法者为了维护网络安全管理秩序,赋予网络服务提供者上述行政义务,是在维护网络秩序与网络运营效率之间做出的抉择。也就是,在一定程度上牺牲从事商事经营活动的网络服务提供者的自由和权利,从而维护网络安全与秩序这一公共利益。将网络服务提供者的上述行政义务上升为刑法义务,进一步加重了网络服务提供者所要承担的义务与责任,也就相当于进一步限缩了从事商事经营活动的网络服务提供者的自由范围。"义务应当在何处止步是社会哲学所面临的一项最艰巨的课题。"② 优先实现对信息网络安全保护的价值取向,而限缩网络服务提供者的自由空间,在相当程度上超越了事后回应型的传统刑法理论体系的定位。毫无疑问,这是预防性刑法逻辑的典型体现。义务增加与自由限缩并行不悖,公民承担的刑法义务越多,享受自由的范围就越少。预防性刑法重视国家刑罚权对社会秩序、稳定与安全的维护的同时,会忽视对公民自由的保障,由此可能导致对公民自由的保障不力。对保障公民自由的忽视,是根植于预防性刑法内部的天然偏差。

二、预防性刑法立法策略的类型化分析

预防性刑法立法策略可被概括为犯罪化,包括显性的犯罪化(即增加新罪名)和隐性的犯罪化(即降低入罪门槛和延展个罪辐射范围)等。

第一,显性的犯罪化(即增加新罪名)。主要表现为以下几个方面:其一,增设抽象危险犯。与具体危险犯不同,抽象危险犯的构造是单一的"危

---

① 参见周光权:《转型时期刑法立法的思路与方法》,载《中国社会科学》2016年第3期。
② 〔美〕富勒:《法律的道德性》,郑戈译,商务印书馆2005年版,第15页。

险行为＋主观罪过",无须依附于实害结果。① 例如,《刑法修正案(八)》增设危险驾驶罪(《刑法》第 133 条之一),将原属于行政违法的行为纳入刑法规制范畴,予以犯罪化,既引发了社会治理是否存在过度刑法化趋势的争论和探讨,也引发了刑法是否存在人权保障和社会防卫机能失调的忧虑。其二,预备行为实行化。此举体现了预防性刑法早期化介入的特征,在恐怖犯罪和网络犯罪中得到了类型化呈现。例如,《刑法修正案(九)》增设准备实施恐怖活动罪(《刑法》第 120 条之二),将为恐怖活动进行策划或准备的行为一律涵括其中。这与我国"反恐怖主义工作坚持防范为主、惩防结合和先发制敌、保持主动"的"预防为主"的反恐国家战略息息相关。② 再如,《刑法修正案(九)》增设非法利用信息网络罪(《刑法》第 287 条之一),将利用网络实施犯罪的认定和处罚节点大大提前,也即将原先利用网络所实施的犯罪行为的预备行为作为实行行为处罚,简化了犯罪证据的认定程序,体现了预防性刑法的立法策略。其三,帮助行为正犯化。例如,《刑法修正案(九)》增设帮助信息网络犯罪活动罪(《刑法》第 287 条之二),是对中立帮助行为进行刑法干预的体现。网络服务提供者的经营行为虽然属于中立的技术帮助行为,但其有可能为犯罪分子利用信息网络进行违法犯罪活动提供客观意义上的帮助。当中立的技术帮助行为在客观上对犯罪的实现具有促进作用时,就进入了刑法评价的范畴。从 2000 年出台的《关于维护互联网安全的决定》到 2016 年通过的《网络安全法》都对网络服务提供者的信息网络安全管理义务作出了规定。事实上,帮助信息网络犯罪活动罪的增设本质上是使得网络服务提供者的信息网络安全管理义务上升为刑法义务③,进而达到预防网络犯罪的目的。其四,增设煽动类型的犯罪。例如,《刑法修正案(九)》增设宣扬恐怖主义、极端主义、煽动实施

---

① 参见姜敏:《恰当选择规范位置优化刑法预防性立法》,载《检察日报》2018 年 10 月 24 日第 3 版。
② 参见何荣功:《"预防性"反恐刑事立法思考》,载《中国法学》2016 年第 3 期。
③ 参见周光权:《转型时期刑法立法的思路与方法》,载《中国社会科学》2016 年第 3 期。

恐怖活动罪(《刑法》第 120 条之三)。这一类型的犯罪将预防性刑法介入早期化的特征体现得淋漓尽致①,充分体现了针对恐怖主义要"打早打小"的政策。② 其五,增设持有类型的犯罪。例如,《刑法修正案(九)》增设非法持有宣扬恐怖主义、极端主义物品罪(《刑法》第 120 条之六)。这一类型罪名的增设,降低了举证的难度,更有利于打击恐怖主义等严重危及公共安全的犯罪,有利于实现预防性刑法的目的。其六,增设不作为类型的犯罪。例如,《刑法修正案(九)》在《刑法》第 311 条中增设了拒绝提供恐怖主义、极端主义犯罪证据的情形,将配合司法机关调查、收集有关恐怖主义、极端主义犯罪证据上升为刑法义务,加大对恐怖犯罪、极端主义的打击力度,体现了预防性刑法维护社会安全的决心和理念,但是也在一定程度上加重了公民的义务。

第二,隐性的犯罪化(即降低入罪门槛和延展个罪辐射范围)③。与显性的犯罪化相比,隐性的犯罪化并非直接增加新罪名,其预防性的意图体现得更为隐蔽,但是实质上与显性的犯罪化殊途同归,都是通过更早地介入相关犯罪行为来达到预防犯罪或者预防更为严重的犯罪结果发生的目的。具体体现为:其一,降低入罪门槛,主要模式为结果犯到行为犯模式的转化、结果犯到危险犯模式的转化以及危险犯到行为犯模式的转化等。总体而言,刑法介入犯罪的节点越来越早,是预防性刑法介入早期化的典型体现。例如,《刑法修正案(八)》取消了《刑法》第 141 条生产、销售假药罪"足以严重危害人体健康"的构成要件,相当于从危险犯的构罪模式转换为行为犯的构罪模式。再如,《刑法修正案(八)》将《刑法》第 144 条生产、销售有毒、有害食品罪中的"造成严重食物中毒事故或者其他严重食源性疾患,对人体健康造成严重危害"修改为"对人体健康造成严重危害或者有其

---

① 参见梅传强:《我国反恐刑事立法的检讨与完善——兼评〈刑法修正案(九)〉相关涉恐条款》,载《现代法学》2016 年第 1 期。
② 参见高铭暄、李梅容:《论网络恐怖主义行为》,载《法学杂志》2015 年第 12 期。
③ 参见姜涛:《社会风险的刑法调控及其模式改造》,载《中国社会科学》2019 年第 7 期。

他严重情节",相当于将本罪结果犯的构罪模式转换为结果犯和行为犯并存的构罪模式。又如,《刑法修正案(八)》将《刑法》第388条污染环境罪中的"造成重大环境污染事故,致使公私财产遭受重大损失或者人身伤亡的严重后果的"修改为"严重污染环境的",成立本罪不再要求重大环境污染事故的发生,只要违反国家规定实施了相关行为,严重污染环境,即可成立本罪。① 这相当于将本罪从结果犯的构罪模式转换为危险犯的构罪模式。其二,延展个罪辐射范围,主要通过增加主体范围、扩充行为类型、扩张对象范围等方式实现。例如,《刑法修正案(九)》在帮助恐怖活动罪(《刑法》第120条之一)、非法侵入计算机信息系统罪(《刑法》第285条)、破坏计算机信息系统罪(《刑法》第286条)等条文中都增加了单位这一犯罪主体;另外,在拒不履行信息网络安全管理义务罪中,增加了网络服务提供者这一新型主体。② 再如,《刑法修正案(九)》在《刑法》第280条伪造、变造居民身份证罪中新增了"买卖"这一行为方式,并将原来的犯罪对象——居民身份证扩大到"居民身份证、护照、社会保障卡、驾驶证等依法可以用于证明身份的证件",修改后成为"伪造、变造、买卖身份证件罪",即是对原来构成要件中的行为方式和犯罪对象进行扩充,从而延展了本罪的辐射范围。

三、预防性刑法引发刑法构造与功能的嬗变

与事后回应型的传统刑法相比,注重事先预防的预防性刑法在诸多方面带来了刑法构造与功能的嬗变,包括刑法的表现形式、刑法的价值支撑与策略等方面。

第一,刑法的表现形式发生转变。传统刑法强调处罚范围的节制,以

---

① 参见黄太云:《〈刑法修正案(八)〉解读(二)》,载《人民检察》2011年第7期。
② 参见于志刚:《中国网络犯罪的代际演变、刑法样本与理论贡献》,载《法学论坛》2019年第2期。

第一章　预防性刑法的理论阐释

保守性作为主要表现形式。① 当民事法律、行政法律无法规制某一行为时,刑法才可能对这一行为予以干预。② 刑法不会主动出手干预可以依靠民事法律或者行政法律调节的领域。概言之,在传统刑法理念中,刑法恪守最后手段性的表现形式。但是,预防性刑法的表现形式与传统刑法相比发生了根本转变。预防性刑法不再恪守刑法的最后手段性,为了更好地达到管控社会风险、维护社会安全的目的,预防性刑法会主动出手对严重危害公共安全、妨害社会管理秩序、危害经济秩序等的行为进行打击。在预防性刑法的框架下,刑法不再附随于民事法律、行政法律等之后,也无须等民事法律、行政法律干预无效后再出手,其可以凭借单独的判断,主动出击治理其认为有必要予以刑罚处罚的行为。概言之,在预防性刑法理念框架下,刑法的表现形式由被动保守型转变为积极主动型。

第二,刑法的价值支撑与策略发生转变。传统刑法的价值支撑是保障人权,要解决的中心问题是对犯罪人的公平处置和助力于其回归社会。因此,传统刑法对治犯罪的策略是以实害结果为归责根据。而预防性刑法的价值支撑是保护社会,要解决的中心问题是预防危险、更好地实现社会控制、维护社会安全。③ 因此,预防性刑法对治犯罪的策略是以法益侵害危险为归责根据。预防性刑法强调公众对规范效力的信赖④,这也是其处罚的起点,而处罚的终点就是实现对社会秩序和国家控制规则的维护。例如,刑法通过对公众反响强烈的食品安全、醉酒驾驶等社会问题进行正面、积极的回应,引导民众强化对法规范的遵守意识,从而达到防范和减少此类犯罪发生的目的。

---

① 参见周光权:《积极刑法立法观在中国的确立》,载《法学研究》2016年第4期。
② 参见周光权:《转型时期刑法立法的思路与方法》,载《中国社会科学》2016年第3期。
③ 参见房慧颖:《智能风险刑事治理的体系省思与范式建构》,载《山东社会科学》2021年第2期。
④ 参见〔德〕乌尔斯·金德霍伊泽尔:《论犯罪构造的逻辑》,徐凌波、蔡桂生译,载《中外法学》2014年第1期。

第三节　预防性刑法的驱动因素

晚近以来,随着社会的飞速发展,网络犯罪、恐怖主义、环境污染、生产事故、道路交通事故、重大传染疾病等日益威胁社会安全。为了应对上述威胁,各国刑法日趋活跃,以预防风险理念为导向的预防性刑法观逐渐渗透进刑法体系,立法活动日趋积极,刑法保护日趋前瞻。[①] 以我国刑法为例,从《刑法修正案(八)》到《刑法修正案(十一)》,对于侵犯重大公共法益的行为,刑法的规制节点前移,即在危险现实化之前予以介入,从而参与社会风险治理、有效预防社会风险的特征日趋显著,体现出预防性刑法积极防控风险、维护社会安全的面向。预防性刑法是相对于传统刑法而言的,它不严格强调以既成法益侵害结果作为刑事责任追究基础,而是着重于对潜在法益侵害危险的防范,从而实现对社会的有效控制[②],实现对法益的事前保护。[③] "如果把刑法任务比作救火队长,它正在从扑灭火灾的被动角色向预防火灾的主动角色转变,强调与追求社会保护的秩序形塑。"[④]

一、应时代之需:积极应答时代需求

刑法是社会治理的方式之一,每一部刑法都应与它所处的特定时代相对应。"如果社会本身是动荡不安的,就必须通过惩罚来确立样板,因为相对于犯罪的样板,刑罚本身也是一个样板。如果社会本身是很稳定的,犯

[①] 参见杨绪峰:《安全生产犯罪立法的体系性反思——以〈刑法修正案(十一)〉的相关修改为契机》,载《法学》2021年第3期。
[②] 参见何荣功:《预防刑法的扩张及其限度》,载《法学研究》2017年第4期。
[③] 参见于改之、蒋太珂:《刑事立法:在目的和手段之间——以〈刑法修正案(九)〉为中心》,载《现代法学》2016年第2期。
[④] 姜涛:《社会风险的刑法调控及其模式改造》,载《中国社会科学》2019年第7期。

罪在法律上的地位就是微不足道的,就可以根据地位的趋势来考虑废除犯罪。"①显然,在风险社会与网络社会交织、恐怖主义与极端主义并进的当今社会,犯罪在法律上的地位是极为重要的,更不可能考虑废除犯罪。刑罚仍需作为一个样板,刑法仍需以社会秩序、公共安全等问题为导向,适应我国当前的社会状况,积极恰当地发挥预防功能。这不仅是现实情况的需要,也具有价值合理性和正当性。

"社会不是以法律为基础的。那是法学家们的幻想。相反地,法律应该以社会为基础。"②刑法在不同的时代承担着不同的使命,刑法应敏感地感知社会变化,不断适应变化发展的社会生活事实。当安全问题因社会风险的增加而日益重要之时,刑法就应积极应答时代需求,发挥维护社会安全的功用,这便是预防性刑法的正当性根据。

(一)转型期社会风险的特征

与以往的社会风险相比,转型期的社会风险具有更加明显的现实性、人为性、紧迫性特征。

首先,转型期的社会风险具有现实性。"在现代化进程中,生产力的指数式增长,使危险和潜在威胁的释放达到了一个我们前所未知的程度。"③网络犯罪、恐怖主义、环境污染、生产事故、道路交通事故、重大传染疾病等与以往不同的新型风险,正在成为民众生产、生活乃至生存的新型威胁。与传统风险相比,这些新型风险的破坏性更大、传播性更强、波及面更广。④ 由此,我们不得不正视当前所面临的现实威胁,并采取措施对这些史无前例的风险进行规制,从而维护国家安全、社会安全与人民生活的安定。

---

① 〔法〕米海依尔·戴尔玛斯-马蒂:《刑事政策的主要体系》,卢建平译,法律出版社2000年版,第29页。
② 《马克思 恩格斯 列宁 论意识形态》,人民出版社2009年版,第31页。
③ 〔德〕乌尔里希·贝克:《风险社会》,何博闻译,译林出版社2004年版,第15页。
④ 参见张永强:《预防性犯罪化立法的正当性及其边界》,载《当代法学》2020年第4期。

其次,转型期的社会风险具有人为性。在当代,人们所面临的风险主要来自人类自身而非自然界。① 人为风险的产生主要是组织体在工业化、信息化过程中严重不负责任的态度所导致。而组织体严重不负责任的态度的诱因则是危险制造与危险承担的不对等。② 换言之,作为危险制造者的组织体因危险的制造而获益,但通常承担危险的是全体或部分公民而非组织体自身。由此可知,在利益的驱使下,组织体不会主动、积极地采取措施防范自身所带来的风险,此时便需要法律乃至刑法的介入,通过法律的强制力迫使组织体采取措施防范风险,在一定程度上缓解危险制造与危险承担的不均衡。

最后,转型期的社会风险具有紧迫性。转型期的社会风险充满无差别性,一旦演变为现实性的危害结果,则影响范围不仅局限于某一个体,而是及于相当数量乃至全部的社会成员。无论是主动制造了风险的组织体,还是被迫承受风险的其他社会成员,都无一例外地被裹挟其中。同时,这些风险具有不确定性,其发生时间、发生频率、所造成的后果通常无法被准确预测。基于此,转型期社会风险的紧迫性不仅表现为需要及时采取相应措施防范风险的发生,还表现为民众对风险的恐慌、不安所导致的内心的紧迫感。换言之,转型期社会风险的紧迫性不仅具有客观存在性,而且具有主观感受性。由此,对转型期社会风险进行治理,维护社会安全,是基于社会现实与公民安全需求的必然选择。

(二)国家任务与公民期待凝结成的时代需求

随着转型期社会风险的不断涌现和加剧,国家任务、公民的期待与诉求,逐渐发生了不同于以往的质的转变,由此凝结成新的时代需求,推动刑法向以安全为导向的新方向发展。

首先,社会转型期国家任务发生了转变。在传统法律视角下,国家往

---

① 参见〔英〕安东尼·吉登斯:《失控的世界:全球化与知识经济时代的省思》,陈其迈译,时报文化出版公司2001年版,第21页。
② 参见姜涛:《为风险刑法辩护》,载《当代法学》2021年第2期。

往居于"守夜人"的中立角色,不应过多介入公民的生活,以免过多干预公民的自由。国家的这一定位源于在诸如恐怖主义、环境污染、生产事故、道路交通事故、重大传染疾病等新安全威胁到来之前,对公民权利的侵犯往往来自另外的公民个体,公民个体尚可用自身力量开辟自力救济的通道。而当代人类所面临的恐怖主义犯罪、环境污染、重大传染疾病等各种风险,正以压倒性的方式存在着。在新安全威胁到来之后,对公民权利的侵犯往往来自组织体(如恐怖组织、黑社会性质组织等)而非其他公民个体。如果说在新安全威胁到来之前,遭受侵害的公民个体尚可与施加侵害的公民个体抗衡的话,那么在新安全威胁到来之后,遭受侵害的公民个体与施加侵害的组织体之间由于力量悬殊,亟须国家作为"保护人",保障公民个体的权利与自由。由此可见,与传统刑法产生时国家的任务相比,社会转型期的国家必须承担起保障社会安全的重任,维护社会安全已成为国家法治变革及国家治理能力现代化的重要目标。

其次,社会转型期公民的安全期待提升。卢梭的社会契约论提出,公民让与自由从而形成国家权力,而让与自由是为了获取更多自由。"这里所讲的自由,本质上应该是安全。"①社会转型期新安全威胁的来临及不断加剧,对公民的安全感形成了强烈的冲击,也销蚀着社会的有序状态和信任体系。正如笔者前述所言,公民个体的力量无法直接与侵犯公民权利的组织体的力量相抗衡,只能寄希望于国家力量来为自己的权利与自由提供强有力的保护。同时,随着网络技术和传媒技术的发展,与传统社会相比,公民对风险的感知途径增多,这在一定程度上会形成风险放大效应,从而加剧公民对风险的担忧。因此,公民会迫切希望政府采取强有力的手段预防和控制风险。②作为社会治理工具的刑法,便会被赋予新的主要任务,即肩负起社会治理的重任,将维护社会安全作为自身的主要目标。

---

① 参见姜涛:《为风险刑法辩护》,载《当代法学》2021年第2期。
② 参见高铭暄、孙道萃:《预防性刑法观及其教义学思考》,载《中国法学》2018年第1期。

最后，前置性法律法规难以构建有力体系来抗衡新安全威胁。恐怖主义、环境污染、生产事故、道路交通事故、重大传染疾病等新安全威胁，无论是危害范围还是危害程度，都远非传统安全威胁所能比拟。换言之，一旦上述新安全威胁现实化为客观危害结果，则任何国家、社会、个人都难以承受。而经济法、行政法等前置性法律法规难以构建起强有力的"屏障"来抵御这些新安全威胁的可能侵害。当前置性法律法规无法实现对相关行为的有效规制时，刑法应承担起作为补充法的社会防卫义务，积极预防和规制对国家、社会、个人的安全造成威胁乃至实际侵害的行为。同时也应看到，既然上述新安全威胁的现实化客观危害结果是个人、社会、国家乃至于全人类的无法承受之重，则传统刑法的事后补救模式已显得力有不逮，刑法应在风险现实化之前就予以介入，将规制节点前移，从而防患于未然。

（三）预防性刑法是积极应答时代之需的产物

现代社会风险防控需求是预防性刑法所根植的土壤。法律命题的创设是因应时代和社会需求的。[①] 预防性刑法与风险社会的时代背景密切关联，其发展的外部助力来自现代社会风险的防控需求和公民的安全需求，这一需求又反过来强化了预防性刑法保护社会的机能。转型期的现代社会是一个充满了高度复杂与不确定风险的时代，风险的种类与日俱增，风险的不确定性日益突出。国家任务转变与公民安全期待提升共同赋予了刑法预防和控制风险的正当性。就国家和政府而言，风险社会的来临，使得国家的角色和任务发生重大转变。面临着诸如恐怖袭击等各式各样具有不确定性的风险，"政府被要求提供安全保障的职责，而这一职责的扩张亦将引发法律的深刻挑战"[②]。作为最有力的风险控制主体的国家，为了完成保障社会安全的职责，便会因应时代和社会需求对法律体系的价值

---

① 参见〔日〕川岛武宜：《现代化与法》，申政武等译，中国政法大学出版社2004年版，第221页。

② 赵鹏：《风险社会的自由与安全》，载沈岿主编：《风险规制与行政法新发展》，法律出版社2013年版，第3页。

第一章 预防性刑法的理论阐释

立场进行调整。刑法是法律体系的组成部分，在上述趋势下便会进行结构转向，表现为在不法层面从结果无价值向行为无价值转变，在罪责层面从自由意志向预防功能理念转变。① 这是国家职责扩张所引发的社会治理的规则向刑法内部传导的必然结果。就社会整体而言，社会状态越来越呈现出复杂性、变动性与灵活性，各种风险显著增多，风险现实化所引发的后果更加恶劣且难以想象。在此背景下，社会对刑法的需求加大，借助刑法实现对严重威胁社会安全的行为的控制，从而维护社会稳定。这是社会发展的必然要求，也是社会转型引发的治理模式转变所带来的必然结果。以恐怖主义犯罪为例，恐怖主义所引发的新型危险充满复杂性、不确定性，恐怖主义风险现实化对人类社会带来的是难以承受的打击，这"致使国家安全机构在可能遭遇恐怖袭击时有必要在犯罪既遂之前就进行打击"②。

公民的安全需求是强化预防性刑法的重要催化剂。公民的安全需求包括理性需求和非理性需求。就公民对安全的理性需求而言，社会整体风险的增加最终会影响到每一个公民自身的安全，公民对自身安全所受威胁的恐惧感，在风险社会中会急剧增加，并且对实现风险控制的需求也会随之增加。尽管刑法是加诸公民的最严厉的谴责方式，是对公民施加的一种"恶"，但是公民愿意让渡更多的自由和权利，从而享受社会秩序稳定所带来的安全。就公民对安全的非理性需求而言，随着通信技术、网络技术的发展，公民获取信息的渠道拓宽、速度加快，对风险的感知也会随之增强。同时，信息传播速度的加快意味着实际风险与被夸大的风险对公民所造成的影响会同时加大。事实上，公民筛选真实信息的能力与信息传播速度并不成正比。也就是，在信息技术高度发达的社会中，公民极易受到被夸大乃至虚假的风险信息的影响，从而过于夸大对安全的需求。这种被夸大的安全需求最终会对立法者产生影响。为了响应公民对安全的需求，实现对

---

① 参见姜涛：《社会风险的刑法调控及其模式改造》，载《中国社会科学》2019年第7期。
② 〔德〕乌尔里希·齐白：《全球风险社会与信息社会中的刑法：二十一世纪刑法模式的转换》，周遵友、江溯译，中国法制出版社2012年版，第197页。

社会的控制,强化公民对法律的忠诚与信赖,立法者极易作出与实际情况不符的夸大回应,更加重视刑法对社会安全的保护机能,加大对社会风险的刑法治理。

"法律是人类社会的公共事业,它并不是陈年的古董,供奉于充满了灰尘的架子之上被人欣赏。它像一棵古老却又具有旺盛生命的参天大树,顽强地扎根于历史之中,却又依旧开出了新芽,长出了新的树枝,并不时褪去枯木。"① 预防性刑法脱胎于传统刑法,在应对转型期社会风险的过程中形成了以预防风险、维护社会安全为导向的内核。对于恐怖主义、环境污染、生产事故、道路交通事故、重大传染疾病等新安全威胁,预防性刑法作出了积极的应答,积极介入影响社会安全与公民生活安宁的领域,对侵犯社会安全与公民生活安宁法益的行为予以提前预防与打击,成为有力的社会控制手段。以道路交通犯罪为例,随着工业化时代来临、汽车大规模上路,道路交通犯罪日益增多,其危害性日益显现。为了保护道路交通安全这一公共法益,《刑法修正案(八)》增设了危险驾驶罪,将追逐竞驶、醉酒驾车行为纳入刑罚处罚范围;《刑法修正案(九)》进一步扩张了危险驾驶罪的处罚范围;《刑法修正案(十一)》新增妨害安全驾驶罪,将"对行驶中的公共交通工具的驾驶人员使用暴力或者抢控驾驶操纵装置,干扰公共交通工具正常行驶"的行为与"驾驶人员在行驶的公共交通工具上擅离职守,与他人互殴或者殴打他人"的行为纳入刑罚处罚范围。无论是危险驾驶罪还是妨害安全驾驶罪,刑法规制危害行为的节点都并非是在危害结果实际发生之后,而是在危险形成但实际危害结果尚未来临之际。这充分体现了预防性刑法规制节点前移、处罚危险犯的特征,也体现了预防性刑法积极应答时代之需、预防与控制风险、维护社会安全的面向。

---

① 〔英〕马丁·洛克林:《剑与天平——法律与政治关系的省察》,高秦伟译,北京大学出版社2011年版,第110页。

二、善刑法之能:充分发挥刑法机能

传统刑法在规制转型期社会风险时显得力有不逮,无法有效实现刑法的安全保障机能;而预防性刑法以积极介入社会风险规制的姿态,充分展示了预防风险、维护安全的功能,契合社会转型期的国家任务与公民期待。需要特别说明的是,尽管预防性刑法在一定程度上体现出刑法规制节点前移、积极增设新罪等特征,但由此并不能将预防性刑法与过度犯罪化、情绪性立法相等同。对此,笔者将予以说明。

(一) 传统刑法规制转型期社会风险时力有不逮

"传统刑法事后法的属性和以犯罪人为中心的理论逻辑,并不符合现代国家对风险与安全的制度预判,往往缓不济急。"[①]"传统刑法理论是以事后回应为主的模式体系,其具有特定的社会性、历史性。"[②]传统刑法在规制转型期社会风险时的力所不及主要源于其所具有的以下两个特征。

其一,传统刑法在规制犯罪时具有滞后性。这是由传统刑法的事后法属性所决定的。而转型期社会风险的现实化具有迅速性、紧迫性、破坏力强等特点,当风险演变为现实化的客观危害结果时,传统刑法再对其予以规制,往往为时已晚。例如,恐怖主义犯罪、极端主义犯罪等具有极强的破坏性,其现实化所伴随的往往是不特定多数人的生命、健康或者重大公私财产遭受破坏乃至毁灭;再如,污染环境犯罪通常具有不可逆性,其现实化后对生态环境及公民的生活、健康甚至生命所造成的危害难以修复;又如,生产、作业过程中严重违反安全管理规定的行为所造成的危险一旦现实化,伴随的常常是几十人、数百人生命的逝去。传统刑法对上述犯罪的规制,因滞后性特征的存在显得力有不逮,即传统刑法的规制并未对上述犯罪起到明显的控制作用。在这样的背景下,"即使是最坚定的报应性刑法

---

① 姜涛:《为风险刑法辩护》,载《当代法学》2021年第2期。
② 房慧颖:《智能风险刑事治理的体系省思与范式建构》,载《山东社会科学》2021年第2期。

也不可能完全忽视对不法行为的预防。如果某种行为的社会危害非常严重而应当予以犯罪化，国家就有责任采取措施保护人民免受侵害"①。预防性刑法处罚危险犯，将规制节点前移，在危险现实化之前将其扼杀。例如，《刑法修正案（九）》增设准备实施恐怖活动罪；《刑法修正案（十一）》将污染环境罪"后果特别严重"修改为"情节严重"；《刑法修正案（十一）》增设危险作业罪，规定在生产、作业过程中违反安全管理规定，"具有发生重大伤亡事故或者其他严重后果的现实危险"即构成本罪。上述预防性刑法的规制方式弥补了传统刑法滞后性所带来的规制不足的问题。

其二，传统刑法在规制犯罪时具有浅表性，无法作用于犯罪的意识形态。这是由传统刑法以犯罪人为中心的理论逻辑所决定的。对于恐怖主义组织、极端主义组织而言，其是因高度一致的精神信仰、意识形态而凝结成的组织体，恐怖主义活动、极端主义活动只是一致的精神信仰、意识形态的外在表现。传统刑法通常只能对造成法益侵害结果或威胁的行为人予以处罚，作为恐怖主义活动、极端主义活动的精神支柱的精神信仰、意识形态并未受到影响，仍可继续存在。当传统刑法的打击过后，受恐怖主义、极端主义意识形态支配的犯罪活动仍会起死回生，甚至变本加厉。② 预防性刑法作用于恐怖主义、极端主义等的意识形态，从更深的层次对恐怖主义犯罪、极端主义犯罪予以有效预防与打击。例如，《刑法修正案（九）》增设宣扬恐怖主义、极端主义、煽动实施恐怖活动罪，强制穿戴宣扬恐怖主义、极端主义服饰、标志罪，非法持有宣扬恐怖主义、极端主义物品罪，等等。上述预防性刑法的规制方式能够有效弥补传统刑法规制犯罪时的浅表性缺陷。

（二）预防性刑法能够有效维护社会安全

预防性刑法与传统刑法的价值支撑存在本质差别。传统刑法以保障人权作为价值支撑，所要解决的根本问题是公平处置犯罪人，并帮助其回

---

① Andrew Ashworth and Lucia Zedner, Prevention and Criminalization: Justification and Limits, *New Criminal Law Review*, Vol. 15, No. 4, 2012.

② 参见王良顺：《预防性刑法的合理性及限度》，载《法商研究》2019年第6期。

第一章 预防性刑法的理论阐释

归社会。因此,传统刑法坚持结果本位的归责模式。只有当行为造成实际的法益侵害结果或者引发具体的法益侵害危险时,国家刑罚权方有发动的可能。由此,在传统刑法中,法益概念所体现的功能主要是限制国家刑罚权,防止国家刑罚权的过度扩张对公民自由造成侵害。预防性刑法以保护社会作为价值支撑,所要解决的根本问题是维护社会的安全和秩序。因此,预防性刑法对风险采取事前规制,坚持行为本位的归责模式。国家刑罚权的启动无须等到实际危害结果或者对法益的具体侵害危险发生。由此,在预防性刑法中,法益概念所体现的功能不是限制国家刑罚权,而是证立刑罚权扩张的合理性。[①] 例如,抽象危险犯这一概念即是证立预防性刑法将处罚节点前移合理性的工具之一。预防性刑法与传统刑法价值支撑的本质差别,决定了预防性刑法体系内部的价值偏向,即通过严密、严厉法网实现对社会秩序与安全的维护。

预防性刑法契合社会转型期的国家任务与公民期待。维护安全是预防性刑法的先天价值偏向。现代社会中,安全的价值迅速攀升,预防性刑法能够及时回应社会关切、严密刑事法网,维护国家与社会安全,满足公民的安全期待。"刑法的天然属性使其与社会管理存在紧密的互动关系。"[②] "刑法绝非束之高阁的制度贡品,也非社会治理的旁观者,而是社会治理的参与者、贡献者。"[③] 当今社会风险的广度、深度的延展和不确定性的加剧,意味着预防性刑法将维护社会的秩序和安全作为首要任务具有深厚的社会基础和社会依据。现代社会存在的各种风险与挑战,迫使人们开始着力思考并关心,应当如何避免、减弱、改造或者疏导经济、技术发展所带来的系统性的风险、威胁乃至危机。[④] 正如德国法学家考夫曼所言:"法律价值或理念并不是定居在一个全然和谐的价值天堂。而是处于人的世界,因此

---

① 参见何荣功:《预防刑法的扩张及其限度》,载《法学研究》2017年第4期。
② 高铭暄、陈冉:《论社会管理创新中的刑事法治问题》,载《中国法学》2012年第2期。
③ 高铭暄、孙道萃:《预防性刑法观及其教义学思考》,载《中国法学》2018年第1期。
④ 参见〔德〕乌尔里希·贝克:《风险社会》,何博闻译,译林出版社2004年版,第16页。

是有限而暂时的。"①预防性刑法将维护社会安全置于优先地位,正是因应社会需要和时代需求,并作出衡量和妥协的结果。

我国社会受发展状况和世界形势的影响,也处于高速转型时期。面对这样的新形势,保持公众对法律(包括刑法)的信任并非易事。法律需要具有适应性,并能够在现代社会条件下适当地综合法律传统中各种价值的能力。②而自启蒙运动以来,国家就被作为公民安全的保证人而塑造,其必须发挥保护公民的生命、健康、财产等权利与自由的作用。预防性刑法通过积极参与社会治理,契合了维护社会安全,增进社会有机体的政治认同与团结协作的需求,从而达到治理社会风险的时代任务。预防性刑法理念有助于充分发挥刑法保护社会的机能,在社会变革中起到维护社会稳定安全的效用,积极保障社会安全发展的基本条件。在当今的时代背景下,公共法益具有重大性,社会安全发展是个人法益得到充分保护的前提和基础。预防性刑法通过积极参与社会治理,融入社会剧烈变革和社会安全发展的协同体系中,有助于驱使刑法迈向更加积极的功能化方向。预防性刑法因应风险时代的背景而生,其天然的价值偏向即是维护社会安全,契合社会转型期的国家任务与公民期待。

在此需要说明的是,尽管预防性刑法在一定程度上体现出刑法规制节点前移、积极增设新罪等特征,但由此并不能将预防性刑法与过度犯罪化、情绪性立法相等同。首先,预防性刑法不等同于过度犯罪化。预防性刑法在一定程度上代表了刑法扩张的犯罪化方向。应当看到,犯罪化或者非犯罪化是刑事立法的两种方向,并无对错之分,选择何种方向应由社会发展水平与社会需求所决定。随着我国社会生活的日趋复杂化与新型安全威胁的增加,国家与社会对刑法等法律制度的供给将产生更为强劲的需求。"刑法的处罚范围应当是越合理越好,而不是越窄越好,否则就可以说没有

---

① 〔德〕阿图尔·考夫曼:《法律哲学》(第二版),刘幸义等译,法律出版社2011年版,第212页。

② 参见〔英〕彼得·斯坦、约翰·香德:《西方社会的法律价值》,王献平译,中国法制出版社2004年版,第365页。

刑法最好,但这是幻想。"①因此,尽管预防性刑法在一定程度上体现了刑法扩张的犯罪化趋势,但只要其处罚范围具有合理性与妥当性,就不能简单地将其与过度犯罪化相等同。其次,预防性刑法不等同于情绪性立法。有学者指出,当公民的安全期待较高时,容易对刑法会导致国家暴力泛滥的危险视而不见,具体表现为"舆论"或"民意"过度影响刑事立法,进而导致刑罚权实质上的过度扩张,这属于"激情立法滋生的民粹主义刑法风险"②。笔者认为,尽管上述风险是客观存在的,但绝不能成为将预防性刑法与情绪性立法相等同的理由。预防性刑法考虑公民诉求,在客观上满足了公民的安全需求与期待,但公民的"意志"与"情绪"并不等同。刑法理论没有理由认为,公民的"意志"就是情绪化、非理性的。事实上,检验预防性刑法是否合理的标准应是实质的法益概念。如果公民因某一犯罪行为实质上侵害了法益而主张对该行为予以刑罚处罚,则此时,公民的诉求与实质法益概念并无冲突。③ 此时的预防性刑法是对公民意志的应答,而非情绪性立法。

---

① 张明楷:《增设新罪的观念——对积极刑法观的支持》,载《现代法学》2020年第5期。
② 姜涛:《为风险刑法辩护》,载《当代法学》2021年第2期。
③ 参见张明楷:《增设新罪的观念——对积极刑法观的支持》,载《现代法学》2020年第5期。

第二章

预防性刑法的风险检视

晚近兴起的以事前预防为主的预防性刑法理论可能会因诱发刑罚权的恣意扩张,导致公民自由的不当限缩而显得过犹不及、矫枉过正。① 落后于时代发展现状的刑法体系,可能会牵制甚至阻挠社会发展与时代进步;超前于时代发展现状的刑法体系,可能会被束之高阁乃至对社会发展起掣肘作用。如何疏导与限制现代性的、系统的威胁与风险,让它们既不会对现代化进程有所妨害,又不会超出刑法底线?② 为了解决这一问题,刑法体系需要具有自我演化的能力和自我反思的内在因素,必须不断适应社会的发展需求,实现与社会系统的同步进化。③

第一节　预防性刑法的内生隐患

随着信息技术与人工智能技术的飞速发展,人类社会已逐步迈入智能时代。智能时代的来临为预防性刑法的萌芽与生长提供了社会基础与社

---

① 参见于改之、蒋太珂:《刑事立法:在目的和手段之间——以〈刑法修正案(九)〉为中心》,载《现代法学》2016年第2期。
② 参见〔德〕乌尔里希·贝克:《风险社会》,何博闻译,译林出版社2004年版,第16页。
③ 参见劳东燕:《网络时代刑法体系的功能化走向》,载《中国法律评论》2020年第2期。

会依据。在预防性刑法的天然属性中,保护社会和保障人权并不是天生相对等的两个取向,为了防范风险而生的预防性刑法会不自觉地把保护社会的机能摆在首位,这也是时代变迁带来的刑法功能嬗变使然。预防性刑法在维护社会秩序、保证社会稳定有序发展方面,具有重要作用。但也应看到,预防性刑法存在显而易见的消极因素,这种"先发制人"的措施以安全的名义施加未必合理的制裁①,隐藏着矫枉过正的风险。预防性刑法在维护社会安全的同时,也存在着诱发刑罚权的恣意扩张和导致公民自由的不当限缩等内生隐患。

一、预防性刑法的价值偏向

随着现代社会的不断发展,风险防控和危机意识逐渐扩展到刑法规制领域,"法益保护早期化的刑法应运而生"②。在过去的几十年中,尽管刑法仍将保护法益、保障人权的任务摆在首要位置,但不得不承认,其已逐渐成为社会治理和综合性安全框架的重要组成部分,通过禁止危险来满足公共安全需求。③ 由此,预防性刑法应运而生④,在犯罪高发且不断侵害安全的社会环境土壤中获得茁壮成长。相较于传统刑法着眼于法益侵害结果的"被动应对"模式,预防性刑法更倾向于预防尚未实际发生的法益侵害危险的"主动出击"模式,空前强化了刑法的积极预防机能⑤,并引起刑法规范构造和功能的嬗变。在犯罪与刑法二者之间的较量与博弈不断升级的当代社会,维护安全与秩序成为预防性刑法的内生动力与优位价值选择。预防性刑法有利于发挥刑法保护社会的机能,维护社会安全,同时预防性

---

① See Lucia Zedner, Security, the State, and the Citizen: The Changing Architecture of Crime Control, *New Criminal Law Review*, Vol. 13, No. 2, 2010.
② 马克昌:《危险社会与刑法谦抑原则》,载《人民检察》2010年第3期。
③ 参见何萍、张金钢:《刑法目的解释的教义学展开》,载《法学论坛》2019年第1期。
④ 参见姜敏:《恰当选择规范位置优化刑法预防性立法》,载《检察日报》2018年10月24日第3版。
⑤ 参见利子平:《风险社会中传统刑法立法的困境与出路》,载《法学论坛》2011年第4期。

刑法具有忽视自由保护的先天局限。预防性刑法是"国家刑罚权向公民自由权利领域的进一步延伸和渗透"①。"预防性刑法将维护社会安全作为内生动力,易忽略对国家刑罚权的约束和限制,具有可能侵害公民自由与权利的天然偏差。"②

以积极预防社会风险为价值导向的预防性刑事立法活动在近年来的刑法修正案中不断推广、渗透和深化,如在恐怖犯罪、网络犯罪、食品药品犯罪等领域新增和修改的罪名,充分体现了预防性刑法积极预防的意图,并表现为介入早期化、犯罪化、配置危险犯等。不可否认,此举与传统刑法理论体系产生了不可避免的分歧,甚至引发刑法理论体系的二元化分野。③ 由此,预防性刑法观也招致诸多诸如"过度刑法化""象征性立法""违背刑法谦抑精神"的批评与反对。概言之,晚近刑法修正案增加的罪名所规范的行为,有些完全可以通过行政、民事手段加以规制,作为防卫社会的"最后一道屏障"以及其他部门法之后的"第二道防线",刑法为了稳定民心、安抚民意而增加罪名④,导致罪名的形式化、空洞化,模糊了行政或民事违法行为与刑事犯罪行为的界限,使公民的自由和权利遭受威胁。面对这些质疑和批判,我们不得不反思预防性刑法存在的问题,并探索保证预防性刑法的正当性、科学性、审慎性的必由之路。

当今社会面临着重大、复杂的变革,传统刑法理论和刑法体系也要因应时代之需作出调整和变革。在这一过程中,刑法既要发挥社会保护机能,维护社会的秩序和安全,又要避免因犯罪与刑罚的不当扩张侵害公民自由,进而阻遏刑法人权保障机能的发挥。由此,积极与审慎是当今时代刑法不可偏废的两大主题。以控制社会风险、维护社会安全为内生动力与

---

① 张永强:《预防性犯罪化立法的正当性及其边界》,载《当代法学》2020年第4期。
② 房慧颖:《预防性刑法的天然偏差与公共法益还原考察的化解方式》,载《政治与法律》2020年第9期。
③ 参见于改之、蒋太珂:《刑事立法:在目的和手段之间——以〈刑法修正案(九)〉为中心》,载《现代法学》2016年第2期。
④ 参见魏昌东:《新刑法工具主义批判与矫正》,载《法学》2016年第2期。

第二章　预防性刑法的风险检视

天然偏向的预防性刑法，在对社会安全需求进行积极回应的同时，尤要体察自身存在的诸多风险，在发展中自我节制，寻求安全与自由的动态平衡，以免使得刑法的安全价值凌驾于自由价值之上。"刑法的目的不仅是设立国家在刑罚上的权力，而且要限制国家在刑罚上的权力。"①预防性刑法以保护社会为价值支撑，重视国家对刑罚权的设立，而在一定程度上忽视了对国家刑罚权的限制。同时，现代社会风险防控的需求以及公民对安全的需求，更加强化了预防性刑法保护社会的天然价值取向，从而使其忽略保障公民自由和权利的天然偏差表现得更为明显。同时也应看到，尽管预防性刑法的影响在不断蔓延，但仍未影响传统刑法理论的全局。笔者认为，在预防性刑法尚未全面侵入传统刑法理论体系之际，我们应及时消弭预防性刑法中裹挟的危险因素，探寻正当、审慎的预防性刑法的理念进路，构建科学、有效的预防性刑法理论体系。如此，既解决了预防性立法先行、理论跟进不足等问题，又可以为今后的立法提供参考。

二、预防性刑法的目的之维

预防性刑法的目的是实现立法意义上的防微杜渐，通过将处罚节点前移，认为当具有法益侵害危险时就已具备可罚性的基础，从而避免更严重的实际法益侵害结果的发生。预防性刑法的这一目的表达了公众对社会安全的紧张、不安与焦虑的心理，以及刑法能够积极、及时、有效干预具有不确定性和极大破坏性的危险的愿望。

预防性刑法之所以具有上述目的取向，主要根植于下列原因：其一，现代社会的风险具有公共性。② 现代社会的风险是随着现代化进程出现的公共风险，其危及社会安全和社会成员整体的幸福。仅凭个人力量无法对抗这种风险，必须依赖国家力量和社会治理策略方有可能对治。作为社会

---

① 〔德〕拉德布鲁赫：《法学导论》，米健译，商务印书馆 2013 年版，第 141 页。
② 参见宋亚辉：《风险控制的部门法思路及其超越》，载《中国社会科学》2017 年第 10 期。

治理策略组成部分的刑法自然也需要承担起这一任务,代表国家对抗风险,履行保护公民安全和幸福的职责。其二,现代社会的风险具有人为性、高发性和影响广泛性。① 现代社会的风险多为人为制造出来的风险,风险频发且波及范围广。例如,恐怖主义犯罪的频发给人类社会带来巨大的灾难,成为社会整体面临的困境之一。恐怖活动一旦实际发生,将会给某一地区的人带来毁灭性的打击。由此,刑法将惩治恐怖活动的节点大大前移,设置了组织、领导、参加恐怖组织罪(《刑法》第120条)、准备实施恐怖活动罪(《刑法》第120条之二),宣扬恐怖主义、极端主义、煽动实施恐怖活动罪(《刑法》第120条之三),非法持有宣扬恐怖主义、极端主义物品罪(《刑法》第120条之六)。刑法的这些规定可以在恐怖活动尚未实际发生时就对其予以打击,从而避免实际的人员伤亡和财产损失。"借助于刑法的行为规范属性,拟制出一个负担危险的受害者共同体,循此给潜在的犯罪者设置一道不可跨越的安全防护网。"② 这就是预防性刑法的典型体现。其三,民事、行政法律控制风险不力。现代社会风险和威胁的发生具有不确定性,且一旦发生,其损害往往难以恢复。例如,严重的环境污染事故对自然环境造成的损害在几十年甚至上百年间都难以恢复;严重的食品安全事故可能会摧毁人的健康乃至夺取人的生命。民事法律、行政法律对这类风险并未建立也无法建立牢固的防护网。同时,仅依靠民事法律或者行政法律也难以满足公众的报应情感。其四,刑事归责更具复杂性。针对污染环境、食品药品安全事故等,我们可以发现,传统刑法结果归责为本位的模式无法圆满应对。当今社会风险极具复杂性,风险归因的困难导致结果归属的无力。预防性刑法从结果本位模式向行为本位模式转变,大量增设秩序违反型罪名即是为了解决这一难题。

预防性刑法实现社会风险防控、维护社会安全目的的基本途径,是通

---

① 参见范如国:《"全球风险社会"治理:复杂性范式与中国参与》,载《中国社会科学》2017年第2期。
② 姜涛:《社会风险的刑法调控及其模式改造》,载《中国社会科学》2019年第7期。

过扩大刑罚处罚范围,将可能对社会安全构成威胁的行为纳入其中,从而有效阻止危害结果的发生。预防性刑法对维护社会安全的强调,使得刑罚权存在过度扩张的趋势。社会安全即是社会中绝大多数人的安全。为了维护社会中绝大多数人的安全而扩张的刑罚权,有可能会侵犯社会中少部分人的自由和权利。原因在于,刑罚处罚范围在一定程度上代表着国家权力的大小,而国家权力与公民权利的范围是反相关关系。也就是,国家权力越大,公民权利就越小。具体而言,国家权力越大,国家对社会安全、稳定与秩序的控制力度越强,但同时公民自由的范围也就越小;反之,国家权力越小,公民自由的范围就越大,但同时社会所面临的整体性风险也就会相应增加。"刑罚处罚太多的社会,本身就是不安全的社会。"[①]此处所谓"不安全",即是指对公民自由的保障不力。这是当预防性刑法的保护社会机能被过分强调时所必然产生的矫枉过正的副作用。基于此,预防性刑法有利于发挥刑法保护社会的机能,维护社会安全。同时应看到,预防性刑法具有安全保障的天然价值偏向,从而具有忽视自由保护的先天局限。预防性刑法忽视自由保护的先天局限的存在意味着,预防性刑法"既限制了公民更多的自由,也让社会付出了昂贵的成本"[②],其正当性面临诸多冲击。

三、预防性刑法的内生悖论

在预防性刑法框架下,刑法保护社会秩序和安全的机能被置于优先位置,对公民自由和权利的潜在侵害成为一个不可忽视的问题。安全与自由展开了长期的拉锯战、持久战。这一问题正是预防性刑法的内生悖论,体现为以下两个方面。

[①] 〔德〕约亨·本克:《当今刑法的五个基本问题》,樊文译,载陈泽宪主编:《刑事法前沿》(第十卷),社会科学文献出版社 2017 年版,第 242 页。

[②] 参见王良顺:《预防性刑法的合理性及限度》,载《法商研究》2019 年第 6 期。

第一,犯罪圈扩大造成保障自由不力。刑法既要保障安全又要限制自由,当其中一种机能被强化时,另一种机能就会被削弱。犯罪圈扩大是刑法发挥保护社会安全机能的体现,同时会使自由保障机能面临被忽视的境地。换言之,预防性刑法为了保障社会上绝大多数人的安全,可能会以牺牲少部分人的自由为代价。预防性刑法注重在社会中塑造积极介入社会生活、防御社会危险的形象,同时也注重对公众的教化作用,在公众心目中树立规范意识,强调规范遵守的必要性。预防性刑法带来的结果本位模式向行为本位模式的转变即是典型案例。当成立犯罪连对法益侵犯的具体危险都不是必要条件时,法益机能中的自由保障机能就形同虚设了。这是由于对立法的实证效果存在过高估计而对立法带来的风险存在过低估计所造成的。预防性刑法保护社会的机能一旦被过分强调,就会存在矫枉过正的危险,陷入侵犯公民自由的泥沼。

第二,对危险的预防会导致公民义务的增加和自由的限缩。例如,《刑法修正案(九)》增设了拒不履行信息网络安全管理义务罪,赋予网络服务提供者发现违法犯罪信息时停止传输、删除有关信息并及时报告相关主管部门的义务。[①] 这种义务并非网络服务提供者的行政义务,而是刑事立法为了优先保护网络安全而赋予网络服务提供者的刑法义务。再如,《刑法修正案(九)》将《刑法》第311条修改为拒绝提供间谍犯罪、恐怖主义犯罪、极端主义犯罪证据罪,即将拒绝提供恐怖主义犯罪、极端主义犯罪证据的行为纳入刑法规制的范畴,将与国家合作打击恐怖主义、极端主义犯罪的义务通过刑事立法赋予公民,成为公民的刑法义务。[②]"每个社会都是通过与义务、愿望和正义的理想相联系的任务关系构成的。在这种情况下,

---

[①] 参见涂龙科:《网络内容管理义务与网络服务提供者的刑事责任》,载《法学评论》2016年第3期。

[②] 参见何荣功:《"预防性"反恐刑事立法思考》,载《中国法学》2016年第3期。

任务的平衡问题,常常是一个正义问题。"①义务的增加和自由的限缩是并行不悖的,当刑事立法赋予公民更多的刑法义务时,公民的自由就会愈加后缩。可见,安全与自由是预防性刑法的内生悖论,这一悖论无法消除,但可以被缓解或尽量实现安全与自由的平衡。能否在保护社会安全和保障公民自由之间寻求到恰当的平衡点,就成为衡量预防性立法是否具有正义性、正当性、合理性、科学性的标准。事实上,"刑法的人权保障机能与社会保护机能从根本上来说是统一的"②,即刑法的两种机能作为社会的基本需求,都得到最大程度发挥才是最理想的状态。社会是变化发展的,刑法两种机能之间的关系也不可能一成不变。合理可行的做法是,随着社会生活变动不断调整两种机能的关系,从而使二者达到动态平衡。因此,我们要探求限制预防性刑法不当扩张的策略,为预防性刑法的发展设置合理边界,实现安全保障与自由保护的动态平衡,从而有助于在不侵犯公民自由的前提下维护社会安全,维护公民的根本利益,实现社会的长期稳定发展。

第二节 预防性刑法的风险展示

预防性刑法在维护社会安全、实现有效的社会控制方面发挥着重要作用。但是,预防性刑法同时潜藏着不可忽视的风险。在立法层面,过度强化预防性刑法在社会治理中的作用易滋生过度刑法化隐忧;在司法层面,犯罪认定标准的模糊化潜藏着司法恣意的危机;在理论层面,放松对国家刑罚权的限制易导致刑法社会保护与人权保障机能的失衡。

---

① 〔英〕尼尔·麦考密克、〔奥〕奥塔·魏因贝格尔:《制度法论》,周叶谦译,中国政法大学出版社 2004 年版,第 266 页。
② 陈兴良:《刑法的价值构造》,载《法学研究》1995 年第 6 期。

一、立法层面：预防性刑法蕴含过度刑法化的隐忧

预防性刑法的扩张本质上是国家刑罚权的扩张，而国家刑罚权扩张的过程即是公民自由权利限缩的过程。预防性刑法展现出的积极预防风险、维护社会安全的姿态，很容易使社会公众忽略刑罚权扩张威胁公民自由与权利的危险，忽略刑事立法在介入社会治理层面的局限性。

首先，刑事立法过程可能在理性商谈层面存在不足。在社会风险多发且强调民主立法的时代，社会公众的安全诉求对立法产生的影响不可忽视。当社会风险呈现加剧趋势时，社会公众容易寄希望于通过刑事立法来帮助其实现安全需求。如果立法者怠于回应公众诉求，不采取某种对抗风险的积极姿态，则会招致社会公众的不满和批评。事实上，在社会舆论的推动下以及在为了满足公众诉求的压力下，立法者往往会采取迅速的立法措施，以满足公众的安全需求，并树立负责任的良好形象，进而维护国家与法律权威，达到有效的社会控制。在事后回应型的传统刑法体系中，"法益"扮演着证明刑罚干预正当性、合理性的重要角色，这被罗克辛视为德国刑法学对欧洲法律文化的重要馈赠之一。[①] 但是，在预防性刑法体系的概念下，法益概念与危险预防、规范效率等政策性观点相结合，逐渐转向证明国家的刑罚权扩张合理性的一面。在和平时期，刑罚是国家加诸公民之上的最为强烈的制裁机制，其本质是一种恶。但是，受"乱世用重典"法律传统的影响，当社会面临重大转型调整、新型犯罪频发的境遇时，公众总是倾向于热切呼吁新增罪名，来对抗内心对不确定风险的隐忧。[②] 详言之，在高科技时代中，算法与数据等无形却影响力巨大的新型技术成为生产力跨越式发展的引擎，也使得不确定风险的"阴云"笼罩着整个社会。诚如笔者

[①] 参见〔德〕克劳斯·罗克辛：《对批判立法之法益概念的检视》，陈璇译，载《法学评论》2015年第1期。

[②] 参见熊永明：《我国罪名建言热潮之隐忧及其批判》，载《法学评论》2015年第6期。

第二章 预防性刑法的风险检视

上述所言,智能技术具有极强的专业性,绝大多数人在享受算法"红利"的同时却无法了解算法的真实面目。此时,预防性刑法以其积极对抗智能时代风险的"救世主"形象出现,为公众提供具有仪式感和以国家力量为支撑的安全保障,能够对治公众内心对风险的担忧,满足了公众对社会安全的心理需求和期待。得到公众青睐的预防性刑法也因此获得了民主政治层面的合法性。受上述因素的影响,在风险频发、社会急剧转型的智能时代初期,刑法的功能可能会被过分倚重,进而引发刑罚权恣意膨胀的后果。例如,危险驾驶罪的立法历程可以被归纳为"个案揭发——民意沸腾——舆论推波——法院纠结——中央震动——立法动议"①的过程。在这一过程中,很容易因为欠缺对民意的有效引导,导致国民不合理的诉求对刑事立法产生影响,并产生过度犯罪化、过度依赖刑法的风险。

其次,刑事立法理性商谈的不足,容易使预防性刑法变成象征性立法和激情立法。由于预防性刑法侧重于回应民众对安全的期待,预防性刑法治理社会风险的功能往往被最大程度地予以关注甚至夸大,而其可能侵犯公民自由和权利的危险则被无限缩小乃至忽略不计。在此意义上,刑事立法在某些情况下很容易成为汹涌民意的回应,而非对某种行为犯罪化的必要性和有效性进行谨慎探讨之后的结果。一方面,由于没有充分考虑既有规范体系的有效射程②,不但可能导致新增立法的冗余,还可能导致新增的立法与既有规范体系的龃龉。另一方面,由于欠缺对新增立法条文的通盘考察,可能导致相关立法条文"缺乏规制效果"③,仅能发挥安抚国民"精神创伤"的功能而非实现对法益的有效保护。在预防性刑法的天然属性中,保护社会和保障人权并不是天生相对等的两个取向,为了防范风险而生的预防性刑法会不自觉地把保护社会的机能摆在首位,这也是时代变迁

---

① 王强军:《刑法功能多元化的批判及其限制路径》,载《政法论坛》2019年第1期。
② 参见张明楷:《网络时代的刑事立法》,载《法律科学》2017年第3期。
③ 贾健:《象征性刑法"污名化"现象检讨——兼论象征性刑法的相对合理性》,载《法商研究》2019年第1期。

带来的刑法功能嬗变使然,由此也造成了预防性刑法理念中法益概念功能的转变。在传统刑法理念中,法益概念在刑事立法中的功能主要是维护刑法的确定性,避免刑罚发动的恣意性,从而证明国家发动刑罚干预公民自由的合理性。① 因此,传统刑法中法益概念的功能主要是约束刑罚权,并促使刑罚权自我限缩。而预防性刑法中法益概念并非消极地限制刑罚权的扩张,而是转向积极证立国家刑罚权的扩张。② 建立严密和严厉的法网来预防危险、提高规范效率,从而实现社会管控,正是预防性刑法中的法益概念所要实现的主要功能。

再次,过度刑法化容易掩盖其他社会治理制度的缺陷。刑法不是治理社会的最佳手段,更不是成本最低的手段,当刑法以外的其他社会治理手段能够有效降低社会风险时,应优先采用刑法以外的其他社会治理手段。预防性刑法主动出击治理社会风险的姿态,固然在一定程度上增加了公众的安全感,甚至不可否认,其在实际中也降低了社会风险。然而,社会治理中道德教化、行政管控和刑罚处罚三者应进行有层次的相互配合,以达到实现社会良法善治的目的。片面扩大刑罚处罚的功效所导致的对刑法治理社会作用的过度依赖,极易陷入"泛刑化"窠臼。③ 特别是在很多情况下,社会风险的产生和弥散,与制度设计的缺陷具有密切相关性。此时,将传统意义上作为最后手段的刑法推到社会治理的一线,使之成为立法者优先选择的治理社会风险的工具,容易导致管理层缺乏优化制度设计的动力,进而导致过度依赖刑法的"懒政"现象。

最后,过度刑法化可能会导致公民自由的不当限缩。预防性刑法具有"附和"公众非理性呼吁的倾向,在制度供给端过度倚重政策需求④,同时

---

① 参见〔德〕克劳斯·罗克辛:《对批判立法之法益概念的检视》,陈璇译,载《法学评论》2015年第1期。
② 参见何荣功:《预防刑法的扩张及其限度》,载《法学研究》2017年第4期。
③ 参见张永强:《预防性犯罪化及其限度研究》,中国社会科学出版社2020年版,第108页。
④ 参见高铭暄、孙道萃:《预防性刑法观及其教义学思考》,载《中国法学》2018年第1期。

第二章　预防性刑法的风险检视

又披上保证公民安全的"外衣",这容易在使得国家刑罚权扩张的同时导致公民自由的不当限缩。刑罚权作为国家强制权力的分支,隐含着一个内生悖论,即其在保证公民安全的同时,又总是会成为公民自由的威胁。正如拉德布鲁赫所言,刑法不仅要实现保护公民不受罪犯侵害的目的,而且要实现保护公民不受国家权力侵害的目的。① 如果忽视刑罚权对公民权利和自由的侵害可能,一味期待运用刑罚权实现保护社会安全的需要,放松对刑罚权恣意扩张的警惕,则可能酿成国家刑罚权侵害公民自由的恶果。自由的丧失是以难以被察觉的速度逐渐发生的②,当人们一味关注预防性刑法对社会安全所带来的保障而忽视其对公民自由的可能侵害时,公民的自由便可能在这一过程中发生了不当限缩。"对保障公民自由的忽视,是根植于预防性刑法内部的天然偏差。"③这不得不引起我们对预防性刑法发展方向的担忧与警觉。

二、司法层面:预防性刑法滋生司法恣意的危机

基于犯罪预防的需要,预防性刑法对犯罪构成要件的设置存在简单化、模糊化以及保护法益的公共化等倾向。这虽然有利于降低司法人员证明犯罪的责任,但同时也容易滋生司法恣意的危机。

首先,对刑法规范的设定具有一定模糊性,易滋生司法恣意的危机。其一,在预防性刑法条文中,立法者较多使用评价性概念,如非法利用、极端主义、醉酒驾驶等。评价性概念虽然可以增强刑法规范的适用性,但由于评价性概念是对事物的价值陈述,不同判断主体容易得出不同的判断结论。广泛使用评价性概念,为司法权的扩张创造了条件,很容易滋生司法

---

① 参见〔德〕拉德布鲁赫:《法学导论》,米健译,商务印书馆2013年版,第141页。
② 参见〔德〕埃里克·希尔根多夫:《德国刑法学:从传统到现代》,江溯、黄笑岩等译,北京大学出版社2015年版,第44页。
③ 房慧颖:《预防性刑法的天然偏差与公共法益还原考察的化解方式》,载《政治与法律》2020年第9期。

恣意的危机。其二，部分预防性刑法条文对罪过规定存在模糊化现象。罪过规定的模糊化，在客观上消减了需要证明的犯罪要素，降低了证明犯罪的难度，可以更有效地处罚危险行为。但是，降低、转移甚至取消了对行为人主观罪过的证明责任，极易造成有失公正乃至完全错误的刑罚处罚，也使得主客观相统一的原则难以在预防性刑法中得以贯彻，为司法上的有罪推定埋下隐患，严重破坏了刑法对法官的裁判指引功能和对公众的行为指引功能。

其次，抽象危险犯的立法模式，同样易滋生司法恣意的危机。以预防性刑法中最为常见的抽象危险犯为例，抽象危险犯不再要求具体的法益侵害结果或危险，而是以一种模糊的、抽象的法益侵害危险作为入罪标准。这使得司法人员不需要再对行为与法益侵害结果或者具体法益侵害危险之间的因果关系进行审查。只要行为人实施了违反法规范的行为，即可认定该行为创造了法不容许的抽象法益侵害危险，进而将该行为认定为犯罪。此种设置虽然在客观上降低了司法人员在刑事诉讼过程中的证明责任，使得对于犯罪的指控更加顺利，但不当扩大了司法人员的自由裁量权，使得对于犯罪的认定具有极大的随意性和不确定性。

最后，预防性刑法保护法益的公共化，易滋生司法恣意的危机。与传统刑法注重保护具象的个人法益相比，预防性刑法将公共安全、社会安宁等法益直接作为刑法条文所保护的法益，甚至"直接将社会组织或者单位的功能正常运转或者公民对于秩序或者体系的信赖作为刑法上的法益加以保护"[1]。但是，"法益概念的解释指导机能有赖于法益侵害流程的可察性"[2]，预防性刑法保护法益的公共化意味着法益保护的抽象化，而法益保护抽象化将直接导致法益危害后果及程度难以被清晰描述和准确证明。

---

[1] 王永茜：《论现代刑法扩张的新手段——法益保护的提前化和刑事处罚的前置化》，载《法学杂志》2013年第6期。
[2] 蓝学友：《规制抽象危险犯的新路径：双层法益与比例原则的融合》，载《法学研究》2019年第6期。

因此,对公共法益侵害性的判断,法官无须判断行为所带来的真实危险性,仅根据相应行为或举动的实施就可以径直作出裁判,这必然为司法者的自由裁量创造了过大的空间,进而埋藏下司法恣意的隐患。

三、理论层面:预防性刑法潜藏刑法机能失衡的隐患

预防性刑法本质上是以扩张国家刑罚权的方式维护社会安全和秩序稳定。但是,过于强调国家实现维护社会安全的目的,不可避免地会对公民的自由和权利造成威胁。

首先,刑法兼具法益保护功能和人权保障功能,两者相辅相成。将保护法益作为刑法的目的和任务,是学界的基本共识。但是,这并不否认,刑法在发挥法益保护机能的同时也发挥着人权保障的机能。一方面,通过将没有侵害法益的行为排除于犯罪之外的方式[①],刑法保障一般国民的行动自由。另一方面,通过制裁侵害法益的行为,刑法保护一般国民的人身、财产等利益。换言之,刑法"不仅要保护国家免遭罪犯侵害,而且要保护'罪犯'免受国家侵害;它不仅要保护公民免受犯罪人侵害,而且要保护公民免遭检察官侵害,成为公民反对法官专断和法官错误的大宪章"[②]。可见,刑法的保护社会与保障人权的机能不可偏废,注重某一机能而忽视另一机能无疑会带来巨大危害。预防性刑法不能只注重保护社会这一面向,而使国家刑罚权得以不当扩张,否则便会引发刑法机能失衡的危机,危及公民的自由与权利。

其次,预防性刑法将导致刑法的法益保护功能受到挑战。预防性刑法主张将预防关口前移,使得刑法中的归责根据不再是实害结果或者具体危险的出现,而是行为人未按照其所应承担的社会角色实施相应行为。这样

---

① 参见张明楷:《论实质的法益概念——对法益概念的立法批判机能的肯定》,载《法学家》2021年第1期。

② 〔德〕拉德布鲁赫:《法学导论》,米健译,商务印书馆2013年版,第141页。

一来，本来旨在实现法益保护目标的行为规范，逐渐具有了独立价值，由此也体现出预防性刑法的立法逻辑从以法益保护思想为基础的法益侵害说向以行为规范为基础的规范违反说的转变。伴随着违法行为评价根据转向，刑罚的目的也在预防性刑法中发生了转变。传统刑法认为，刑罚的目的主要在于预防罪犯再犯罪（特殊预防）和威慑潜在犯罪人（普通预防），而预防性刑法所要实现的刑法目的在于强化社会公众的法规范遵守意识，强化社会公众对法规范有效性的信赖。

最后，伴随着刑法的法益保护功能的弱化，刑法的人权保障功能也受到影响。古典刑事立法以保护个人法益为中心。个人法益"相对具体，法益侵害流程也易于观察和把握，所以法益概念的立法批判机能和解释机能都能充分发挥，借助这两项机能就能同时完成立法与司法层面的规制任务"[①]。与之相反，预防性刑法引入的抽象危险犯、预备行为实行化、帮助行为正犯化等，使得原本刑法中处于边缘化、辅助地位的行为，在形式上获得了实行行为的地位。与真正意义上的实行行为相比，抽象危险犯、预备行为、帮助行为等指向的是并非能够被准确描述、清晰证明的实际危害或具体危险。一方面，实行行为概念与一般预防诉求存在相为表里的关系。由于形式的实行行为概念欠缺实行行为概念所要求的定型性，通过实行行为概念划定国民行动自由范围的法政策目标将受到损害。另一方面，形式的实行行为与作为刑法终极保护对象的个人法益的关联性较为薄弱，使得对形式的实行行为处罚，更多是满足国民处罚情绪的需要而非保护法益的需要。[②] 总之，预防性刑法带来的刑法归责根据及刑罚目的的转变，潜藏着刑法机能失衡的隐患。

[①] 蓝学友：《规制抽象危险犯的新路径：双层法益与比例原则的融合》，载《法学研究》2019年第6期。

[②] 参见刘宪权：《刑事立法应力戒情绪——以〈刑法修正案（九）〉为视角》，载《法学评论》2016年第1期。

第三节　预防性刑法风险产生的原因剖析

转型期社会风险的变化及国家任务与公民期待凝结成的时代需求,是导致预防性刑法风险产生的现实原因;支撑预防性刑法的积极主义刑法观在消解刑法谦抑性概念和法益概念的功能的同时,未能提出有效防范预防性刑法风险的理论屏障,是导致预防性刑法风险产生的理论原因。

一、预防性刑法风险产生的现实原因

一般而言,学界多在社会转型或风险社会的维度下理解预防性刑法,将之视为与社会转型期相适应的积极主义刑法观的体现。[①] 由于"刑法绝非束之高阁的制度贡品,也非社会治理的旁观者,而是社会治理的参与者、贡献者"[②],从转型期的社会风险特征和社会构造的角度理解预防性刑法,确实能够在相当程度上解释由古典刑法迈进预防性刑法的现实依据。

转型期的现代社会是一个充满了高度复杂与不确定风险的时代,风险的种类与日俱增,风险的不确定性日益突出。以恐怖主义犯罪为例,恐怖主义所引发的新型危险充满复杂性、不确定性,恐怖主义风险现实化对人类社会带来的是难以承受的打击,这"致使国家安全机构在可能遭遇恐怖袭击时有必要在犯罪既遂之前就进行打击"[③]。"法律是人类社会的公共事业,它并不是陈年的古董,供奉于充满了灰尘的架子之上被人欣赏。它像一棵古老却又具有旺盛生命的参天大树,顽强地扎根于历史之中,却又

[①] 参见周光权:《转型时期刑法的立法思路与方法》,载《中国社会科学》2016年第3期。
[②] 高铭暄、孙道萃:《预防性刑法观及其教义学思考》,载《中国法学》2018年第1期。
[③] 〔德〕乌尔里希·齐白:《全球风险社会与信息社会中的刑法:二十一世纪刑法模式的转换》,周遵友、江溯等译,中国法制出版社2012年版,第197页。

依旧开出了新芽,长出了新的树枝,并不时褪去枯木。"①刑法在不同的时代承担着不同的使命,刑法应敏感地感知社会变化,不断适应变化发展的社会生活事实。刑法是社会治理的方式之一,每一部刑法都应与它所处的特定时代相对应。"如果社会本身是动荡不安的,就必须通过惩罚来确立样板,因为相对于犯罪的样板,刑罚本身也是一个样板。如果社会本身是很稳定的,犯罪在法律上的地位就是微不足道的,就可以根据地位的趋势来考虑废除犯罪。"②显然,在风险社会与网络社会交织、恐怖主义与极端主义并进的当今社会,犯罪在法律上的地位是极为重要的,更不可能考虑废除犯罪。刑罚仍需作为一个样板,刑法仍需以社会秩序、公共安全等问题为导向,适应我国当前的社会状况,积极恰当地发挥预防功能。预防性刑法因应时代发展需求而生,同时也深深地被镌刻上时代的烙印,其自身所蕴含的风险在当今特殊的时代背景下被充分展露。随着转型期社会风险的不断涌现和加剧,国家任务、公民的期待与诉求,逐渐发生了不同于以往的质的转变,由此凝结成新的时代需求,推动刑法向以安全为导向的新方向发展,但同时也会加剧预防性刑法本身所蕴含的风险。

(一)社会转型期国家任务发生了转变

以传统法律视角观之,国家往往居于"守夜人"的中立角色,不应过多介入公民的生活,以免过多干预公民的自由。国家的这一定位源于在诸如恐怖主义、环境污染、生产事故、道路交通事故、重大传染疾病等新安全威胁到来之前,对公民权利的侵犯往往来自另外的公民个体,公民个体尚可用自身力量开辟自力救济的通道。而当代人类所面临的恐怖主义犯罪、环境污染、重大传染疾病等各种风险,正以压倒性的方式存在着。在新安全威胁到来之后,对公民权利的侵犯往往来自组织体(如恐怖组织、黑社会性

---

① 〔英〕马丁·洛克林:《剑与天平——法律与政治关系的省察》,高秦伟译,北京大学出版社 2011 年版,第 110 页。
② 〔法〕米海依尔·戴尔玛斯-马蒂:《刑事政策的主要体系》,卢建平译,法律出版社 2000 年版,第 29 页。

质组织等），而非其他公民个体。如果说在新安全威胁到来之前，遭受侵害的公民个体尚可与施加侵害的公民个体抗衡的话，那么在新安全威胁到来之后，遭受侵害的公民个体与施加侵害的组织体之间由于力量悬殊，此时亟须国家作为"保护人"，保障公民个体的权利与自由。与传统刑法产生时国家的任务相比，社会转型期的国家必须承担起保障社会安全的重任，维护社会安全已成为国家法治变革及国家治理能力现代化的重要目标。"预防性刑法将维护社会安全作为内生动力，易忽略对国家刑罚权的约束和限制，具有可能侵害公民自由与权利的天然偏差。"①可见，刑法作为国家维护社会安全的重要工具，逐渐发展出预防导向，将维护社会安全作为主要任务，但同时也潜藏了刑法保护社会与保障人权机能失衡的隐患。

（二）社会转型期公民的安全期待提升

社会转型期新安全威胁的来临及不断加剧，对公民的安全感形成了强烈的冲击，也销蚀着社会的有序状态和信任体系。公民个体的力量无法直接与侵犯公民权利的组织体的力量相抗衡，只能寄希望于国家力量来对自己的权利与自由提供强有力的保护。同时，随着网络技术和传媒技术的发展，与传统社会相比，公民对风险的感知途径增多，这在一定程度上会形成风险放大效应，从而加剧公民对风险的担忧。因此，公民会迫切希望政府采取强有力的手段预防和控制风险。② 立法者为了体现对公众的负责任态度，维护国家和政府的权威，会赋予作为社会治理工具的刑法新的主要任务，即肩负起社会治理的重任，将维护社会安全作为自身的主要目标。国家重视社会治理和维护社会安全，在通过增加或者修改刑法条文实现更有效的社会治理的过程中，民意对立法发挥的作用更加明显，象征性立法与过度刑法化隐忧逐渐显现。

---

① 房慧颖：《预防性刑法的天然偏差与公共法益还原考察的化解方式》，载《政治与法律》2020年第9期。

② 参见高铭暄、孙道萃：《预防性刑法观及其教义学思考》，载《中国法学》2018年第1期。

(三)前置性法律法规难以构建有力体系以抗衡新安全威胁

恐怖主义、环境污染、生产事故、道路交通事故、重大传染疾病等新安全威胁,无论是危害范围还是危害程度,都远非传统安全威胁所能比拟。换言之,一旦上述新安全威胁现实化为客观危害结果,则任何国家、社会、个人都难以承受。而经济法、行政法等前置性法律法规,难以构建起强有力的"屏障"来抵御这些新安全威胁的可能侵害。当前置性法律法规无法实现对相关行为的有效规制时,刑法应承担起作为补充法的社会防卫义务,积极预防和规制对国家、社会、个人的安全造成威胁乃至实际侵害的行为。同时也应看到,既然上述新安全威胁的现实化客观危害结果是个人、社会、国家乃至于全人类的无法承受之重,则传统刑法的事后补救模式已显得力有不逮,刑法应在风险现实化之前就予以介入,将规制节点前移,从而防患于未然。以道路交通犯罪为例,随着工业化时代来临、汽车大规模上路,道路交通犯罪日益增多,其危害性日益显现。为了保护道路交通安全这一公共法益,《刑法修正案(八)》增设了危险驾驶罪,将追逐竞驶、醉酒驾车行为纳入刑罚处罚范围;《刑法修正案(九)》进一步扩张了危险驾驶罪的处罚范围;《刑法修正案(十一)》新增妨害安全驾驶罪,将"对行驶中的公共交通工具的驾驶人员使用暴力或者抢控驾驶操纵装置,干扰公共交通工具正常行驶"的行为与"驾驶人员在行驶的公共交通工具上擅离职守,与他人互殴或者殴打他人"的行为纳入刑罚处罚范围。无论是危险驾驶罪还是妨害安全驾驶罪,刑法规制危害行为的节点都并非是在危害结果实际发生之后,而是在危险形成但实际危害结果尚未来临之际。这充分体现了预防性刑法规制节点前移、处罚危险犯的特征。而预防性刑法为了预防未然风险,将规制节点前移的过程中所引入的抽象危险犯等工具,在一定程度上造成刑法条文规范构造中罪责认定的模糊化倾向,可能会不当扩大司法人员的自由裁量权,容易滋生司法恣意的危机。

第二章　预防性刑法的风险检视

二、预防性刑法风险产生的理论原因

预防性刑法展示出的风险，本质上是过度应对风险社会之风险的表现，并非是风险社会或者说转型时期的必然产物。更为准确地说，社会转型期或风险社会只是产生预防性刑法风险的契机，而支撑预防性刑法的积极主义刑法观在消解刑法谦抑性概念和法益概念的功能的同时，未能提出有效防范预防性刑法风险的理论屏障，才是导致预防性刑法风险产生的理论依据和根本原因。

（一）在理念层面，谦抑性原则的相对化使其失去了对刑法积极介入社会治理的限制

刑法谦抑性原则并不否认刑法介入社会治理的必要性和可能性，但是，其主张"刑法是一种不得已的恶……不得已的恶只能不得已而用之"[1]。基于刑法是不得已的恶的固有属性，刑法谦抑性原则从两方面限制刑法介入社会治理的界限。一方面，刑法保护的对象范围受到限制。刑法的目的虽然是保护法益，但值得刑法保护的法益原则上应当被限制为重大法益，亦即生命、财产等与个人具有密切关联的重要法益。另一方面，刑法介入法益保护的时机受到限制，"只有在绝对没有其他替代手段的情况下，才有必要纳入刑法范围"[2]。可见，刑法谦抑性原则只是不主张刑法应当积极介入社会治理，而非反对刑法介入社会治理。

与此相反，立足于积极主义刑法观支持预防性刑法的学者则强调"犯罪化的边界究竟在哪里，只能从一个国家的实际情况和惩罚需要引申出来，不同时期人们对违法行为的容忍程度大不相同，没有一个固定的模式能够说明对哪一种行为只能以民事或者行政的方式处理"[3]。这种以时代

---

[1]　陈兴良：《刑法的价值构造》（第二版），中国人民大学出版社2006年版，"前言"Ⅷ—Ⅸ页。
[2]　何荣功：《社会治理"过度刑法化"的法哲学批判》，载《中外法学》2015年第2期。
[3]　周光权：《转型时期刑法的立法思路与方法》，载《中国社会科学》2016年第3期。

需求和国民的处罚诉求为导向的刑事立法追求,实际上只是将刑法作为实现社会治理的一种手段。支持预防性刑法的学者在强调"没有一个固定的模式能够说明对哪一种行为只能以民事或者行政的方式处理"时,显然是在手段的意义上将刑法与民法、行政法的区别加以相对化。如前所论,刑法谦抑性原则并不否认刑法是实现社会治理的一种手段,其只是强调,由于刑法的固有特征,作为服务于社会治理的手段,刑法只具有相对价值。因此,前述对刑法、民法、行政法区别加以相对化的立场,实际上是将刑法谦抑性原则的功能相对化,使之不再是刑事立法必须坚守的构成性原则。

作为前述主张的进一步延伸,一些赞同并积极支持预防性刑法的学者,将刑法谦抑性原则从立法领域放逐到司法领域,使之在刑事司法中发挥相关作用。① 我国《刑法》第13条的但书规定,使得在司法过程中贯彻刑法谦抑性具有可能性和可行性。例如,对于已罹除斥期间的保险诈骗行为不再按照犯罪处罚②、正常婚姻关系内的"婚内强奸"不受处罚、亲属间的盗窃行为一般不予处罚,都是刑法谦抑性原则在刑事司法领域的体现。然而,罪刑法定原则决定了,"只有在刑事立法之制刑规定和刑事立法之用刑授权的疆域内,刑事司法的谦抑才有闪转腾挪的空间"③,受制于司法实践中机械司法的惯性,单纯寄希望于通过在刑事司法的领域贯彻刑法谦抑性原则达到限制预防性刑法的目标,并不具有现实性。

(二)在教义学层面,法益内涵和功能的转变削弱了法益概念的立法批判功能

首先,预防性刑法改变了法益的内涵和功能。在古典刑法理论中,法益概念在刑事立法中的功能主要是维护刑法的确定性,避免刑罚发动的恣

---

① 参见黎宏:《预防性刑法观的问题及其克服》,载《南大法学》2020年第4期。
② 参见蒋太珂:《除斥期间的刑法评价》,载《政法论坛》2020年第3期。
③ 田宏杰:《立法扩张与司法限缩:刑法谦抑性的展开》,载《中国法学》2020年第1期。

第二章 预防性刑法的风险检视

意性,从而证明国家发动刑罚干预公民自由的合理性。① 总体而言,根据传统的法益观,法益虽然是正当化刑罚发动的根据,但法益正当化刑罚发动的功能,主要体现为限制国家刑罚权。这一功能的实现,在相当程度上建立在法益内涵应局限在具有明确内容的个人法益的基础之上。晚近随着网络技术和传媒技术的发展,与传统社会相比,公民对风险的感知途径增多,这在一定程度上会形成风险放大效应,从而加剧公民对风险的担忧。因此,公民会迫切希望政府采取强有力的手段预防和控制风险。② 与之相应,法益的内涵和功能都发生了转变。法益不再局限于具有明确内涵的个人法益,而是同时扩张至集体法益或者抽象的安全法益。与此同时,法益的功能也不再是限制处罚范围,而是积极奠定刑法介入社会治理的正当性,在很多时候,出现了有法益侵害的危险就有犯罪的倾向。因此,传统刑法中法益概念主要促成刑罚权自我限缩,而在预防性刑法中,法益概念并非消极地限制刑罚权的扩张,而是转向积极证立国家刑罚权的扩张。③ 法益功能的这种转向,已经预示着预防性刑法放弃了通过法益概念限制刑事处罚范围的立场。

其次,将集体法益还原为个人法益不能为限制处罚范围提供界限。预防性刑法虽然在法益功能层面放弃了法益理论的立法批判功能,但问题的关键是,在法益概念的具体构造上,其是否同样放弃了法益概念的立法批判功能。"法益论预设的前提是,我们从一开始就可以用一条清晰的界线将世界万事万物截然区分开来,一部分有资格成为法律保护的对象,一部分则绝对禁止进入法律的保护领域。"④立足于此,法益的内涵越具体,越具有客观可观察性,法益就越能发挥立法批判功能或指导解释的功能。在

---

① 参见〔德〕克劳斯·罗克辛:《对批判立法之法益概念的检视》,陈璇译,载《法学评论》2015年第1期。
② 参见高铭暄、孙道萃:《预防性刑法观及其教义学思考》,载《中国法学》2018年第1期。
③ 参见何荣功:《预防刑法的扩张及其限度》,载《法学研究》2017年第4期。
④ 陈璇:《法益概念与刑事立法正当性检验》,载《比较法研究》2020年第3期。

这个意义上,最能发挥法益的立法批判功能的应当是个人法益。显然,预防性刑法保护的集体法益或者公共法益本身具有抽象性特征,很难满足前述要求。此外,一些学者主张,通过检验预防性刑法保护的法益能否还原为个人法益的方式,可以确立集体或者公共法益的立法批判功能。① 但是,预防性刑法保护的集体法益或者公共法益,一开始就锚定了不特定或者多数人的生命健康安全。同时,法益概念本身就是因果主义思考的产物,因而只要放任对相关集体法益或者公共法益的侵害,最终均可能导致个人利益遭受损害,从而就很容易肯定集体法益或者公共法益与个体法益的关联性。因此,单纯将集体法益或者公共法益还原为个人法益的立场,因为并不能为相关公共法益或者集体法益确定明确的内涵,故而同样不能凭此划定预防性刑法的介入界限。

最后,割裂了法益概念和刑法谦抑性的内在关联,是预防性刑法的法益观丧失立法批判功能的关键。针对法益概念的立法批判功能,批评意见指出:"一条罪刑规范要想获得合法化,必须在目的和手段两方面均属正当,但法益概念只涉及前者,故它并不具有完整地划定刑事立法界限的能力。"②但是,这种批评观点忽视了,传统法益观与刑法谦抑性原则之间存在着互为表里的关系,使得传统法益观可以有效发挥界定刑事处罚界限的功能。这表现为刑法所保护的法益应当被限制为重要的个人法益,并且原则上只有法益遭受现实的侵害或者面临紧迫危险时才动用刑法。但是,以积极主义刑法观为指导思想的预防性刑法放弃了刑法谦抑性原则,这使得在预防性刑法的框架内,刑法谦抑性原则与预防性刑法保护的法益不再有内在的关联性。前述立场的转变,导致至少在理论逻辑层面,对集体法益或者公共安全法益的强调,只剩下了扩张处罚范围的可能性。

---

① 参见孙国祥:《集体法益的刑法保护及其界限》,载《法学研究》2018 年第 6 期。
② 陈璇:《法益概念与刑事立法正当性检验》,载《比较法研究》2020 年第 3 期。

第二章　预防性刑法的风险检视

（三）在立法技术层面，回应性立法模式存在重视目的实现而忽视手段合理的内在倾向

首先，预防性刑法积极介入社会治理的倾向，体现了积极回应时代需要的立法特色。古典刑法理论坚持结果本位，坚持结果本位立法的特色是，刑法对于社会发展的变化原则上应当采取消极的立场。具体而言，刑法原则上以处罚既遂行为为原则，以处罚预备行为和未遂行为为例外。只有在涉及特别重大生命、健康等法益的情况下，才存在处罚未遂和预备行为的必要性。因为在这些情况下，前置法的事后救济已经不能够发挥恢复原状的效果。可见，古典刑法的消极立场，是建立在前置法积极回应社会变化、积极介入社会治理的前提之上。与之相反，预防性刑法遵循"没有一个固定的模式能够说明对哪一种行为只能以民事或者行政的方式处理"的立场，一开始就将刑法与前置法置于同等的地位，亦即两者之间在介入社会治理时不再呈现为阶层递进关系，而是一种都积极回应社会变迁的并列关系。

其次，通过目的层面的共同性消解手段层面的差异性，是积极回应时代需要的预防性刑法放弃刑法谦抑性的理论根据。如前所论，预防性刑法积极回应时代的需要，在很大程度上是回应国民对于安全的需要，这种安全需要表面上体现为集体法益或者公共安全法益，但"保护集体法益只是手段，保护个人法益才是目的"，对集体法益或者公共安全法益的保护，最终仍指向个人法益。因此，预防性刑法体现出的回应性立法特征，只是在预防性刑法有助于通过对集体法益或者公共安全法益的维护而间接实现对个人法益的充分保护这一目的论层面上，才能获得其正当性。由于前置法与刑法都保护法益，从保护法益的维度上看，刑法和前置法本身并没有实质区别。因此，通过目的层面的共同性消解刑法区别于民法、行政法的特殊性，是预防性刑法放弃刑法谦抑性原则对刑事立法限制的理论根据。

最后，消解刑法区别于民法、行政法的特殊性，必然导致预防性刑法在立法技术上的无限定性。预防性刑法对于传统以结果为本位的立法模式的批评,建立在以结果犯为中心的处罚模式不能有效应对风险社会或者说社会转型期的需要的前提之上。① 但是,传统的以结果犯为本位的立法模式存在相应缺陷,最多只能说明采取预防性刑法的立法模式具有必要性,并不能同时为预防性刑法的立法划定合理的界线。实际上,"条条大路通罗马",即使对于同一个目的也可以存在复数实现该目的的不同手段,单纯立足于目的具有正当性的维度,只能划定实现该目的的可能的手段范围,至于应当选择哪一种手段,并不是"保护法益"这一单一维度所能决定的。如果将目的正当性作为指导预防性刑法的唯一标准,为了实现对法益的最充分保护,法益概念所体现的功能不是限制国家刑罚权,而是证立刑罚权扩张的合理性②,甚至在一些情形下"刑事立法的运作逻辑立即从'最后手段'转变为'手段优先'"③。

通过对预防性刑法的以上分析,可以看出,积极回应社会转型期或者风险社会时代国民对安全的诉求,是预防性刑法风险产生的现实原因。立足于积极主义刑法观的预防性刑法,在理论上将刑法谦抑性原则相对化,并实质上放弃了法益的立法批判功能,最终导致其在立法层面无法区分开刑法规制模式和前置法规制模式的实质区别。其中,将刑法谦抑性原则加以相对化以及法益概念立法批判功能的丧失,其实是互为表里的关系。因为法益概念具有的立法批判功能,本身就建立在刑法应当具有谦抑性这样的前提之上,如果放弃刑法谦抑性的理念,必然导致法益概念的内涵和功能很容易朝着有利于实现积极处罚的方向演变。

---

① 参见劳东燕:《公共政策与风险社会的刑法》,载《中国社会科学》2007年第3期。
② 参见何荣功:《预防刑法的扩张及其限度》,载《法学研究》2017年第4期。
③ 魏昌东:《新刑法工具主义的批判与矫正》,载《法学》2016年第2期。

第三章

预防性刑法的风险化解

预防总是与无限制相联系,具有不特定性且难以捉摸,并具有内生的扩张逻辑,即"越早越好"。① 如果只是一味追求刑法的预防导向,是否会模糊刑法干预社会的应有界限,从而导致预防性刑法的无节制发展,并进而侵蚀刑法的自由保护机能?② 预防性刑法附带着刑罚膨胀的危险基因,裹挟着挤压与克减公民自由的风险,容易沦为刑事立法恣意的工具。这就意味着,一旦预防性刑法缺乏应有限制,刑法保障人权的机能便会遭受贬损与冲击。③ 这也是预防性刑法遭受质疑与批判的重要原因。显然,预防性刑法在社会转型期规制社会风险时,容易面临两难处境:一方面,如果为实现风险防控、保护社会的机能而一味高歌猛进,虽满足了国家风险治理需求与公民的安全期待,但可能导致刑罚权的过度膨胀,无法回应对其正当性的诘问;另一方面,如果因忌惮刑罚权过度膨胀而踌躇不前,则无法保护受犯罪行为侵犯的法益④,无法有效规制社会风险,无法满足社会转型

---

① See Rik Peeters, The Price of Prevention: The Preventative Turn in Crime Policy and its Consequences for the Role of the State, *Punishment & Society*, Vol. 17, No. 2, 2015.
② 参见〔德〕乌尔里希·齐白:《全球风险社会与信息社会中的刑法:二十一世纪刑法模式的转换》,周遵友、江溯等译,中国法制出版社 2012 年版,第 205 页。
③ 参见张永强:《预防性犯罪化立法的正当性及其边界》,载《当代法学》2020 年第 4 期。
④ 参见于改之:《法域冲突的排除:立场、规则与适用》,载《中国法学》2018 年第 4 期。

期国家、社会、公民对法律制度的需求。① 应当看到,在总体国家安全观逐渐渗入法律体系的大背景下②,预防性刑法承载着维护国家与社会安全的时代使命,立法者显然不可能因噎废食,即不可能因预防性刑法具有挤压与克减公民自由的潜在风险而全盘否定预防性刑法的正当性与合理性。我们应探求维持预防性刑法正当性的根据,充分发挥预防性刑法的社会保护机能,满足国家风险治理需求与公民的安全期待;同时也需要正视并反思预防性刑法的天然缺陷,警惕其矫枉过正的潜在风险,为预防性刑法的发展划定合理边界。

第一节 预防性刑法应坚守的原则导向

"立法者应以公共利益为目标,最大范围的功利应成为一切思考的基础。了解共同体的真正利益是什么,是立法科学使命之所在,关键是找到实现这一利益的手段。"③预防性刑法的时代使命就是在没有不当侵犯公民自由的前提下最大程度地维护社会安全和秩序。如何实现这一使命以及为何要实现这一使命,是需要探讨的内容。

一、端本正源:社会风险防控的"一体两翼"

刑法在积极发挥预防功能的同时,也不能忽略对人权的保障,否则就是矫枉过正、适得其反。因此,预防性刑法作为维护社会秩序、保护社会安全的本体,需要稳步推进,而稳步推进的方式应为"两条腿走路",将保护社会和保障人权作为不可或缺的两个组成部分。概言之,预防性刑法这一本

---

① 参见杨知文:《风险社会治理中的法治及其制度建设》,载《法学》2021年第4期。
② 参见高铭暄、孙道萃:《总体国家安全观下的中国刑法之路》,载《东南大学学报(哲学社会科学版)》2021年第2期。
③ 〔英〕边沁:《道德与立法原理导论》,时殷弘译,商务印书馆2012年版,第2页。

第三章 预防性刑法的风险化解

体需要"安全"和"自由"两翼的托举和支撑。

第一,要达到防控社会风险的目的,必须将预防性刑法作为本体——"一体"。反对预防性刑法理念的学者认为其过于夸大了刑法的作用且不当扩大了犯罪圈,原本可以由行政法调整的领域(即通过治安处罚可以解决的问题)没有必要由刑法调整。笔者认为,其一,如果治安处罚手段过于和缓,则无法有效阻遏威胁社会安全的行为方式,社会秩序无法得到有效保障。其二,如果治安处罚手段过于严厉(如剥夺被处罚人一定期限的自由),则更具有危险性。原因在于,治安处罚权由公安机关独立决定并执行,缺乏配套的人权保障措施,在这种情况下,公民的自由和安全更无保障。劳动教养制度的废除即证明了笔者上述观点的合理性。其三,反对预防性刑法理念的学者之所以对犯罪圈的扩大持担忧态度,主要是因为犯罪圈扩大意味着刑罚加诸公民身上的可能性增大,而刑罚是一种严厉的处罚手段,可以剥夺公民的财产权、自由权乃至于生命权。如果为了维护社会的秩序和安全,将公民的上述权利被剥夺的可能性过于放大,刑法就失去了保护社会和保障人权的平衡,刑法的天平就倾向于保护社会而过于忽略对人权的保障了。这一问题的本质不是预防性刑法是否具有合理性和正当性,而是如何保证预防性刑法的科学性。

应当看到,不侵犯公民自由是预防性刑法不可逾越的底线。预防性刑法脱胎于传统刑法,尽管时代赋予其维护安全的侧重面向,但保障自由始终是预防性刑法不可推卸之责。近代以降,人们通过种种措施、引入种种手段来制约国家刑罚权的滥用,以防止国家刑罚权恣意侵犯公民自由权利,实现对公民自由的保障。从刑事实体法来看,罪刑法定原则的确立、法益侵害原则的引入等,均是为了达成刑法的安定性、限制刑法的处罚范围,保障公民的行动自由,并通过刑法本身的安定性进而达成人们共同生活秩序的安定性。[①] 从刑事程序法来看,各种保障人权的措施被引入,同样是

---

① 参见张明楷:《刑法学》(第五版),法律出版社 2016 年版,第 16 页。

为了防止对公民自由权利的侵害。预防性刑法是刑法的一种表现形式,其并不是完全脱离刑法而独立存在的。因此,预防性刑法无法脱离刑法的根本属性与基本面貌。刑法不仅要帮助国家对抗犯罪,而且要代表国家保护犯罪人的权利,并维护公民的自由。这是刑法不可推卸的使命,也是预防性刑法不可推卸之责。

现代社会中存在诸多危机,人类越来越多地面临新事物所带来的威胁。[①] 同时,人类为了对抗威胁而采取的各种现代治理手段和机制本身就可能是滋生新型风险的温床。刑法不仅具有打击犯罪、保护社会的任务和使命,而且存在威胁公民权利的潜在危险。"刑法的每一种严厉化,许可的通缉方法的每一种扩展都伴随着一部分自由的丧失。"[②]将维护社会安全置于价值优位的预防性刑法就更容易存在威胁公民权利和自由的嫌疑。刑法所赖以衍生的母体——国家,自诞生之日起就具有两个虽矛盾却共存的特性:一是保护公民的权利和自由,二是可能威胁公民的权利和自由。为了对抗第二个特性,刑法必须扮演好"照顾犯罪人"的"保护人"角色。"刑法不仅用来对抗犯罪人,而且用来照顾犯罪人。它的目的不仅是设立国家在刑罚上的权力,而且要限制国家在刑罚上的权力,它不仅是可罚性的渊源,而且是可罚性的限度。"[③]预防性刑法既然无法脱离刑法的根本属性与基本面貌,也就不能摆脱刑法固有的任务和使命。以预防犯罪、维护社会安全为优位价值选择的预防性刑法也不能被解除对刑罚权的规范限制,不能摆脱维护公民自由和权利的责任。如果为了使风险可控,而放宽对国家刑罚权的约束,仅注重预防性刑法保护社会的侧面,则会破坏刑法的安定性,不仅侵犯公民的自由,还会进而动摇刑事法治的根基。因此,在发挥刑法预防功能的同时,不能放松对国家刑罚权的限制。保护公民的权

---

① 参见高宣扬:《鲁曼社会系统理论与现代性》,中国人民大学出版社2005年版,第260页。
② 〔德〕埃里克·希尔根多夫:《德国刑法学:从传统到现代》,江溯、黄笑岩等译,北京大学出版社2015年版,第44页。
③ 〔德〕拉德布鲁赫:《法学导论》,米健译,商务印书馆2013年版,第141页。

利和自由是预防性刑法不可推卸之责,不侵犯公民自由始终是预防性刑法不可逾越的底线。

第二,保证预防性刑法科学性的唯一途径——将保护社会与保障人权作为"两翼"。保护社会与保障人权的两个机能必须同行并进,缺一不可。保护社会安全和秩序是刑法的使命,不能舍弃。但是,如果过于强调刑法保护社会的机能,可能会使其陷入"以恶制恶"的困局,引发刑法极端工具化的担忧。如果过于将刑法保护社会机能"妖魔化",则可能会使刑法陷入无所作为的泥潭,引发社会秩序混乱的乱象。笔者认为,正确的思路应是确保预防性刑法充分发挥调整社会的机能,但合理排除刑法的自带危险。预防性刑事立法及刑法理念的产生和发展,是传统刑法自觉回应社会需求而进行的自我更新和发展。在传统刑法自我更新和发展的过程中,并不会当然抛弃长久以来形成的谦抑精神、罪刑法定、处罚适度性等合理内核。我们也无须在预防性刑法的犯罪化表现与刑法谦抑精神等合理内核之间进行"选边站队",二者之间并非非此即彼的关系,而是你中有我、我中有你。适度犯罪化已经成为我国立法现在以及将来很长时间之内都会发生的必然趋势[①],过于强调刑法保障人权的作用,将会压制刑法积极预防功能的释放,是对刑法自我更新趋势的阻遏。我们没有必要在预防性刑法的保护社会和保障人权两项机能之间制造虚无的对立,二者完全可以齐头并进,共同实现预防性刑法的合理性、正当性、科学性。在发挥预防性刑法积极预防功能的同时,采用科学的立法策略、理性的司法手段,严密刑事法网,倡导严而不厉的刑事政策,方可保证预防性刑法的合理性、正当性、科学性。

二、本立道生:预防性刑法的法治之道

"从终极旨意看,刑法是'器',原则、原理、规范、方法、技术等是'术',

---

① 参见赵秉志:《中国刑法立法晚近20年之回眸与前瞻》,载《中国法学》2017年第5期。

法治是'道'。在文明法治国家,刑法之'器'承载了'术'和'道'两面,且应以'术'实现'道'。因此,'术'之所论必指向'道'。"①预防性刑法作为传统刑法顺应时代潮流自我更新、自我发展的产物,其最终应服务于刑事法治的实现。不损及公民的生存、发展、幸福是预防性刑法的道德边界,也是预防性刑法的法治底线。在确立了预防性刑法维护社会秩序与安全的时代使命之后,我们需要继续探索如何确保预防性刑法在实践时代使命的同时,不逾越道德边界、坚守法治底线。

立足于积极刑法观的预防性刑法,在消解传统刑法理论的同时,并没有建构起限制预防性刑法的界限的新理论,这是导致预防性刑法风险的内在根据。因此,为了克服预防性刑法潜在的风险,在理论逻辑上存在两种不同的选择路径:积极发展出不同于传统刑法理论的限制标准,或者承认由传统刑法理论发展出来的限制标准同样可以适用于预防性刑法。原则上我们应当承认,由传统刑法理论发展出的限制标准,仍然具有适用价值。传统刑法理论发展出来限制标准以刑法具有谦抑性为前提。只要我们承认刑法规制模式和民法、行政法等规制模式确实存在实质不同,就应当承认,基于刑法谦抑性原则发展出来的限制刑事立法的理论标准,不但能适用于古典刑法理论,而且同样应当适用于预防性刑法。当然,"传统刑法理论是以事后回应为主的模式体系,其具有特定的社会性、历史性"②,而由于预防性刑法存在一些新特点,基于刑法谦抑性原则发展出来的限制刑事立法的理论标准,也应当结合新的情况进行进一步的具体化。

(一)取其精华:对传统刑法中谦抑精神的批判式继承

在预防性刑法日渐茁壮成长的今天,有学者提出是否有必要继续坚持刑法谦抑性这一问题。在公众对安全的强烈需求面前,曾经被作为社会治

---

① 姜敏:《恰当选择规范位置优化刑法预防性立法》,载《检察日报》2018年10月24日第3版。
② 房慧颖:《智能风险刑事治理的体系省思与范式建构》,载《山东社会科学》2021年第2期。

第三章 预防性刑法的风险化解

理最后手段的刑法,已然走在解决社会问题的最前列,成为优先手段①,由此质疑在当今时代坚持刑法谦抑性的必要性。也有学者认为,应将刑法谦抑性的着眼点从制约立法转移至制约司法。"只要在实务上贯彻好谦抑性原则,用好不起诉、定罪免刑或缓刑制度,即便立法上对增设轻罪持积极态度,立法功能化扩张所带来的危险也能得到有效化解。"②笔者不赞同上述学者的观点。原因如下:

第一,谦抑精神是预防性刑法理念中不可或缺的组成部分。预防性刑法不能脱离刑法的根本属性与基本面貌,在设置预防性刑法边界时应坚守刑法谦抑性原则。"只有在比较轻缓的手段不能充分保证效果的情况下,才允许适用刑法。"③刑罚作为最严厉的处罚方式与威吓手段,应在其他处罚方式无法奏效的时候才被动用。由此,刑法谦抑性原则界定了刑法与其他部门法在社会控制体系之中的位阶关系;同时,也衍生出了预防性刑法与传统刑法在刑法体系内部的位阶关系。详言之,刑法谦抑性原则要求"在必要的最小限度内动用刑罚,体现了刑法的补充性"④。当其他部门法的规制方式能够有效实现对法益的保护时,则无须动用最为严厉的刑法规制手段;当传统刑法的规制方式能够有效实现对法益的保护时,则无须运用规制节点前移的预防性刑法。为防止预防性刑法的无限度发展,应始终遵循上述规制顺序。保护社会、保障人权与预防性刑法是"一体两翼"的关系,刑法谦抑精神则强调坚守人权保障的立场。谦抑精神实现人权保障的路径在于,主张刑罚权的启用必须具有审慎性和有效性,注重刑罚适用的比例性,竭力降低"以恶制恶"的负效应,反对盲目迷信刑法的功能。谦抑

---

① 参见〔韩〕金日秀:《风险刑法、敌人刑法与爱的刑法》,郑军男译,载《吉林大学社会科学学报》2015年第1期。
② 周光权:《积极刑法立法观在中国的确立》,载《法学研究》2016年第4期。
③ 〔德〕克劳斯·罗克辛:《德国刑法学总论》(第1卷),王世洲译,法律出版社2005年版,第23页。
④ 王良顺:《预防性刑法的合理性及限度》,载《法商研究》2019年第6期。

精神的这些内核契合了预防性刑法保障人权的机能。如果弃用谦抑精神，则相当于放弃了预防性刑法保障人权的机能，而过于夸大了其保护社会的机能，将使得预防性刑法陷入极端工具主义的泥潭。刑法谦抑性原则要求，当其他部门法的规制方式能够有效实现对法益的保护时，则无须动用最为严厉的刑法规制手段。刑法谦抑性原则虽然与古典刑法理论存在密切关系，但这并不妨碍其同样应当适用于预防性刑法。当然，基于积极主义刑法观的立场，一些学者放弃了刑法谦抑性原则对预防性刑法的限制。但是，基于以下理由，将刑法谦抑性原则和预防性刑法加以对立的观点并不妥当。

首先，刑法谦抑性原则和预防性刑法不是对立关系。作为反映社会转型期需要的预防性刑法最为明显的特征是，在一定范围内赞同积极实施犯罪化的立法，亦即"在将来很长一个时期，立法上的犯罪化是刑法立法的主旋律"[①]。对此，赞同刑法谦抑性原则的学者提出了预防性刑法导致刑法工具化的质疑，而赞同预防性刑法的学者也提出预防性刑法不受刑法谦抑性原则制约的观点。[②] 但是，这两种观点都混淆了刑法谦抑性原则的机能和刑法谦抑性原则的客观效果的区别。如前所论，刑法谦抑性原则并不反对刑法介入社会治理，也不反对犯罪化的刑事立法。刑法谦抑性原则真正反对的是不顾刑法固有的特征或者说缺陷而盲目进行犯罪化的立法。因此，刑法谦抑性原则本质上反对的是刑法万能论，而非反对刑法在一定情形下介入社会治理的可能性和必要性。所以，法益保护前置化的预防性刑法与刑法谦抑性原则并非对立关系，刑法谦抑性原则并不等同于刑法的事后保护。否则，我们将无法解释，为何各国刑法立法规定都处罚一些针对重要法益的预备行为、未遂行为。换言之，只要将预防性刑法的适用限制在"必要的最小限度"内，就不应认为其违反了刑法谦抑性原则；与之相应，

---

① 陈兴良：《回顾与展望：中国刑法立法四十年》，载《法学》2018 年第 6 期。
② 参见姜涛：《社会风险的刑法调控及其模式改造》，载《中国社会科学》2019 年第 7 期。

即使是结果本位的立法，如果违背了刑法的适用应限制在"必要的最小限度"内的要求，同样会违背刑法谦抑性原则。因此，刑法谦抑性原则与刑事立法模式究竟是采取预防性刑法还是结果本位刑法并无必然关联。

其次，忽略刑法和前置法存在本质差异的观点并不成立。预防性刑法遵循"没有一个固定的模式能够说明对哪一种行为只能以民事或者行政的方式处理"的立场。这种观点其实隐含的前提是，刑法与民法、行政法等前置法在介入社会治理时不再呈现为阶层递进关系，而是一种并列关系。但是，这种主张只有在忽视刑法与民法、行政法等前置法作为保护法益的手段存在差异性的前提下才有可能成立。然而，只要承认生命、健康、自由法益是个人最重要的法益，而整体法益秩序的存在也是为了通过保护相应的利益从而促成人格的全面发展，那么刑事责任所具有的客观上剥夺或者限制这些对个人而言最重要的利益的特征，必然决定了作为实现法益保护目的的手段的刑法，与民法、行政法等前置法之间存在根本的不同。刑法与民法、行政法等前置法在手段维度的不同，在实践中的意义是，刑罚作为最严厉的处罚方式与威吓手段，应在其他处罚方式无法奏效的时候才被动用。由此，刑法谦抑性原则决定了刑法与其他部门法在社会控制体系之中存在位阶关系。同时，其也衍生出了预防性刑法与传统的结果本位的立法在刑法体系内部的位阶关系。

最后，刑法谦抑性原则是比例原则在刑事法治领域的具体化。比例原则不仅是行政法中的一个原则，其同时是一个宪法原则。"宪法意义上的比例原则是调整国家权力和公民个人权利之间关系时应坚持的一项基本准则，泛指国家权力行使要妥当、必要、均衡、不过度、符合比例，不得对公民个人权利造成非法侵犯。"[1]同行政法中的比例原则一样，刑法谦抑性原则其实是宪法中的比例原则在刑法领域的具体化。因为"刑法谦抑性的基

---

[1] 门中敬：《比例原则的宪法地位与规范依据——以宪法意义上的宽容理念为分析视角》，载《法学论坛》2014年第5期。

本价值取向是刑罚的合理限缩,其强调刑罚适用的必要性和适当性以保障人权,这与比例原则约束公权力保障个人权利的价值追求高度契合"[1]。由于宪法是国家的根本大法,宪法确定的基本原则同样对部门法具有指导作用,"基于宪法基本权利规定的比例原则,无论社会如何变迁,始终是刑法必须遵循的基本原则,更是风险社会时代刑事立法不可动摇的铁则"[2]。换言之,刑法谦抑性原则作为宪法上比例原则在刑法领域具体化的属性决定了,预防性刑事立法同样应当遵循刑法谦抑性原则。

第二,刑事立法和刑事司法(而非仅刑事司法)都应遵循谦抑精神。刑事立法是刑事司法的基础,是国家刑事法治的起点,在立法上贯彻谦抑精神更有利于有效限制刑法干预范围。而放弃刑事立法坚持谦抑精神的立场,主张在刑事司法中坚持谦抑精神的建议,不符合我国的司法生态环境。当然,我们应当承认,扩张是权力的本性,司法权也不例外,尤其不能在不强调刑事立法坚持谦抑精神的情况下,苛求刑事司法坚守谦抑精神。

事实上,预防性刑法与谦抑精神存在形式抵牾与实质吻合。我们不应将预防性刑法与谦抑精神进行虚无的对立。预防性刑法要想获得长足、稳定、健康的发展,必须批判式地继承传统刑法所坚守的谦抑精神。而所谓的批判式继承,即是摒弃或忽略预防性刑法与谦抑精神形式上的抵牾,而将二者之间在实质上的吻合之处予以发扬。

首先,预防性刑法与谦抑精神存在形式抵牾。预防性刑法是传统刑法为了适应时代需求而做出"刑事处罚扩大化、早期化、重罚化"等改革措施的产物[3],例如刑事立法大量增加对未遂犯、危险犯、预备犯的处罚规定,使例外处罚变成常态处罚。[4] 这有可能违反或者压制刑法谦抑精神。有观点认为,根据刑法谦抑精神,刑法在风险社会仍只是"最后法",应警惕刑

---

[1] 于改之、吕小红:《比例原则的刑法适用及其展开》,载《比较法研究》2018年第4期。
[2] 田宏杰:《立法扩张与司法限缩:刑法谦抑性的展开》,载《中国法学》2020年第1期。
[3] 参见黎宏:《日本刑事立法犯罪化与重刑化研究》,载《人民检察》2014年第21期。
[4] 参见陈家林:《外国刑法通论》,中国人民公安大学出版社2009年版,第95页。

法本身的风险。① 这种观点与预防性刑法要发挥积极预防功能存在明显的对抗和冲突。

其次,预防性刑法与谦抑精神存在实质吻合。认为谦抑精神的基本要求是将刑法置于"最后法"的地位,实际是对谦抑精神的过度迷信,将导致刑法机能被搁浅,这不仅使得刑法保护社会的机能无法得到正常发挥,而且会过度限制刑罚权,同时也会使得刑法无所作为。而通过探究谦抑精神的本质,我们可以发现,在刑法内部建立避免权力滥用及倾轧公民自由的防控机制,与预防性刑法所要实现的目标(保护社会)及应然的约束机制(保障人权)并没有本质上的冲突,反而具有相同的价值取向和实质上的吻合。

最后,预防性刑法应批判式地继承传统刑法中的谦抑精神。具体而言,刑法谦抑精神的核心并非坚守刑法的"事后法"地位,而是强调刑罚权发动的审慎性、有效性,并注重刑罚适用的比例性。在预防性刑法的发展过程中,仍然要始终坚持这一内生性的防控机制,避免保护社会和保障人权机能的失衡。但是,刑法未必应一直处于"事后法"的位置,刑法在社会治理中的地位应取决于犯罪形态结构的时代背景。在时代需求的召唤下,回应社会重大关切而进行的适度犯罪化非但不会违背刑法谦抑精神,反而是刑法谦抑精神的实质外显。在我国刑法仍处于"小而重"(犯罪圈较小、刑罚过重)状态的大背景下,扩大犯罪圈并不必然违背刑法谦抑精神②,而是有其必然性并符合我国刑事法治发展的现实需求。同时应当看到,刑法与其他部门法的边界、预防性刑法与传统刑法的边界都并非一成不变。因应社会生活变动而扩张或限缩预防性刑法对社会失范行为的规制范围或者程度,应被视为刑事立法的常态。换言之,在刑法谦抑性原则的指引下,在其他部门法和传统刑法无法实现对相关行为的有效规制时,动用预防性

---

① 参见卢建平:《风险社会的刑事政策与刑法》,载《法学论坛》2011年第4期。
② 参见卢建平、刘传稿:《法治语境下犯罪化的未来趋势》,载《政治与法律》2017年第4期。

刑法并无不妥。

有学者提出,法益保护的前置化严重削弱了刑法谦抑性原则。[①] 笔者不赞同这种观点。笔者认为,这种观点将预防性刑法与刑法谦抑性原则进行了对立,是对刑法谦抑性原则的僵化理解。例如,长期以来,其他部门法和传统刑法无法对恐怖主义犯罪进行有效的规制和打击,实践证明其对恐怖主义活动的治理效果并不理想,为应对这种现状,立法者制定法益保护前置化的预防性刑法对恐怖主义犯罪进行规制,弥补了其他部门法和传统刑法的不足。可见,法益保护前置化与刑法谦抑性原则并非对立关系,刑法谦抑性原则并不等同于刑法的事后保护。只要将预防性刑法的适用限制在"必要的最小限度"内,就不应认为其违反了刑法谦抑性原则。

(二)向新而生:预防性刑法体系的科学构建

社会变迁促使刑法主动求变,在保留传统刑法体系与理念的合理内容的同时,也应从社会政策和刑事政策出发,基于时代需要及时更新刑法内容。[②] 社会问题和犯罪形势是变动不居的,与之相对应,刑法也不应一成不变。适应社会发展状况和犯罪形势,控制犯罪化与非犯罪化比例的妥当性,才能保持刑法的生命力。由之前论述可知,即使强调预防性刑法要坚守刑法的谦抑精神,也不等同于将刑罚限定在尽可能小的范围内。刑法应由"限定的处罚"转向"妥当的处罚"。[③] 另外,如果刑罚权的发展不随时代需求保持必要的更迭而陷入静态的僵局,则不仅不利于实现刑法对社会的控制,还有可能动摇罪刑法定的铁则。例如,在《刑法修正案(九)》增设编造、故意传播虚假信息罪(《刑法》第291条之一第2款)之前,有法院将编

---

① 参见陈璐:《论刑法谦抑主义的消减》,载《法学杂志》2018年第9期。
② 参见孙道萃:《刑法既要秉承谦抑也应发挥预防功能》,载《检察日报》2017年5月16日第3版。
③ 参见张明楷:《网络时代的刑法理念——以刑法的谦抑性为中心》,载《人民检察》2014年第9期。

造、传播虚假地震信息的行为认定为编造、故意传播虚假恐怖信息罪。①虚假地震信息属于虚假灾情信息,虚假灾情信息与虚假恐怖信息明显属于两个类别的信息,将编造、传播虚假灾情信息的行为以编造、故意传播虚假恐怖信息来认定,属于类推解释,违反了罪刑法定原则。②通过增设相应的新罪名,就避免了上述违反罪刑法定原则的情形发生,这也是在现代社会实现善治的手段之一。因此,在预防性刑法发展过程中贯彻刑法谦抑精神,应动态地限制刑罚权的发展方向,而不能静态地限制其处罚范围。传统上,刑法谦抑性原则主要通过以下两种方式限制刑事立法。第一,目的正当性层面的限制。通过限制刑法保护的法益的范围的方式限制刑事立法,亦即原则上刑法仅保护具有重大意义的个人法益。第二,手段必要性层面的限制。通过区分刑法和前置法的优先位阶的方式限制刑事立法,亦即只有在前置法不能有效保护法益时,刑法才具有介入的必要性。此外,结合预防性刑法的特点,在手段必要性层面还必须增加一项限制规则,亦即相较于预防性刑法,传统的结果本位的立法模式同样具有优先性。结合以上的判断框架,对预防性刑事立法我们可以提出如下更加具体的限制性标准。

1. 筛选预防性刑法所应保护的法益

为了防止预防性刑法的非理性扩张,为预防性刑法的发展划定合理边界,以应对预防性刑法的风险,应确保预防性刑法将安全保障机能作为手段与形式,从而实现保障公民人权与自由的目的与实质内核。为此,应严格筛选预防性刑法所要保护的法益种类,以维护公民的根本利益。

首先,预防性刑法保护的集体法益或者公共安全法益必须与个人法益具有关联性。"法益既是刑法建立刑罚正当化的前提条件,亦是特定行为

---

① 参见陈真、王东庆:《编造传播地震信息开玩笑是否构成犯罪》,载《人民法院报》2013年8月14日第6版。

② 参见周光权:《积极刑法立法观在中国的确立》,载《法学研究》2016年第4期。

入罪化的实质标准。"①尽管法益最初产生的目的是保护个体利益,但是个人法益所赖以存在与发展的公共秩序,或者由个体利益所聚合而成的公共利益,同样值得刑法予以保护。但是,在社会转型时期,满足公民美好生活需求的利益日益增加,公民对这些利益的需求也将越来越高,如果一概承认这些利益都是刑法应予保护的利益,势必导致刑法替代前置法的地位而冲在社会治理的第一线。因此,对于预防性刑法,我们应当秉持的合理态度是,预防性刑法虽然植根于社会转型期,但并非发生在社会转型期的任何风险或者公民任何需求都是预防性刑法所应当规制的对象。预防性刑法为了实现治理社会风险的目的,侧重于保护公共安全、社会管理秩序、公众健康等公民共同享有的公共法益②,与个人法益毫无关联的公共法益不应当被作为预防性刑法的保护对象。也就是说,与个人法益没有任何关联的公共法益,应被剔除出预防性刑法的保护范围。

其次,相关集体法益或者公共安全法益必须与个人法益具有实质关联性。如前所论,法益概念本身是因果行为论的产物③,如果完全从因果主义的角度出发,我们很容易建立起集体法益、公共安全法益与个人法益之间的关联性。这样一来,通过要求集体法益或者公共安全法益必须与个人法益具有关联性,从而限制预防性刑法介入范围的诉求,必然会失败。因此,集体法益、公共安全法益与个人法益之间的关联性,不能仅仅是因果还原意义上的关联性,而必须是一种具有实质意义的关联性。这种实质意义上的关联性,其实是一种目的论思考的产物,也即预防性刑法保护公共法益的目的与实质内核应是更好地维护与实现个人法益的最大化。在此意义上,保护个人法益才是创设集体法益或者公共安全法益的最终目的,而集体法益或者公共安全法益只是实现保护个人法益目的的手段。在此意

---

① 陈家林:《法益理论的问题与出路》,载《法学》2019 年第 11 期。
② 参见张永强:《预防性犯罪化立法的正当性及其边界》,载《当代法学》2020 年第 4 期。
③ 参见〔日〕松宫孝明:《"结果无价值论"与"行为无价值论"的意义对比》,张晓宁、付玉明译,载《法律科学》2012 年第 3 期。

义上,"维护社会安全就是对民众生命、健康、自由、财产等个人法益的间接维护"①。例如,《刑法修正案(八)》增设了危险驾驶罪,这一抽象危险犯的增设是预防性刑法的典型表现。危险驾驶罪的增设,是立法者通过维护道路交通安全这一手段,来实现保障道路交通参与人的生命、健康以及重大公私财产安全的目的。这一预防性刑法的举措通过维护道路交通安全的手段,实现了维护公民权利与自由的目的,存在手段与目的的实质关联。

最后,应当从相当因果关系的角度把握集体法益或者公共安全法益与个人法益之间的实质关联性。集体法益、公共安全法益同个人法益之间的目的和手段关系,本质上是通过保护集体法益、公共安全法益的方式,有效保护个人法益。也就是说,通过预防性刑法创设集体法益、公共安全法益的方式,实现对个人法益的预防性保护。众所周知,根据刑法谦抑性原则的要求,刑法只能预防其能够预防的法益侵害行为。因此,一般预防指向的加害行为并非是任何惹起法益损害结果的行为,而是通常能够惹起法益损害结果的行为,或者说能够通过支配或者利用相关因果流程最终惹起法益损害结果的行为。②之所以做出这样的限制,是因为,一方面,只有抑制通常能够惹起法益损害结果的行为才能保护相应法益;另一方面,通过合理限定处罚范围,可以避免过于干涉一般国民的行动自由。从这样的角度看,只有在对相应的集体法益或者公共安全法益的侵害,通常能够引起对个人法益的危险的情形下,我们才可以认为,刑法通过预防性立法创设相关的集体法益或者公共安全法益,能够发挥进一步抑制侵害个人法益的危险的功能。例如,环境污染、生产事故等领域存在的危险一旦现实化为危害结果,必然对不特定多数人的生命、健康等造成严重损害。再如,在生产、作业过程中违规作业通常存在"发生重大伤亡事故或者其他严重后果

---

① 钟宏彬:《法益理论的宪法基础》,元照图书出版公司2012年版,第229页。
② 参见蒋太珂:《因果力比较在结果归责中的功能》,载《比较法研究》2020年第3期。

的现实危险"①;非法大量获取公民个人信息,在相当程度上会导致滥用相关信息行为"对公民的人身、财产安全和个人隐私构成严重的威胁"②。正因如此,针对前述情形,立法者通过预防性立法的方式,创设了相应的集体法益或者公共安全法益。从形式上看这是为了维护环境资源保护秩序、生产秩序或者个人信息管理秩序等,实质是预防上述行为侵犯公民的生命、健康与财产安全的风险现实化。

2. 预防性刑法的介入必须满足最后手段的要求

保护法益的目的正当性不能直接推导出立法手段的正当性,即"目的正当性并不能轻易'圣洁化'一切严厉手段"③。刑法是能够剥夺或限制公民自由、财产乃至生命的法律,刑罚是最严厉的处罚手段。因此,预防性刑法除具有目的正当性外,其所采取的具体手段也必须要满足最后手段的要求。只有当预防性刑法对法益的保护满足以下条件时,才可以承认预防性刑法的介入满足最后手段性的要求。

首先,对集体法益或公共安全法益的侵害,必须造成了行为人不可控的危险。由于预防性刑法保护的集体法益或公共安全法益服务于对个人法益的保护,因此对于集体法益或者公共安全法益造成的现实侵害,就个人法益而言,通常只造成了个人法益的损害危险。基于刑法谦抑性原则的要求,在行为人针对集体法益或者公共安全法益造成的侵害,造成了行为人不可控危险的情况下,相应的预防性刑法具有正当性。其一,根据古典刑法理论,在结果本位的立法模式下,以处罚既遂犯罪为原则,以处罚预备行为和未遂行为为例外。因此,预防性刑法的立法模式,其实在很多时候

---

① 许永安主编:《中华人民共和国刑法修正案(十一)解读》,中国法制出版社2021年版,第39页。
② 高铭暄:《中华人民共和国刑法的孕育诞生和发展完善》,北京大学出版社2012年版,第477页。
③ 〔德〕马克斯·韦伯:《学术与政治》,钱永祥等译,广西师范大学出版社2004年版,第262页。

是将在结果本位立法模式下本来属于预备的行为或者未遂的行为,直接作为本来的处罚事由加以规定。基于类比性思考,相应预防性刑法所禁止的行为,必须同样具备这些作为例外处罚的预备行为或者未遂行为所应当具备的实质危险。这意味着"只有当行为的抽象危险现实化为实害,行为人基本上不可能控制危险的现实化,才能将该危险规定为犯罪"①。其二,传统上民法上的损害赔偿责任以存在客观上的法益损害为前提,因而对于预备行为和未遂行为,无法通过要求行为人承担民事责任的方式予以规制。同时,在废除劳动教养制度后,行政责任也比较轻微。特别是在实施相应的侵害行为能够获得巨大的经济或者其他利益的情形下,难以通过要求承担前置法规定的法律责任的方式,有效抑制相应的侵害行为。

其次,对集体法益或公共安全法益的侵害,必须造成了被害人难以容忍的危险。"在现代社会,人们在生活中不可能一点也不给他人造成伤害。因此,每个人必须对来自他人的伤害有某种程度的忍受。对这些伤害行为都统统予以处罚、禁止的话,反而会妨碍他人的行动自由。"②换言之,如果相应的风险是被害人可以容忍的风险,那么通过刑法禁止相应的风险将违背刑法谦抑性原则的要求。国民对于风险的容忍度,主要受到以下因素的影响。其一,相应风险是否能够带来一定的利益。如果相应风险不具有一定的社会有益性,那么一般国民对于相应风险的容忍度就低。例如,恐怖主义犯罪侵犯的公共法益融合了公民的健康、财产乃至生命等极其重大的法益,恐怖主义活动并不能给一般国民带来正向利益。因此,有必要对恐怖主义犯罪采取预防性刑法手段予以规制。其二,公民对于相应风险的防范成本。如果公民对于相应风险的防范成本高,那么一般国民对于相应风险的容忍度就比较低。以传统法律视角观之,国家往往居于"守夜人"的中立角色,不应过多介入公民的生活,以免过多干预公民的自由。国家的这

---

① 张明楷:《法益保护与比例原则》,载《中国社会科学》2017年第7期。
② 〔日〕平野龙一:《刑法的基础》,黎宏译,中国政法大学出版社2016年版,第91页。

预防性刑法的风险及控制研究

一定位源于在诸如恐怖主义、环境污染、生产事故、道路交通事故、重大传染疾病等新安全威胁到来之前,对公民权利的侵犯往往来自另外的公民个体,公民个体尚可用自身力量避免相应损害的发生。而当代人类所面临的恐怖主义犯罪、环境污染、重大传染疾病等各种风险,正以压倒性的方式存在着。对于这些危险,在风险信息的收集和管控风险的技术掌握以及防范风险的组织能力方面,危险实施者更有能力避免或者控制相应的风险。其三,公民通过事后救济的方式维护自己利益的有效性。如果通过事后维权同样能有效保护相关法益,那么一般国民对于该风险的容忍度就相对比较高。刑法介入社会治理本质上是国家公权力介入对国民利益的保护,这种保护建立在国家强大的权力基础之上,因此其有效性不容置疑。但是,前置法提供的保护,往往需要作为受害者的公民自己提出诉求才能启动,如果加害者在经济实力或者社会地位上是强者,那么作为弱者的受害者的利益往往难以通过前置法实现。因此,在风险创设者和风险接受者的实力趋于平等的情况下,国民对于相关风险的容忍度较高,反之则较低。如果说在新安全威胁到来之前,遭受侵害的公民个体尚可与施加侵害的公民个体抗衡的话,那么在新安全威胁到来之后,遭受侵害的公民个体与施加侵害的组织体之间由于力量悬殊,此时亟须国家作为"保护人",保障公民个体的权利与自由。

最后,既有的规范体系能否有效规制相应行为,是判断预防性立法是否满足刑法谦抑性原则的重要标准。预防性刑法建立在传统刑法立法模式失效的前提之上,如果传统的立法模式仍然能够有效规制相应的风险,就没有必要进行预防性立法了。例如,最近的刑事立法除了将预备行为正犯化以外,还存在着大量共犯行为正犯化的立法。这些共犯行为正犯化的立法也属于预防性立法的重要体现。但是,正如一些学者所指出的那样,"在原本通过重新解释共同犯罪的成立条件就可以认定为信息网络犯罪的共犯的情况下……只要通过重新解释共犯的成立条件,对这种行为以相应犯罪的共犯论处,就有利于处罚和预防这类犯罪"①。因此,在既有规范体系完全可以有效应对新型风险的情况下,没有必要专门通过预防性刑法的立法处罚相应行为。

同时,刑法的谦抑精神具有先天的价值偏向,仅靠谦抑精神无法完全构建起预防性刑法的科学体系。预防性刑法体系的科学构建,不仅需要刑法谦抑精神的融贯,而且需要其他刑法正义力量的参与。刑法正义力量既包括罪刑法定原则、平等适用原则、罪刑相适应原则等刑法的基本原则,也包括合比例性等预防性刑法的应然内核。多种力量的协同方可共同限制刑罚权的滥用,保证预防性刑法的有效性、正当性、合理性。

3. 预防性刑法边界设置应坚守比例原则

为预防性刑法的发展设置合理边界,实现安全保障与自由保护的动态平衡,需要激活比例原则的修正与润滑作用,防止预防性刑法的恣意发展。预防性刑法采用法益前置化保护的手段,在一定程度上限缩公民自由,最终是要维护社会安全,从而更好地实现保障公民权利和自由的根本目的。因此,在预防性刑法的发展过程中,"应当更加强调目的与手段的合比例性,避免借公共秩序为名,行克减公民自由之实"②。通过比例原则限制预防性刑法的发展范围,确保其正当性,应从以下几个方面展开:其一,考察预防性刑法所采用的手段是否具有必要性。正如笔者前面所论述的,预防性刑法的适用应被限制在"必要的最小限度"内,当其他的风险治理方式能够实现法益保护目的时,就不能采用预防性刑法手段。换言之,为了达到治理风险、维护社会安全的目的,只有当不存在其他的更佳手段,不存在对犯罪人侵害更小的手段时,采用预防性刑法手段才具有必要性。其二,考察预防性刑法所采用的手段是否具有有效性。立法者通过预防性刑法的手段对社会风险进行治理时,需要确保所采用的手段能够达至治理风险、

---

① 张明楷:《网络时代的刑事立法》,载《法律科学》2017 年第 3 期。
② 马春晓:《现代刑法的法益观:法益二元论的提倡》,载《环球法律评论》2019 年第 6 期。

维护社会安全的目的,否则采用更为严厉的预防性刑法手段就是徒劳无功的,不具有正当性。其三,考察预防性刑法所采用的手段是否具有合比例性。在通过考察确定预防性刑法手段能够达至治理风险、维护社会安全的目的时,仍要继续衡量运用此种手段时所获得利益与所丧失利益之间的大小关系,以保证预防性刑法意欲追求的目的与所需限制的程度之间成比例。① 在历经以上三个方面的考察,确保预防性刑法手段具有必要性、有效性、合比例性之后,才能够考虑动用预防性刑法来规制社会风险,以维护社会安全。

是否坚守比例原则是考察预防性刑法是否具有必要性与合理性的重要标准。当预防性刑法以维护社会安全的手段来实现从根本上维护公民权利与自由的目的时,其目的具有正当性。但是,目的正当性不能直接推导出手段正当性,即"目的正当性并不能轻易'圣洁化'一切严厉手段"②。刑法是能够剥夺或限制公民自由、财产乃至生命的法律,刑罚是最严厉的处罚手段。因此,预防性刑法除具有目的正当性外,其所采取的具体手段也要具有必要性与合理性,以此来实现预防性刑法真正意义上的正当性。在审查某一预防性刑法手段是否正当时,要审查该具体手段是否具有必要性与合理性。首先,要审查预防性刑法的具体手段是否具有必要性。根据比例原则,预防性刑法的适用应被限制在"必要的最小限度"内,也即在实现同一目的的诸多手段中,要选取损害最小的手段。对于必要性的审查,包括"同等有效"与"损害最小"这两个要件。③ 刑法手段因其严厉性,是诸多部门法中造成损害最大的手段。在规制社会风险时,当其他手段都无法实现保护社会的目的时,采取刑法手段才具有必要性和正当性。坚持刑法

---

① 参见张永强:《预防性犯罪化立法的正当性及其边界》,载《当代法学》2020年第4期。
② 〔德〕马克斯·韦伯:《学术与政治》,钱永祥等译,广西师范大学出版社2004年版,第262页。
③ 参见蓝学友:《规制抽象危险犯的新路径:双层法益与比例原则的融合》,载《法学研究》2019年第6期。

的补充法原则,是保证预防性刑法正当性的途径之一。其次,要审查预防性刑法的具体手段是否具有合理性。刑罚是一把"双刃剑",在禁止某一类危害社会的行为的同时,也剥夺了公民实施该行为的自由。审查预防性刑法的具体手段是否具有合理性,需要在预防性刑法所保护的法益与所剥夺的自由之间进行权衡。如果某一预防性刑法具体手段所保护法益小于所剥夺自由,则该具体手段便不具有合理性,由此应成为否定该预防性刑法手段正当性的理由。在权衡预防性刑法所保护法益与所剥夺自由的轻重关系时,应考虑所保护法益的重要性与公民对风险的容忍程度。[①] 例如,恐怖主义犯罪侵犯的公共法益融合了公民的健康、财产乃至生命,是极其重大的法益,且公民对恐怖主义犯罪的容忍度极低。因此,有必要对恐怖主义犯罪采取预防性刑法手段予以规制。

第二节 预防性刑法应秉持的理念进路

预防性刑法的发展是大势所趋,不可盲目遏止。但是,预防性刑法具有天然的价值偏向,即强调保护社会安全而忽略保障人权和自由。为了克服预防性刑法的天然弱势,实现预防性刑法科学、稳定、健康发展,需要在预防性刑法的发展过程中运用公共法益还原考察、刑法谦抑性等原则和策略进行限缩,并谨防预防性刑法的非理性化发展。

一、基本立场:在发展中求平衡

1. 预防性刑法的发展是大势所趋

法律命题须因应社会生活的需求而创设。[②] 预防性刑法的产生和发

[①] 参见蓝学友:《规制抽象危险犯的新路径:双层法益与比例原则的融合》,载《法学研究》2019年第6期。

[②] 参见〔日〕川岛武宜:《现代化与法》,申政武等译,中国政法大学出版社2004年版,第221页。

展,具有相应的时代背景,并符合社会需求。这在国家层面、社会层面、公民层面都可以得到印证。

第一,从国家层面看,预防性刑法助力国家任务的完成。与古典刑法不同,预防性刑法产生于各种风险交织的社会。在风险社会中,国家的任务和角色发生了根本性的转变,国家必须承担控制风险、保护公民生活安全的重任。[①] 当公民对安全表达出强烈的渴求时,国家为了展现出对公民负责的姿态并进而赢得公民对国家的支持和认可,就必须响应公民的渴求并出台相应的社会治理规则。刑法属于社会治理规则的组成部分,公民对安全的渴求会汇聚成国家制定的社会治理规则的组成部分并传导至刑法体系内部,促使传统刑法发生内生性变革,预防性刑法便因应这种变革而诞生。可以说,在各种恐怖袭击、环境污染等不确定的风险频发的社会中,公民对控制社会风险的最强有力的主体——国家,会寄予更高的期待,整个法律体系便会出现价值立场的转换。刑法作为法律体系整体中的组成部分,在这种大趋势下以事前预防控制立场进行结构性调整和转向,是无法避免且不足为奇的。

第二,从社会层面看,预防性刑法是社会转型的产物。随着生产力的发展,社会从简单社会到复杂社会转变,社会的灵活性、变动性、可塑性越来越强。当然,伴随而来的是"各种可以预见和难以预见的风险因素明显增多,维护国家安全和社会稳定任务繁重艰巨"[②]。社会转型带来的风险增多,需要借助刑法来对威胁社会存在的危害及危险进行预防。[③] 原因在于,根植于我国法律文化传统的观念是"乱世用重典",对依赖刑法解决社会问题的需求与社会中存在的风险成正比。当前社会中风险的增多、影响

---

① 参见钟宏彬:《法益理论的宪法基础》,元照图书出版公司2012年版,第246页。
② 习近平:《扎实深入贯彻落实总体国家安全观 与时俱进开创国家安全工作新局面》,载《人民日报》2015年5月20日第1版。
③ 参见〔德〕京特·雅克布斯:《保护法益?——论刑法的合法性》,赵书鸿译,载赵秉志、宋英辉主编:《当代德国刑事法研究》(2016 第1卷),法律出版社2017年版,第36页。

范围的扩大以及不确定性程度的加深,使得我国社会中对刑法的需求更加旺盛,社会上不时出现的希望针对某一问题增加新罪名的热切呼吁即是印证。① "社会存在决定社会意识",这一基本原理说明,随着生产力发展水平的提高,社会转型势不可挡,而作为社会转型产物的刑法模式的根本转变——预防性刑法的产生和发展也是不可避免的。

第三,从公民层面看,预防性刑法满足了公民对安全的需求。"安全是一项人权,这项人权将从根本上表明国家及其垄断权力的存在是合法的。"②从刑罚的本质而言,刑罚是一种适用于公民的最强烈的谴责机制,是一种为了制止犯罪而对公民施加的"恶"。但是,当社会风险增加,使得社会中不确定性风险涌现时,公民的恐惧感就会急剧增加,随之希望能够通过某种手段实现对这些风险的有效控制。此时,公众自然而然地将目光投射到刑法上,而预防性刑法恰如其分地传达出刑事政策强化的信号,为公民提供了一种具有仪式性的安全保障,满足了公民的安全需求。

2. 预防性刑法必须在发展中解决安全与自由的平衡问题

自启蒙运动以来,在刑法立法和刑法适用的过程中就需要平衡各种利益、价值的碰撞和冲突。"刑法的处罚范围最终是平衡国家权力和公民权利的结果。"③国家权力范围的大小与刑法的处罚范围呈正相关的关系,公民权利的大小与刑法的处罚范围呈反相关的关系。国家权力范围越大,刑法的处罚范围越大;公民权利越大,刑法的处罚范围越小。而国家权力范围越大,国家对社会秩序的控制力就越强,对社会秩序和安全的维护力度就越大,但也越有可能侵犯公民的权利和自由;公民权利范围越大,公民的自由就越容易得到保障,但也越有可能使得社会风险处于不可控的状态中。换言之,虽然预防性刑法具有天然的价值取向,但这也成为预防性刑

---

① 参见熊永明:《我国罪名建言热潮之隐忧及其批判》,载《法学评论》2015年第6期。
② 〔德〕乌尔斯·金德霍伊泽尔:《安全刑法:风险社会的刑法危险》,刘国良译,载《马克思主义与现实》2005年第3期。
③ 何荣功:《预防刑法的扩张及其限度》,载《法学研究》2017年第4期。

法的"原罪",在预防性刑法的发展过程中,必须时刻注意矫正这一危险的偏向,实现保护社会和保障人权的平衡。简言之,实现国家权力与公民权利的平衡,调节好安全与自由的限度,是预防性刑法发展过程中不可回避、必须解决的难题。

应当看到,预防性刑法的安全保障机能与自由保护机能二者之间并非简单的并置关系,而是存在手段与目的、形式与实质的实质关联。预防性刑法所实现的安全保障机能是手段、形式,其实质与所要实现的根本目的是保障公民的自由和安全。其一,预防性刑法的安全保障机能与自由保护机能之间是手段与目的的关系。预防性刑法显示出对安全保障机能的侧重,强化社会风险治理和安全维护,并非为了削弱人权与自由,而是为了更有效地保障人权与自由,也即"必要的限制行动自由旨在真正达至人权保障"[①]。例如,《刑法修正案(八)》增设了危险驾驶罪,这一抽象危险犯的增设是预防性刑法的典型表现。危险驾驶罪的增设,是立法者通过维护道路交通安全这一手段,来实现保障道路交通参与人的生命、健康以及重大公私财产安全的目的。这一预防性刑法的举措通过维护道路交通安全的手段,实现了维护公民权利与自由的目的,存在手段与目的的实质关联。其二,预防性刑法的安全保障机能与自由保护机能之间是形式与实质的关系。预防性刑法所实现的安全保障机能作为形式,其包含的实质内核即为保护公民的人权与自由。换言之,"维护社会安全就是对民众生命、健康、自由、财产等个人法益的间接维护"[②]。例如,环境污染、生产事故等领域存在的危险一旦现实化为危害结果,必然对不特定多数人的生命、健康等造成严重损害。《刑法修正案(十一)》将污染环境罪第1款"后果特别严重"修改为"情节严重",同时增设了危险作业罪,是预防性刑法的典型表现。刑法对污染环境、危险作业等领域的失范行为进行预防性规制,从形

---

① 高铭暄、孙道萃:《总体国家安全观下的中国刑法之路》,载《东南大学学报(哲学社会科学版)》2021年第2期。

② 钟宏彬:《法益理论的宪法基础》,元照图书出版公司2012年版,第229页。

式上看是为了维护环境资源保护秩序或者生产秩序,实质是预防上述行为侵犯公民的生命、健康与财产安全的风险现实化。综上,我们需要警惕的是以维护社会秩序为名,行侵犯公民自由与人权之实的非理性预防性刑法。合理正当的预防性刑法能够实现安全保障机能与自由保护机能二者之间手段与目的合一、形式与实质合一的实质关联。

二、实现策略:限缩的发展与发展的限缩

预防性刑法的发展势不可挡,但是预防性刑法又具有天然的偏重保护社会而忽略保障人权的价值偏向。矫正预防性刑法的这一天然偏向成为预防性刑法发展过程中的重要环节,是保证预防性刑法正当性、科学性、合理性、审慎性的前提。

1.限缩的发展:预防性刑法在"公共法益还原考察+刑法谦抑性"双重限缩下的发展

理念与理论的更新、变革应作为立法调整的前奏,但是在预防性刑法的发展过程中,立法却先行一步。这固然与客观社会需求有莫大关系,但也从侧面说明有关预防性刑法的理论未及时跟进。由此导致的后果是,预防性刑事立法针对具体的社会问题予以调整和"修补",总体而言是"碎片化"的。在此状况下,预防性刑法理念应及时跟进,构建整体性、系统化的理论方案,尤其需注重为预防性刑法的发展设定合理边界,以实现安全与自由双重价值的平衡。笔者认为,应将公共法益还原考察(即公共法益能否还原成保护公民个人的利益)[①]和刑法谦抑性作为考察预防性刑法发展正当性的根据以及预防性刑法发展的"界碑"。从时间脉络看,注重对公共法益的保护是风险社会的重要特征,而刑法谦抑性是从启蒙运动以来就嵌入了刑法的"脊髓"。从空间脉络看,"公共法益还原考察"策略注重从外部

---

① 参见〔日〕西原春夫:《刑法的根基与哲学》(增补版),顾肖荣等译,中国法制出版社2017年版,第83页。

考察预防性立法的正当性,而刑法谦抑性是刑法的内生精神。因此,"公共法益还原考察+刑法谦抑性"的策略即形成了从古至今、从内到外的关系网,能够实现对预防性刑法发展的全方位、科学化限制。

其一,公共法益还原考察。根据刑法的规定,公共法益包括国家安全、公共安全、市场经济秩序和社会管理秩序四个向度;法益侵害包括实害结果、具体危险和抽象危险三个维度。传统刑法通常在四个向度的公共法益遭受侵害,出现实害结果或者具体危险的时候介入并予以规制;脱胎于传统刑法的预防性刑法在四个向度的公共法益遭受侵害,仅出现抽象危险的情况下就有可能介入并予以规制。当公共法益遭受侵害并仅出现抽象危险时,刑法的介入在一定程度上就有牺牲个体法益来扩张对公共法益保护的嫌疑。但是,这种嫌疑的存在不能当然地否定预防性刑法对公共法益保护的正当性,也不能当然地推衍出预防性刑法在保护社会与保障人权上失衡的结论。原因在于,公共法益有时是个体法益汇聚并升华的产物。公共法益是某一种社会秩序的结晶体,而这种社会秩序构建的根本目的可能是为了保障每一个公民的切身利益。换言之,对上述这类公共法益的保护其实是在间接地保护公民的个体利益。

以《刑法》第二章危害公共安全罪所涉及的公共法益为例,该章犯罪侵犯的公共法益是公共安全,即不特定多数人的生命、健康或重大公私财产安全。生命权、健康权、财产权等是与个人息息相关并且影响重大的,对公共安全法益的侵害其实是在间接侵犯公民的个体法益,刑法对公共安全法益的保护其实是在间接地保护公民的个体法益。例如,《刑法修正案(九)》扩大有关恐怖犯罪的犯罪圈,将准备实施恐怖活动的行为、宣扬恐怖活动的行为甚至非法持有宣扬恐怖主义的物品等行为都进行犯罪化处理,体现了刑法保护公共安全法益的决心,是预防性刑法的典型体现。但是,考虑到恐怖活动对每一个公民个体人身安全和财产安全可能造成的巨大破坏和威胁,此类预防性刑法的具象化措施是通过保护社会的方式实现对公民

第三章 预防性刑法的风险化解

权利的最大限度的保护,并没有在保障社会与保护人权的价值取向间失衡,仍旧具有正当性。而以《刑法》第三章破坏社会主义市场经济秩序罪所涉及的公共法益为例,该章犯罪侵犯的公共法益是社会主义市场经济秩序,即国家认可的稳定有序的经济秩序。然而,在不同时代、不同社会形态下,国家认可的经济秩序也是不同的。国家设置经济犯罪的目的,是维护国家的经济秩序。一个国家的经济秩序不同于公民的生命权、健康权、财产权等,其与个人利益之间没有直接、不可分割的联系。对经济秩序的侵害并不当然地侵害公民个人利益,对经济秩序的保护也并不当然地维护个人法益。例如,在王力军非法收购玉米案的一审程序中,就是以王力军无证收购玉米的行为侵犯市场准入制度为由入罪。市场准入制度是社会主义市场经济秩序的一个具体体现,但其无法直接与公民个人的利益相勾连,对这一公共法益的保护并非是在间接保护公民个人利益。如果以对这一公共法益的侵犯入罪,显然侵犯了公民个人的权利和自由,即在保护社会与保障人权价值取向间失衡。

综上,在侵犯公共法益仅造成抽象危险的场合(造成具体危险和实际损害结果时仍可归属于传统刑法的考察范畴,不属于预防性刑法的特殊考察范围),当公共法益与个人法益具有直观联系时,即侵犯公共法益实质是在侵犯公民个人法益时,预防性刑法对公共法益的保护并未在保护社会与保障人权间失衡。概言之,公共法益还原考察作为预防性刑法的限制条件之一,其含义就是预防性刑法在扩大犯罪圈时,其所保护的公共法益必须能够还原为个人法益,必须是个人法益的聚合体和升华体。对此,笔者将在下面展开详细论述(详见本章第三节)。

其二,刑法谦抑性。前述已提及,预防性刑法在发展过程中需要批判式地继承传统刑法的谦抑精神,并将其作为防止预防性刑法恣意的内生性防控机制。概言之,预防性刑法在发展中应继续坚持刑法谦抑性,但并非坚守刑法的"事后法"地位,而是强调刑罚权发动的审慎性、有效性,并注重刑罚适用的比例性。谦抑精神能够保持预防性刑法发展的正当性、审慎性，有利于在预防性刑法内部建立避免权力滥用及倾轧公民自由的防控机制，对于限制预防性刑法恣意发展具有基础性的作用。

2. 发展的限缩：谨防预防性刑法发展中的非理性化

预防性刑法发展中的非理性化主要体现为象征性立法，其形成有客观和主观两个方面的因素。在预防性刑法推进的进程中，要保证刑事法治的众多铁则不被蚕食，尽量避免倡导性、象征性立法，也即对于预防性刑法的发展，要进行一定程度的限缩。具体如下：

第一，预防性刑法发展中的非理性化外显表现为象征性立法，指立法者为了回应民意或者为了满足政治需要、进行政治宣示等而贸然立法。"现代社会中，不确定因素很多，人们往往将漠然的不安集中于对犯罪的不安，并往往试图通过重刑化来象征性地消除这种不安，以求获得精神上的安宁。国家也能通过回应这种诉求以维持威信，进而获得国民的支持与服从。对此，我感觉，刑罚正成为国家自导自演、国民自我满足的手段。"①有学者认为，以象征性立法为代表的非理性的立法是为了实现形式意义上的立法存在感或者只是在宣示一种规范声明。② 笔者认为，这种说法有失偏颇，但是其所揭示的象征性立法与刑法为回应社会需求而作出必要修改的混同现象，需要引起我们的重视。

第二，预防性刑法发展中的非理性化现象之形成有客观和主观两方面因素。从客观方面来看，社会风险的急剧增加是现代社会客观存在的状况，并非出于人们的主观臆想。另外，社会风险的不确定性程度加深以及随着科学技术的发展，风险的传播速度加快。其一是随着科学技术发展，有些社会风险的传播速度更快，例如网络犯罪，其风险完全可以实现跨区

---

① 〔日〕松原芳博：《刑法总论重要问题》，王昭武译，中国政法大学出版社 2014 年版，第 10 页。

② 参见〔德〕克劳斯·罗克辛：《刑法的目的难道不是保护法益吗？》，樊文译，载陈兴良主编：《刑事法评论》（第 19 卷），北京大学出版社 2006 年版，第 155 页。

域、高速化传播。其二是随着通信技术的发达,社会公众对风险的感知速度会加快。例如,在甲地发生的恐怖袭击活动,可能在几秒钟之内就会被生活在几千公里之外的乙地的人们所知晓。从主观方面来看,公众对风险的感知会发生扭曲。一方面,对风险的评估是一种颇具主观性的心理认知过程,受认知主体主观心理的影响较大。另一方面,在通信技术高度发达的今天,信息传播速度在客观上加快的同时,不合乎理性、不切合实际乃至被严重歪曲或扭曲的信息的传播速度也会加快,但公众对信息的筛选能力并不一定与信息传播技术的发展成正比,也即公众受信息的影响(包括被扭曲的信息)会加大,进而夸大对社会风险的恐惧心理,并加大对社会安全的诉求。在以上客观和主观两方面因素的共同作用下,预防性刑法发展中的非理性化现象就具有了产生的土壤。

第三,预防性刑法发展中的非理性化现象是立法者对被夸大的风险作出的不当回应。由上述主观因素导致的风险被夸大以及被夸大风险的广泛传播,会与客观实际存在的风险一样,带给民众巨大的恐惧,当这种恐惧生成对安全的诉求并进而传导至立法者处时,立法者会面临巨大的政治压力。立法者将面临两种选择:其一,对公众的安全诉求不作回应。立法者意识到公众对风险的认知及由此产生的安全诉求是被夸大的,实际情况并非如此糟糕,在这种情况下,应保持刑事立法的谨慎,通过其他手段而非刑事立法来应对。其二,对公众的安全诉求作出积极的回应。立法者虽然意识到公众对风险的认知及由此产生的安全诉求可能是被夸大的,但其也难以准确判断风险的实际大小。在此情况下,立法者为了平复公众的不安情绪而在刑事立法中作出积极回应。显然,立法者会倾向于作出第二种选择。原因在于,"一方面,刑事规则的制定将恐惧情绪短期地、虚幻地压制下去,营造出一种安慰式的安全情绪,遮蔽了恐惧应有的不确定性特征,同时也将恐惧的可能性置换为确定无疑之事,以实现其他非降解恐惧情绪的目的和意图。另一方面,规制风险的刑事法也同样可以将自身遏制不住的扩张欲望,借以防控风险的名义,提供断裂意义上的安全保护,促使被治理的大多数更加依赖刑法的非理性扩张"①。也就是说,立法者作出第二种选择会基于两个方面的益处:一是安抚公众的恐惧心理和平息社会舆论;二是借此进行全面的社会性控制②,强化公众对法律的信赖和忠诚。可见,立法者选择对公众基于被夸大的社会风险的认知而提出的安全诉求作出积极回应,并非出于法治框架内的考量。因此,这些回应是缺乏科学论证的不当回应。

第四,要采取措施确保预防性刑法在法治框架内运行,谨防预防性刑法发展中的非理性化。当立法者非基于法治框架内的考量作出选择时,往往会考虑平复公众的恐惧情绪和强化公众对法律的信赖等原因,轻率地优先考虑以最严厉的刑罚手段应对风险。这种过度依赖刑法的倾向是导致预防性刑法非理性化发展的原因。因此,为了防止预防性刑法发展过程中的非理性化、盲目扩张的倾向,就需要确保预防性刑法在法治框架内运行,尽量避免保护法益的抽象化、稀薄化,杜绝针对罕见事件进行的"特例立法"。③ 同时,要增强立法的实证基础,对立法内容进行专业性的而非情绪化的论证,确保遵循刑事法治的基本原则。刑事立法要顺应时代潮流,从消极保守转向积极和预防为导向。但是,从幕后转向台前的刑法在积极推进的同时,要时刻注意不能被公众的情绪所"绑架"。预防性刑法中非理性化倾向的加剧,会使得其保护社会和保障人权的天平失衡并进而丧失正当性和科学性。因此,预防性刑法的发展要被严格地限定在法治框架内,谨防非理性化的发展倾向。

---

① 邵博文:《晚近我国刑事立法趋向评析——由〈刑法修正案(九)〉展开》,载《法制与社会发展》2016年第5期。
② 参见古承宗:《风险社会与现代刑法的象征性》,载《科技法学评论》2013年第1期。
③ 参见周光权:《〈刑法修正案(九)〉(草案)的若干争议问题》,载《法学杂志》2015年第5期。

第三节　预防性刑法风险化解的现实路径

一、公共法益还原考察方式

（一）运用公共法益还原考察方式化解预防性刑法风险的原因

为了防止预防性刑法的非理性扩张，为预防性刑法的发展划定合理边界，如前所述，应确保预防性刑法将安全保障机能作为手段与形式，而实现保障公民人权与自由的目的与实质内核。为此，应严格筛选预防性刑法所要保护的法益种类，以维护公民的根本利益。

法益的产生是为了防止不当扩大犯罪的概念。①"法益既是刑法建立刑罚正当化的前提条件，亦是特定行为入罪化的实质标准。"②尽管法益最初产生的目的是保护个体利益，但是个体法益所赖以存在与发展的公共秩序，或者由个体利益所聚合而成的公共利益，同样值得刑法予以保护。预防性刑法为了实现治理社会风险的目的，侧重于保护公共安全、社会管理秩序、公众健康等公民共同享有的公共法益。③但应当看到，预防性刑法并非治理社会风险的灵丹妙药，其适用也应被严格限制在合理的范围之内。根据刑法谦抑性原则，当其他部门法的规制方式能够有效实现对法益的保护时，则无须动用最为严厉的刑法规制手段；当传统刑法的规制方式能够有效实现对法益的保护时，则无须运用预防性刑法。因此，并非所有的公共法益均可以成为预防性刑法所保护的对象，要严格区分哪些社会风险是其他部门法能够调整的，哪些社会风险是传统刑法能够调整的。对于其他部门法和传统刑法能够规制的社会风险，要将其剔除出预防性刑法的规制范围，也即这部分社会利益不应成为预防性刑法所保护的法益。同

---

① 参见〔日〕曾根威彦：《刑法学基础》，黎宏译，法律出版社2005年版，第6页。
② 陈家林：《法益理论的问题与出路》，载《法学》2019年第11期。
③ 参见张永强：《预防性犯罪化立法的正当性及其边界》，载《当代法学》2020年第4期。

时,尽管肯定预防性刑法保护公共法益的必要性与意义,但也不意味着预防性刑法所保护的公共利益可以脱离个人法益。如前所述,合理正当的预防性刑法能够实现安全保障机能与自由保护机能二者之间手段与目的合一、形式与实质合一的实质关联,也即预防性刑法保护公共法益的目的与实质内核应是更好地维护与实现个人法益的最大化。与个人法益毫无关联的公共法益不应当被作为预防性刑法的保护对象,也即与个人法益没有实质关联的公共法益,也应被剔除出预防性刑法的保护范围。

运用公共法益还原考察方式,有利于为预防性刑法的发展划定合理边界,化解预防性刑法忽略保障公民自由和权利的天然偏差,实现预防性刑法的根本目的,防止预防性刑法突破法治底线。

第一,运用公共法益还原考察方式,有利于为预防性刑法的发展划定合理边界,化解预防性刑法的天然偏差。公共法益具有抽象性,其所保护的对象具有不特定性与广泛性,如果不加限制,将所有公共法益都纳入预防性刑法保护的范围,则可能使得预防性刑法陷入为了维护空洞、抽象的社会秩序而牺牲公民个人权利与自由的泥淖。也就是说,如果预防性刑法超过适当限度,在实现保障社会机能的同时,并未实现对公民个人法益的保护,反而过分侵害公民的自由和权利,则会在根本上导致刑法保障自由机能的萎缩。运用公共法益还原考察方式,确保预防性刑法维护的公共法益是公民个人法益的升华,严格限定预防性刑法所保护的公共法益的范围,将预防性刑法仅维护抽象、空洞的社会秩序而侵犯公民自由与权利的可能性予以消除,可以有效化解预防性刑法为回应现代社会风险防控需求与公民安全需求而产生的偏差,为预防性刑法的发展确立合理边界,防止因预防性刑法过度发展而侵害公民的自由与权利。

第二,运用公共法益还原考察方式,有利于实现预防性刑法的根本目的,防止预防性刑法突破法治底线。预防性刑法保障社会机能实现的路径,主要是将对侵犯公共法益行为予以刑罚处罚的节点前置化,实现对公

第三章　预防性刑法的风险化解

共法益危害结果的预防,以维护国家和公共利益,保障社会安全与秩序稳定。这需要公民让渡一部分自由和权利,以实现更好的社会治理,从而间接维护公民自身的利益。预防性刑法响应现代社会风险防控需求与公民安全需求的根本目的,在于通过维护社会的安全来实现对公民自由和权利的维护。如果不加节制、毫无限度地强调对社会安全的维护,即不对公共法益的范围进行筛选,则不仅无法保证预防性刑法能够通过维护社会安全进而实现保障公民权利的根本目的,甚至会侵犯公民的自由和权利,与预防性刑法的初衷南辕北辙。运用公共法益还原考察方式,考察预防性刑法维护的公共法益是否为公民个人法益的升华,对预防性刑法保护的公共法益予以筛选,将与公民个人法益无直接关联的公共法益排除出预防性刑法的保护范围,确保预防性刑法在维护公共秩序的同时间接保护公民个人的自由和权利,有利于实现预防性刑法的根本目的,化解预防性刑法的天然偏差,守住法治底线。

（二）将公共法益还原考察方式作为预防性刑法正当性的判断标准

预防性刑法虽以维护社会安全作为价值支撑,但究其本源,对社会安全维护的最终目的是维护公民的自由和权利。预防性刑法在维护社会安全时,有时会侵犯一部分人的自由和权利。此时,预防性刑法是否具有正当性的判断标准,需要在公共法益的构成层面寻找。简言之,只有当公共法益可以还原为个人法益,即预防性刑法对公共法益的保护相当于间接保护了个人法益时,预防性刑法才具有正当性。如果不对预防性刑法的发展施加上述限制,将导致预防性刑法的无限度扩张与天然偏差的无限膨胀,最终会对公民的自由和权利带来更大威胁。[1] 将公共法益还原考察方式作为预防性刑法正当性的判断标准时,主要应考察以下两方面的内容。

第一,公共法益中是否包容个人法益。[2] 公共法益是社会秩序的集中

---

[1]　参见姜涛:《社会风险的刑法调控及其模式改造》,载《中国社会科学》2019年第7期。
[2]　参见〔日〕西原春夫:《刑法的根基与哲学》(增补版),顾肖荣等译,中国法制出版社2017年版,第83页。

体现。无论是政治秩序,还是经济秩序、社会秩序,其构建的最终目的是保障公民权益。对侵犯了公共法益的行为进行刑罚处罚,并非单纯为了维护空洞的秩序,而是借由对秩序的维护,保障秩序所保护的公民的利益。从这一意义上而言,公共法益并非预防性刑法所要特别保护的利益。只有当公共法益和个人法益相关联,对该公共法益的侵害等同于间接侵犯个人法益时,预防性刑法对该公共法益的保护才具有正当性。举例而言,《刑法》第二章危害公共安全罪所保护的是公共安全这一公共法益,而这一公共法益的具体内容是不特定多数人的生命、健康或者重大公私财产安全。对公共安全这一公共法益的侵害无疑就是在侵犯公民个人的生命权、健康权或财产权,所以对公共安全这一公共法益的保护具有正当性。由此,预防性刑法维护的社会秩序所涉及的公共法益中是否包容个人法益,就成为判断预防性刑法是否具有正当性的标准之一。如果公共法益中不包容个人法益,由于预防性刑法天然偏差的存在,其对这一公共法益的保护便相当于以牺牲公民的自由与权利为代价,来维护虚拟的、象征性的公共秩序。

第二,保护的公共法益的价值是否大于损害的个人法益的价值。保护的公共法益的价值即是预防性刑法所保护的社会安全与秩序的价值,损害的个人法益的价值即是预防性刑法对侵犯公共法益的个人所施加的刑罚处罚对该个体造成的损害。立法者在预防性的刑事立法过程中应当衡量保护的公共法益的价值和损害的个人法益的价值。如果预防性刑法所保护的公共法益的价值大于损害的个人法益的价值,则具有正当性;如果预防性刑法所保护的公共法益的价值小于损害的个人法益的价值,则不具有正当性。仍以《刑法》第二章危害公共安全罪为例,该章保护的公共安全这一公共法益是社会全体成员的生命权、健康权和财产权。也就是说,这一公共法益包含公民的个人法益,且这一公共法益的价值大于任何一个公民或者一部分公民个人法益的价值。由此,针对威胁公共安全的行为,预防性刑法展现出主动出击的姿态,提前介入以防止危害结果的实际发生,虽

第三章 预防性刑法的风险化解

然在一定程度上限制了一部分公民的自由,但其所保护的公共法益的价值大于所损害的个人法益的价值,具有正当性。

(三)公共法益还原考察方式的具体适用路径

预防性刑法的正当性,不仅是一种单纯的理念存在,而且需要在立法中进行贯彻落实。① 在具体贯彻落实的过程中,为了确保预防性刑法的正当性,化解预防性刑法的天然偏差,应从宏观、中观、微观三个维度运用公共法益还原考察方式,为预防性刑法的发展确立合理边界,防止因预防性刑法过度发展而侵害公民的自由与权利。具体路径如下:

1. 宏观层面:预防性刑法的发展应受限于宪法对公民基本权利之规定

预防性刑法具有忽视保障公民自由与权利的天然偏差,而宪法对公民基本权利的规定是一切部门法均必须遵守的规范与底线。预防性刑法在实现维护社会安全与秩序的目的时,不能踏破宪法所规定的公民基本权利这一"红线",否则便会因肆意践踏公民基本权利而失去其正当性根基。这是宪法作为国家根本大法的性质使然,也是宪法与刑法的关系使然。根据宪法对公民基本权利之规定,可以为预防性刑法的发展划定适当边界。考察预防性的刑事立法是否符合宪法对公民基本权利之规定,即是要从以下三个方面考察预防性刑法的规定是否侵犯公民的自由和权利,以化解预防性刑法的天然偏差。其一,考察预防性刑法保护的公共法益是否可以析离出个人法益。其二,考察预防性刑法保护的公共法益的价值是否大于损害的个人法益的价值。上述两点笔者已在前面展开论述,此处不再赘述。其三,考察对公共法益所造成的侵害是否系公民个人行使宪法所规定的公民基本权利所致。具体而言,在确保预防性刑法保护的公共法益包容个人法益,且预防性刑法保护的公共法益的价值大于损害的个人法益价值的基础

---

① 参见姜敏:《恰当选择规范位置优化刑法预防性立法》,载《检察日报》2018年10月24日第3版。

之上,再继续考察对该公共法益造成侵害的原因。如果对该公共法益造成的侵害是公民行使宪法所规定的基本权利所导致的,则刑事立法不应将此种侵害公共法益的行为规定为犯罪,否则便会因与宪法的规定相抵牾而不具有合理性、正当性。

2. 中观层面:预防性刑法惩治的犯罪行为所造成的抽象法益侵害危险必须具有向实际危害结果演进的现实可能性

根据公共法益还原考察方式,此处的实际危害结果,应被限定为能够对个人法益造成侵害的危害结果。假如预防性刑法禁止的行为与实际危害结果之间仅具有逻辑性、经验性、推论式的联系,而非具有向实际危害结果演进的现实可能性,则对实施该行为的行为人进行刑罚处罚时所实际侵犯的公民自由,便可能大于预防性刑法所欲保护的公共利益。此时,如前所述,预防性刑法保护的公共法益的价值可能小于损害的个人法益的价值,预防性刑法便失去了正当性。例如,《刑法修正案(八)》将生产、销售假药罪原条文中的"足以严重危害人体健康"的构成要件删除,实施生产、销售假药的行为,无须实际产生严重危害人体健康的结果即可能构成犯罪。对生产、销售假药罪条文进行修改,将具体危险犯改为抽象危险犯,体现了处罚早期化的预防性的刑事立法特征。这一预防性的刑事立法的目的在于将足以严重危害人体健康的具有严重社会危害性的结果扼杀在萌芽中,以避免出现现实化的严重危害人体健康的结果。应当看到,条文所禁止的行为——生产、销售假药的行为,具有向实际危害结果演进的现实可能性,即生产、销售假药的行为与严重危害人体健康的危害结果之间具有规范性、现实化的联系,而非推论式的联系。在此需要特别说明的是,根据2019年修订的《药品管理法》规定,"假药"的范围不再包括"依照本法必须批准而未经批准生产、进口""使用依照本法必须取得批准文号而未取得批准文号的原料药生产的"等"按假药论处"的情形。根据修订前的《药品管理法》规定,生产、销售"依照本法必须批准而未经批准生产、进口"等情

第三章 预防性刑法的风险化解

形的"按假药论处"的所谓"假药",仅侵犯药品管理秩序,并不必然具有向严重危害人体健康的实际危害结果转化的现实可能性。此种销售"假药"的行为,在未造成足以严重危害人体健康的具体法益侵犯危险时,如果将其认定为犯罪,相当于为了维护抽象的药品管理秩序而侵害公民个人的自由。公民个人自由的价值大于抽象的不涉及公民个人法益的公共法益的价值,此时,该预防性的刑事立法保护的公共法益的价值并未大于损害的个人法益的价值,超出了预防性刑法的合理界限,是预防性刑法无限度膨胀的表现。因此,为化解预防性刑法的天然偏差,在中观方面,必须确保预防性刑法惩治的犯罪行为所造成的抽象法益侵害危险具有向实际危害结果演进的现实可能性,由此才能确保预防性刑法对公共法益的维护最终能够实现对个人法益的保护。

3. 微观层面:应将刑法分则的部分罪名排除出预防性刑法所涉范围

从微观层面来看,刑法分则所规定的罪名涉及的公共法益涵括国家安全、公共安全、市场经济秩序、社会管理秩序等。其中,有些公共法益可以析离出个人法益,对这些公共法益的保护最终能够实现保护公民个人权利和自由的目的;有些公共法益仅是对抽象的、与公民个人利益不具有直接关联的社会秩序的维护,对这些公共法益进行预防性刑法保护,相当于以牺牲公民个人的自由和权利为代价来维护抽象的社会秩序。如前所述,预防性刑法在危害结果以及具体的法益侵害危险尚未发生,而仅在抽象的法益侵害危险出现时,主动出击,预防危害结果的实际发生。这一做法只有在公共法益可以还原为个人法益,且对公共法益的保护价值大于对个人法益损害的价值时,因最终维护了公民个人的自由和权利,才具有正当性;反之,则不具有正当性。由此,运用公共法益还原考察方式化解预防性刑法的天然偏差,在微观层面,要求将无法析离出个人法益的公共法益所涉罪名排除出预防性刑法规制范围。具言之,在微观层面,运用公共法益还原考察方式化解预防性刑法天然偏差的具体路径,包含以下两方面内容。

其一,将不涉及公民个人生命权、健康权和财产权的市场经济秩序排除出预防性刑法保护的公共法益范围。市场经济秩序作为国家建立的稳定有序的经济关系体系,属于公共法益的一种。立法者在刑法分则条文中设定某些侵犯市场经济秩序的行为为犯罪行为,意在保护上述经济关系体系。但是,稳定有序的经济关系体系无法与公民的生命权、健康权、财产权等个人利益产生不可分割的、直接的联系。假设刑法将惩治侵犯市场经济秩序行为的规范位置予以前移,在侵犯市场经济秩序所造成的实际危害结果或具体法益侵害危险尚未发生,仅存在侵犯市场经济秩序的抽象危险时,主动出击,对该行为进行刑罚打击,无疑是在以牺牲公民个人自由与权利为代价,来维护国家建立的经济关系体系。上述假设情形下的预防性刑法虽然保护了市场经济秩序这一公共法益,但显然,其过度侵犯了公民个人的自由与权益。

其二,考察公共法益所涉刑法分则条文是否在实质上同时保护公共法益和个人法益。在排除市场经济秩序之后,保护国家安全、公共安全、社会管理秩序等公共法益的刑法分则条文,是否同时保护个人法益,也是公共法益还原考察方式在微观层面所呈现的重要内容。例如,《刑法修正案(九)》对恐怖活动犯罪的打击呈现出整体化、体系化的特征,将对恐怖活动犯罪的刑罚处罚的规范位置明显前移。诸如宣扬恐怖主义、极端主义、煽动实施恐怖活动罪及强制穿戴宣扬恐怖主义、极端主义服饰、标志罪等犯罪,根据刑法分则条文规定,在仅出现抽象法益侵害危险时即予以刑罚打击。这是因为,恐怖主义活动具有血腥暴力特征,其一旦实际发生,便会制造具有重大影响力的社会恐慌,危及公民的生命安全。对恐怖活动予以从早、从严打击,针对恐怖活动设置规范位置前移的刑法条文,不仅是在维护公共安全和社会秩序,更是在保护公民个人的生命权、健康权等权利。因此,根据公共法益还原考察方式,此类同时保护公共法益和个人法益的预防性刑法具有正当性。与之相反,仅保护公共法益而与个人法益无直接联系的预防性刑法,则不具有正当性。为化解预防性刑法的天然偏差,设置个罪的预防犯罪条文时,应谨防将后者纳入其中,以免不当扩大刑罚处罚范围。

二、"事前防控+事后惩治"型刑事治理策略

事后回应型刑法体系的优势在于能够有效保障公民自由权利不被不当侵犯,隐患在于无法在危险来临之前介入并阻止危险的实际发生;事前预防型刑法体系的优势在于能够有效防控社会风险、保障社会安全有序,隐患在于诱发刑罚权恣意扩张和导致公民自由不当限缩。在智能时代,我们需要尝试构建吸收二者优势、去除二者隐患的刑法体系,即构建通过适当策略实现对智能时代风险的事前防控,同时又谨防对公民自由造成不当侵害的"事前防控+事后惩治"型刑法体系,以促进智能社会的健康、有序、蓬勃发展。

（一）"事前防控+事后惩治"型刑事治理策略的可行性

智能时代中,国家的任务与角色已发生根本转变,国家有义务对治社会、经济、政治等各领域的潜在危机和风险,保障公民生活的安全、稳定、有序。① 同时,在灾害频发的社会中,公众也对国家这一职能的发挥寄予厚望。因此,国家采取一定治理策略以保障社会安全的做法,具有深厚的政治基础与民主根基。智能产业从业者（包括自然人和单位,下同）作为信息技术领域和人工智能技术领域的专业人士,是智能时代社会风险源头的有利影响者甚至是实际控制者。实现对智能风险的事前防控,核心就是实现对智能产业从业者相应行为的事前规制。但是,如果在危害尚未实际发生时,仅因危险的存在就对相关行为人予以刑罚处罚,则可能会引发社会安全保障和技术研发自由之间的矛盾冲突。为此,我们可以从下述角度对智

---

① 参见〔德〕汉斯·J.沃尔夫等:《行政法》（第三卷）,高家伟译,商务印书馆2007年版,第3页。

能时代刑事治理策略的蓝图进行勾勒,即通过非刑法规制策略对智能风险进行事前防控,通过刑法规制策略对造成实际侵害后果的行为进行刑罚惩治。具体而言,法律法规为智能产业从业者设定相应义务,引导其选择、编制更可控、更具可预见性的算法[1],当且仅当智能产业从业者未履行上述义务导致危害结果发生时,才有可能构成相应的不作为犯罪。由此,"事前防控+事后惩治"型刑事治理策略的可行性证立的条件便是,算法具有可解释、可控制性,以及智能产业从业者有能力履行选择、编制具有可控性和可预见性算法的义务。

1. 算法并非不可解释与不可控制

基于信息技术与人工智能技术行业的专业性,只有在一定程度上保证风险源头的透明度,才能尽早发现算法程序在设计和运作过程中的风险,才有利于受害方(无论是国家、社会还是个人)尽早明确自己的权益被侵害的真实情况,也才有利于追究相关行为人的刑事责任。[2] 因此,在智能时代,保证算法的可解释、可控制,对于防控智能风险具有关键性的作用。

有学者认为,"技术黑箱"是始终存在的,人类虽然可以利用算法达到相应目的,但是算法始终都具有不可解释性与不可控制的侧面。算法透明原则不具有可行性。[3] 笔者不赞同上述学者的观点。理由在于:其一,从技术层面而言,算法并非不可解释与不可控制。Google Brain 团队于 2018 年推出一项具有重大影响的技术成果——"可解释性的基础构件"。此技术成果推出的目的是针对人工智能技术的分支——神经网络技术算法实

---

[1] See Trevor N. White, Seth D. Baum, Liability for Present and Robotics Technology, in Patrick Lin, Ryan Jenkins, and Keith Abney (eds.), *Robotics Ethics 2.0: From Autonomous Cars to Artificial Intelligence*, Oxford University Press, 2017, pp.66-79.

[2] 参见江溯:《自动化决策、刑事司法与算法规制——由卢米斯案引发的思考》,载《东方法学》2020 年第 3 期。

[3] 参见沈伟伟:《算法透明原则的迷思——算法规制理论的批判》,载《环球法律评论》2019 年第 6 期。

施可视化的操作,意图使得非专业人士也能够理解、识别相关算法。[1] 由此,在技术层面而言,算法不可知的技术恫吓终将被彻底打破,算法的可解释、可控制将逐步成为现实。其二,从算法可信赖程度的判断标准而言,欧盟委员会于 2019 年颁布《具有可信赖性的人工智能的道德准则》(Ethics Guidelines For Trustworthy AI),其中指出,具有可信赖性的人工智能应当提供对组织决策的过程具有重要影响力的系统设计及合理性解释。[2] 由此可见,算法是否具有可解释性、可追溯性,是评价人工智能系统是否值得被信赖的重要依据。其三,从对智能产业从业者的要求而言,经济合作与发展组织(OECD)在 2019 年发布《关于人工智能设计国际标准的建议》(Recommendation of the Council on Artificial Intelligence),其中,智能系统应能为其决策作出合理解释且应当具备透明度。[3] 可见,设计和开发具有可解释性的算法程序系统是该行业的国际标准的要求之一。

由上述论述可知,长久以来如"梦魇"般存在的"技术黑箱"论调,不能再作为推卸算法瑕疵所涉刑事责任的理由或借口。算法的可解释性要求不仅在技术上可行,而且已经并将继续作为衡量算法是否值得被信赖的重要依据,且应作为智能行业的重要行业标准。算法的可解释性是人理解和质疑该算法合理性的基础,为算法可控性的实现提供了条件。

2. 智能产业从业者有能力履行保证人义务

智能产业从业者的保证人义务是指,智能产业从业者应遵循审慎原则,及时识别并处理智能系统可能带来的危险,从而保证其向市场投放安

---

[1] 参见于冲:《刑事合规视野下人工智能的刑法评价进路》,载《环球法律评论》2019 年第 6 期。

[2] Ethics Guidelines For Trustworthy AI,http://ec.europa.eu/futurium/en/ai-alliance-consultation,accessed March 21,2020.

[3] Organization for Economic Co-operation and Development:Recommendation of the Council on Artificial-Intelligence,https://legalinstruments.oecd.org/en/instruments/OECD-LEGAL-0449,accessed March 21,2020.

全、无瑕疵的智能产品。① 赋予智能产业从业者保证人义务,其重点不在"义务"本身,而是智能产业从业者所实施的行为对社会功能可能带来系统性破坏的风险。"每个社会主体所承载的社会角色与社会意义不能单独地予以切割,而是要联系整体的社会系统运作进行理解。"② 根据智能产业从业者的社会分工及其在智能社会中所扮演角色的重要作用,法律法规赋予其相应的保证人义务具有充足的合理性与正当性。同时,"法律不强人所难",对于基于社会生产力发展水平与技术发展现状,智能产业从业者在充分尽到审慎义务的情况下仍未能阻止算法引发严重的危害结果的情况,则不能仅因结果的实际发生而认定智能产业从业者违反了保证人义务。事实上,根据技术发展现状,当智能产业从业者充分尽到审慎义务时,在绝大多数情况下可以有效制止危害结果的发生。具体而言,智能产业从业者设计和编制的算法需要经过充分、反复的合理性论证和实验测试,在此基础上,才能将该算法所涉产品投入市场。另外,即使算法所涉产品已投入市场,也不意味着智能产业从业者保证人义务的终止。智能产业从业者需要持续关注与跟踪算法所涉产品的安全状况,当发现产品缺陷时,应及时对用户作出提醒并召回瑕疵产品。上述保证人义务的内容,对于智能产业从业者而言,具有应为性和能为性。

(二)"事前防控+事后惩治"型治理策略的实现路径

在智能时代,算法设计者不可避免地会将其自身的主观价值取向、行为模式等内嵌于算法之中,算法过错的背后其实是人的过错。吸收事后回应型传统刑法理论与事前预防型刑法理论的优势,推动传统的结果性评价模式转向事前危险预防与事后结果性评价相结合的刑法规制模式,防范因算法瑕疵引发智能系统决策失误为社会所带来的危害后果的发生,是刑法

---

① 参见姜涛:《刑法如何应对人工智能带来的风险挑战》,载《检察日报》2019年12月7日第3版。
② 刘涛:《网络帮助行为刑法不法归责模式——以功能主义为视角》,载《政治与法律》2020年第3期。

在智能时代必须承担的时代使命。

1. 事前防控：以算法规制为核心

对智能风险防控的核心应是对算法的规制，即从智能产业内部入手，加强智能产业从业者的自我管理和风险控制，进而实现对智能时代刑事犯罪的预防。具体如下：

首先，构建统一的算法伦理道德标准。尽管算法的设计与编制是信息技术与人工智能技术的核心内容，具有中立性，但是算法的中立不代表算法运算后所得出的结果及对社会的影响也具有中立性。基于深度学习技术与神经网络技术等，人工智能具有一定程度的自主决策能力，这是其对数据进行自动化处理的结果。但无论如何，人工智能对数据进行自动化处理的启动机制是人类设计的运算法则，其中回报函数仍能在相当程度上体现算法设计者、编制者的设计意图与价值取向。① 从这一意义上而言，算法歧视实际上是人的歧视。因此，为了避免算法歧视，防止算法操纵引发的危害后果，应构建统一的算法伦理道德标准，防止因算法设计者自身道德素质或伦理标准的不同而影响算法的可靠性。对统一的算法伦理道德标准的贯彻要贯穿于算法设计之前、算法设计之中与算法设计之后。在算法设计之前，尤其在选定数据库时，要尽量将可能引起歧视的因素予以剔除；在算法设计之中，要同时进行算法伦理道德审查，及时发现不符合统一算法伦理道德标准的因素；在算法设计之后，要严密监控算法输出结果，当出现结果歧视的情况时，及时对该算法进行纠正或关停。

其次，要明确智能产业从业者保证人义务的范围。智能产业从业者是算法的编制者和设计者，是智能风险源头的直接控制者。法律法规对智能产业从业者保证人义务的赋予，既要考虑到其在社会整体系统中的重要作用，确保其增强预防自身违法犯罪的内在性、自觉性，又要确保不施加超过

---

① 参见姜野：《算法的规训与规训的算法：人工智能时代算法的法律规制》，载《河北法学》2018年第12期。

其自身能力范围的注意义务。智能产业从业者是对所有利用算法生产智能产品或者提供智能服务的从业者的统称。事实上,在智能产业内部,又有不同的经营范围、专业类别或业务属性。立法者在赋予智能产业从业者注意义务时,要充分考虑其经营范围、专业类别或业务属性,要有针对性地确定其注意义务范围。合理恰当地确定智能产业从业者保证人义务的范围,有利于规范智能行业的健康有序发展,保证算法的透明、可靠、可控,有利于实现对智能时代相关犯罪的预防,有利于实现保护人类社会安全的终极目标。

最后,将智能产业从业者自主进行算法规制的行为作为免除刑事责难的条件。自主进行算法规制,保证算法的安全、可靠、可控,是智能产业从业者履行保证人义务的核心。当智能产业从业者充分谨慎地尽到注意义务,基于现有技术发展水平,依然无法发现算法瑕疵,继而引发危害后果时,便不再具有对其进行刑事责难的基础。[①] 相反,当智能产业从业者在算法设计和编制过程中未充分履行注意义务,即并未在其自身内部进行充分的算法规制,在符合结果避免可能性等其他条件时,有可能构成相应的不作为犯罪。如此,有利于智能产业从业者从自身内部加强风险管理,有利于在算法编制的源头降低智能风险,同时也避免不当追究智能产业从业者的刑事责任,避免过度限缩智能产业从业者的自由范围。

2. 事后惩治:以刑法规定为圭臬

对相关智能产业从业者进行刑罚惩治的必要条件(而非充分条件)是其未充分履行保证人义务。如前所述,事前防控的核心是算法规制。智能产业从业者充分履行保证人义务意味着,其已在源头尽最大可能防控信息技术或人工智能技术带来的风险。因此,即使算法运行最终仍导致了危害后果发生,智能产业从业者因不具有结果回避可能性而不构成犯罪,也就

---

① 参见于冲:《刑事合规视野下人工智能的刑法评价进路》,载《环球法律评论》2019 年第 6 期。

当然地不应接受任何刑罚处罚。反之,在智能产业从业者未充分履行保证人义务,引发危害后果,且行为与结果之间具有因果关系时,便存在追究其刑事责任、对其予以刑罚处罚的可能性。对智能产业从业者因未充分履行保证人义务而引发危害后果的行为追究刑事责任时,应严格依照刑法规定。

详言之,要依照刑法规定,结合智能产业从业者保证人义务的具体内容,判定智能产业从业者是否构成犯罪以及构成何种犯罪。例如,当智能产业从业者因未充分履行保证人义务而扰乱了网络秩序,影响了网络安全时,作为网络服务提供者,可能承担拒不履行信息网络安全管理义务罪的刑事责任。再如,智能产业从业者擅自利用算法,未经许可实现相应功能,违背了经营许可制度时,可能会构成非法经营罪。又如,智能产业从业者在算法编制或运行过程中擅自利用、挖掘用户的个人信息,情节严重的,可能构成侵犯公民个人信息罪。还如,当智能产业从业者发现了产品可能威胁公共安全或者公民个人人身、财产安全的瑕疵时,应对产品予以召回并销毁,否则可能会涉嫌危害公共安全类犯罪、侵犯公民人身权利类犯罪或者侵犯财产类犯罪。另外,我国刑法以处罚自然人犯罪为原则,以处罚单位犯罪为例外,而智能产业从业者在通常情况下是单位。对于刑法分则条文未明确规定单位可以构成的犯罪,可以追究单位内部相应自然人的刑事责任。[①] 由此,"事前预防+事后惩治"型智能风险刑事治理策略可实现事前预防与事后惩治的有机结合,在可控范围内,最大限度地降低人类在智能时代所面临的刑事风险。

[①] 2014年4月24日通过的《全国人民代表大会常务委员会关于〈中华人民共和国刑法〉第三十条的解释》规定,公司、企业、事业单位、机关、团体等单位实施刑法规定的危害社会的行为,刑法分则和其他法律未规定追究单位的刑事责任的,对组织、策划、实施该危害社会行为的人依法追究刑事责任。

第四章

预防性刑法的具象考察与模式革新（上）
——对网络犯罪预防性规制模式的考察与革新

以"双层空间、虚实同构、算法生态、数字主导"[①]为典型特征的万物互联互通的新型互联网时代已然来临。新技术在推动社会发展进步的同时，也对传统刑法理论造成冲击。以帮助信息网络犯罪活动罪为代表的帮助行为正犯化立法模式，蕴含着提前防卫、"打早打小"、强化打击的思想，发展和丰富了共犯处理规则。[②] 根据立法机关对本罪所作的解读，设立本罪的出发点是通过将网络帮助行为正犯化，减轻司法机关在处理网络共同犯罪时的证据收集难题，减轻司法机关证明责任，进而对网络犯罪链条进行有力打击。[③] 这一重大立法修正体现出，基于谦抑立法、被动立法、消极立法的犯罪化立场已经彻底转向为扩张立法、主动立法、积极立法的犯罪化立场，预防性刑事立法模式已经登上刑事立法的舞台。[④]

自《刑法修正案（九）》增设帮助信息网络犯罪活动罪以来，对帮助行为

---

① 马长山：《智能互联网时代的法律变革》，载《法学研究》2018年第4期。
② 参见胡云腾：《谈〈刑法修正案（九）〉的理论与实践创新》，载《中国审判》2015年第20期。
③ 参见张晓娜：《法工委解读〈刑法修正案（九）〉涉网络条款》，载《民主与法制时报》2015年11月17日第1版。
④ 参见何荣功：《预防刑法的扩张及其限度》，载《法学研究》2017年第4期。

正犯化的立法正当性的探讨与批判从未中止。有学者提出，帮助行为正犯化会导致刑法处罚网络犯罪的触角过度前伸，从而让技术创新者与探索者面临过重的法律风险，并进而阻碍乃至窒息互联网新技术的发展。① 因此，如何既有效规范互联网秩序、保障网络安全，又充分保障互联网新技术发展、维护公民自由，是刑法规制网络犯罪时需要直面的重要刑事政策问题，同时也是以目的理性为导向的刑法教义学需要思索的基本教义学问题。② 刑法教义学并非对刑事立法的简单背书，而应对刑事立法进行理性审视。③ 立法论中的适度扩张与解释论中的目的限缩二者结合，才能在打击网络犯罪、维护网络秩序的同时，有效抑制刑法过度扩张的趋势④，才能在瞬息万变的外部环境中形成能够适应社会发展变化的理论张力，才能找到网络时代刑法治理危机中安全和自由的平衡点。

对于以帮助信息网络犯罪活动罪为代表的网络犯罪预防性规制模式，本章在致力于立法论层面的立法正当性的理论审视、客观分析、中肯评价的同时，跳出立法中心主义的窠臼，在解释论层面发挥并阐扬刑法教义学的限制功用，探求帮助信息网络犯罪活动罪条文限缩适用的基本路径。

第一节　网络犯罪预防性规制模式的正当依据

"任何法律都必须有其根据，即根据某种明确的观点或信念，否则便无法解释和毫无意义。"⑤作为新技术时代中刑事立法所表现出的新范式、新

---

① 参见车浩：《谁应为互联网时代的中立行为买单？》，载《中国法律评论》2015 年第 1 期；桑本谦：《网络色情、技术中立与国家竞争力——快播案背后的政治经济学》，载《法学》2017 年第 1 期。
② 参见梁根林：《传统犯罪网络化：归责障碍、刑法应对与教义限缩》，载《法学》2017 年第 2 期。
③ 参见魏东：《功能主义刑法解释论"问题性思考"命题检讨》，载《法学评论》2022 年第 2 期。
④ 参见何荣功：《我国轻罪立法的体系思考》，载《中外法学》2018 年第 5 期。
⑤ 〔英〕鲍桑葵：《关于国家的哲学理论》，汪淑钧译，商务印书馆 1995 年版，第 73 页。

趋势,网络犯罪预防性规制模式并非人为制造或凭空产生的,而是有深厚的根源和深远的意义。以帮助信息网络犯罪活动罪为代表的网络犯罪帮助行为正犯化的立法范式,在宏观层面符合风险社会语境中风险预防的内在逻辑,在中观层面契合我国"严而不厉"的刑法理念,在微观层面有利于化解司法解释立法化所引发的合法化危机。这正是网络犯罪预防性规制模式的立法正当性之所在。

一、网络犯罪预防性规制模式正当性的宏观证成

在宏观层面,网络犯罪预防性规制模式的产生有其深厚的社会背景,符合风险社会语境中风险预防的内在逻辑。"刑法是一种社会治理和社会控制的机制,它也就只能谋求社会的目标。"① 任何立法都具有明显的时代特征,刑事立法也不例外。正如黑格尔所言,"犯罪圈的划定和社会本身的稳定性对应关联"②。因此,对网络犯罪预防性规制模式所反映出的刑法扩张现象的立法正当性审视就不能脱离当前中国社会的宏观背景。

以帮助信息网络犯罪活动罪为代表的刑法预防性规制模式,与古典自由主义的刑法观具有明显的冲突,为此,在宏观立法论的层面,有不少学者表达了担忧。例如,有学者指出,预防性的刑事立法是民意或舆论过度影响或介入刑事立法而产生的非理性的、情绪化的结果。③ 也有学者将预防性的刑事立法表述为以稳定民心、安抚民意、减少政治风险为目的的"控制论导向下的意识形态化"。④ 笔者认为,上述观点有待商榷。晚近以来我

---

① 〔德〕克劳斯·罗克辛:《刑事政策与刑法体系》(第二版),蔡桂生译,中国人民大学出版社2011年版,第76页。
② 转引自〔法〕米海伊尔·戴尔玛斯-马蒂:《刑事政策的主要体系》,卢建平译,法律出版社2000年版,第29页。
③ 参见刘宪权:《刑事立法应力戒情绪——以〈刑法修正案(九)〉为视角》,载《法学评论》2016年第1期。
④ 参见邵博文:《晚近我国刑事立法趋向评析——由〈刑法修正案(九)〉展开》,载《法制与社会发展》2016年第5期。

第四章　预防性刑法的具象考察与模式革新（上）

国的刑事法网呈现明显的扩张态势,处罚节点呈现明显的前移趋势,与我国急剧发展变化的社会情势具有密切关联。应当看到,当下中国的风险社会现实与古典自由主义刑法观诞生之时的传统工业社会形势不可同日而语。学界对新技术发展带来新风险以及人类已进入风险社会基本达成了共识。① 诚如贝克所言,"在自然和传统失去它们无限效力并依赖于人的决定的地方,才谈得上风险",而"不确定性"正是此类风险的特质。② 其一,现代科技文明在方便了人类生活、促进社会发展的同时,亦产生了危害后果、影响途径远超出人类预测能力和控制能力的附随风险,导致人类社会在一定意义上而言有如"失控的世界"。③ 其二,随着人类科技水平的进步以及知识结构的更新,人类决策对自然界和社会带来的影响较之以往也明显增大,与此同时,人类决策所引发的制度性风险亦随之产生。随着人类知识总量的累积、科技水平的发展与法治建设的提升,原来不可预测的未知事物的真貌逐渐被人类了解。但是,随着人类对世界的掌控力和创造力提升,"人们陷于更大的不确定性,面临更多的可能性,因而也面临更多的风险"④。当今中国社会面临的情势较之以往任何时候都更为复杂,"前现代、现代、后现代的社会矛盾交织在一起,融为一体,使当今中国的现代化呈现出错综复杂的状态"⑤。

　　基于上述宏观社会背景与社会转型的现实,晚近以来,我国的刑事立

---

① 参见劳东燕:《风险社会与变动中的刑法理论》,载《中外法学》2014 年第 1 期;陈晓明:《风险社会之刑法应对》,载《法学研究》2009 年第 6 期。
② 参见〔德〕乌尔里希·贝克、威廉姆斯:《关于风险社会的对话》,路国林译,载薛晓源、周战超主编:《全球化与风险社会》,社会科学文献出版社 2005 年版。
③ 参见〔英〕安东尼·吉登斯:《失控的世界》,周红云译,江西人民出版社 2001 年版,第 55 页。
④ 高宣扬:《鲁曼社会系统理论与现代性》,中国人民大学出版社 2005 年版,第 260 页。
⑤ 陈新光、鲍宗豪:《后现代视域下的社会风险防范——兼与肖瑛和张乐、童星教授商榷》,载《探索与争鸣》2012 年第 6 期。

法实现了从报应刑向早期干预、主动干预的预防性刑法的转型。① 刑法不再仅是"社会最后一道防线",而是以"主动出击"的姿态,扩张刑事法网,和其他部门法一道积极回应社会公众对安全的迫切需求。② 整体性的安全体系正在建构,刑法与其他部门法之间的界限逐渐变得模糊。③ 因此,因应急剧变化且复杂的社会情势,我国刑事法网呈现扩张姿态,建立了对犯罪的预防性规制模式。在此背景下,刑事立法对网络犯罪采取预防性规制模式符合风险社会语境中风险预防的内在逻辑,在宏观层面具有正当性。

二、网络犯罪预防性规制模式正当性的中观证成

在中观层面,网络犯罪预防性规制模式契合我国"严而不厉"④的刑法理念。以帮助信息网络犯罪活动罪为例,本罪的设立既体现出严密刑事法网的政策取向,又以较为轻缓的刑罚顺应帮助行为的辅助性特征。这种相对折中的理念,有利于在当下的网络时代刑法治理危机中寻找安全和自由的平衡点,具有较强的妥当性和可接受性。

一方面,网络犯罪预防性规制模式有利于严密我国惩治网络犯罪的刑事法网。随着我国互联网技术的发展和网络时代的来临,传统犯罪网络化和网络犯罪新型化的趋势日趋明显,网络空间中相当部分的共同犯罪呈现出与传统共同犯罪截然不同的样态,传统刑法对这种犯罪类型的处罚出现困难。这是我国刑法与刑法教义学必须直面的挑战。以帮助行为正犯化

---

① 参见房慧颖:《污染环境罪预防型规制模式的省察与革新》,载《宁夏社会科学》2022年第4期。

② 参见房慧颖:《预防刑法的天然偏差与公共法益还原考察的化解方式》,载《政治与法律》2020年第9期。

③ 参见〔德〕乌尔里希·齐白:《全球风险社会与信息社会中的刑法:二十一世纪刑法模式的转换》,周遵友、江溯等译,中国法制出版社2012年版,第4页。

④ 储槐植:《严而不厉:为刑法修订设计政策思想》,载《北京大学学报(哲学社会科学版)》1989年第6期。

第四章 预防性刑法的具象考察与模式革新（上）

为典型特征的帮助信息网络犯罪活动罪的设立，正是立法者为解决上述难题而作出的积极探索。其一，网络空间中各犯罪参与行为的从属关联弱化，为共同犯罪的认定带来困难。网络空间中的物理边界被打破，网络空间中的沟通方式也与现实社会中的沟通方式大相径庭。伴随网络世界中犯罪的利益链条"产业化"，各共同犯罪人之间的"合作"建立在具有结构性关联的"产业化"基础之上，在网络灰黑产业链中"分工协作""各司其职"，而并不必然也无须具有同步、直接的联系。网络空间中各犯罪参与人之间的事实联系及行为关联弱化的现状，可能会造成"没有正犯的共犯"①的困境。根据共犯从属性原理，这一困境最终会表现为对共犯的处罚漏洞。其二，网络空间中犯罪帮助行为的证明难度与传统犯罪相比大幅提升。传统犯罪中的帮助行为的事实证明、证据采信、刑事管辖等通常都与正犯同步。但网络空间中的犯罪帮助行为表现出与正犯在时间和空间上相分离的特征，这无形中提高了控方对网络空间中帮助行为的证明难度。而帮助信息网络犯罪活动罪的设立，将帮助行为予以正犯化，事实上赋予网络空间中犯罪帮助行为独立的犯罪构成要件，使得对其定罪处罚无须再受制于对正犯的侦办，由此可以有效降低对网络空间中帮助行为定罪处罚的难度，填补惩治网络犯罪的刑法漏洞，严密我国惩治网络犯罪的刑事法网。

另一方面，立法者为帮助信息网络犯罪活动罪设置了较为轻缓的刑罚，以顺应帮助行为的辅助性特征。根据《刑法》第287条之二的规定，行为人实施帮助信息网络犯罪活动行为，"处三年以下有期徒刑或者拘役，并处或者单处罚金"。立法者为帮助信息网络犯罪活动罪配置较为轻缓的刑罚表明，立法者设立本罪并非要对网络空间中犯罪帮助行为进行"严打"，而是弥补按照传统共犯原理和刑法分则中犯罪构成要件在实践中形成的刑罚处罚漏洞。从帮助信息网络犯罪活动罪构成要件的描述来看，本罪规制的行为仍是具有辅助性特征的行为，而与正犯行为相比，辅助性行为的

---

① 梁根林:《传统犯罪网络化:归责障碍、刑法应对与教义限缩》，载《法学》2017年第2期。

不法程度、刑事应罚性明显更低。这在网络犯罪语境中也不例外。不可否认,基于互联网覆盖面更广、消息传递迅捷等一系列特征,网络空间中的犯罪帮助行为的社会危害性通常远大于传统刑法语境中的犯罪帮助行为。但也应当看到,直接侵犯刑法保护的法益的是实行行为而非帮助行为。以网络空间中的诈骗犯罪为例,直接实施诈骗行为非法占有他人财物的是诈骗罪的正犯,为网络空间中的诈骗犯罪提供帮助的帮助犯在诈骗链条中仅处于辅助地位,因此帮助犯所实施行为的社会危害性显然小于正犯所实施行为的社会危害性。帮助信息网络犯罪活动行为的帮助对象范围广泛,为了避免出现帮助犯重于正犯的处罚错位、罪刑失衡现象出现,为帮助信息网络犯罪活动罪设置较低的法定刑幅度是符合现实、较为妥切的做法。①

因此,从中观层面来看,以帮助信息网络犯罪活动罪为代表的网络犯罪预防性规制模式,契合我国"严而不厉"的刑法理念,具有深厚的理论基础和正当化根据。在刑法惩治网络犯罪与维护网络自由的艰难权衡中,这种相对折中的理念,具有较强的妥当性和可接受性。

三、网络犯罪预防性规制模式正当性的微观证成

通过司法解释将个罪的帮助行为作为实行行为处理,难逃背离罪刑法定原则的法理责难,而将帮助行为拟制为正犯的网络犯罪预防性规制模式,有利于化解司法解释立法化所引发的合法化危机。② 这正是网络犯罪预防性规制模式在微观层面的正当性所在。

网络犯罪司法解释中存在司法解释立法化的现象。例如,依据2010年2月2日颁布的《最高人民法院、最高人民检察院关于办理利用互联网、移动通讯终端、声讯台制作、复制、出版、贩卖、传播淫秽电子信息刑事案件

---

① 参见房慧颖:《刑法谦抑性原则的价值定位与规范化构造——以刑民关系为切入点》,载《学术月刊》2022年第7期。

② 参见梁根林:《传统犯罪网络化:归责障碍、刑法应对与教义限缩》,载《法学》2017年第2期。

第四章 预防性刑法的具象考察与模式革新（上）

具体应用法律若干问题的解释（二）》第 6 条第 1 款之规定[①]，电信业务经营者、互联网信息服务提供者明知是淫秽网站而为其提供信息网络服务，达到相应标准的，以传播淫秽物品牟利罪定罪处罚。该解释第 3 条、第 4 条、第 5 条的规定与之类似。根据该解释第 6 条所规定的定罪规则，电信业务经营者、互联网信息服务提供者实施了为淫秽网站提供信息网络服务的帮助行为，直接以传播淫秽物品牟利罪论处，无须再考虑传播淫秽物品牟利的实质正犯是否构成犯罪，也无须依照共犯处理原则对为淫秽网站提供技术支持和帮助的实质共犯进行定性和评价，从而摒除了认定传播淫秽物品牟利罪共犯的烦琐步骤。上述规定显然是遵循了帮助行为正犯化的整体思路。[②]

笔者认为，上述司法解释的规定因超越司法解释权限而不具有妥当性。在区分制语境下，正犯和帮助犯的区分是以构成要件为坚实基础的实质区分，而非形式性区分。在刑事立法未规定将帮助行为拟制为正犯进行处罚的情况下，司法解释擅自作出帮助行为正犯化的规定，混淆了正犯与帮助犯的关系，违背共犯法理逻辑。原因在于，作为刑法分则构成要件行为的只能是正犯，帮助犯由刑法总则予以规定，从属于正犯而存在。司法解释作出帮助行为正犯化的规定，将帮助行为按照正犯行为处理，是对正犯边界的不当扩张与共犯边界的不当限缩。换言之，正犯与以帮助犯为代表的共犯之间的界分依据只能是刑法条文而不能是刑事司法解释，将帮助

[①] 《最高人民法院、最高人民检察院关于办理利用互联网、移动通讯终端、声讯台制作、复制、出版、贩卖、传播淫秽电子信息刑事案件具体应用法律若干问题的解释（二）》第 6 条第 1 款规定："电信业务经营者、互联网信息服务提供者明知是淫秽网站，为其提供互联网接入、服务器托管、网络存储空间、通讯传输通道、代收费等服务，并收取服务费，具有下列情形之一的，对直接负责的主管人员和其他直接责任人员，依照刑法第三百六十三条第一款的规定，以传播淫秽物品牟利罪定罪处罚：（一）为五个以上淫秽网站提供上述服务的；（二）为淫秽网站提供互联网接入、服务器托管、网络存储空间、通讯传输通道等服务，收取服务费数额在二万元以上的；（三）为淫秽网站提供代收费服务，收取服务费数额在五万元以上的；（四）造成严重后果的。"

[②] 参见陈兴良：《共犯行为的正犯化：以帮助信息网络犯罪活动罪为视角》，载《比较法研究》2022 年第 2 期。

行为予以正犯化的拟制规定,也只能由立法机关通过修改刑法条文作出,而不能由最高司法机关通过颁布司法解释予以规定,否则便有违罪刑法定原则的内在逻辑。

"在《刑法修正案(九)》草案研究过程中,有关方面建议在刑法中对各种网络犯罪帮助行为作出专门规定,以便有效、准确打击网络空间中的犯罪帮助行为,保护公民的人身权利、财产权利与社会公共利益,维护网络秩序,保障信息网络有序健康发展。"[①]可见,网络犯罪预防性刑事立法体系中的帮助行为正犯化规定和相关司法解释规定之间存在承继关系。网络犯罪预防性刑事立法中的帮助行为正犯化规定,在一定程度上,是对司法解释中的帮助行为正犯化的规定予以确认。但值得一提的是,通过司法解释将个罪的帮助行为作为实行行为处理,难逃背离罪刑法定原则的法理责难,而将帮助行为拟制为正犯的网络犯罪预防性立法模式,有利于化解司法解释立法化所引发的合法化危机。[②] 这也正反映出网络犯罪预防性规制模式的实践正当性。

第二节　网络犯罪预防性规制模式的危机展示

根据因果共犯论,虽然正犯和帮助犯都是和侵害法益的结果具有因果关系的行为,但是两者侵害法益的形式和内容存在差别。正犯侵害法益的形式是显在的,对法益侵害具有现实的、具体的危险性;而帮助犯侵害法益的形式是潜在的,对法益侵害具有一般的、抽象的危险性。正犯和帮助犯侵害法益的形式差别,意味着帮助犯的成立必须依存于正犯;[③]正犯和帮

---

① 时延安、王烁、刘传稿:《〈中华人民共和国刑法修正案(九)〉解释与适用》,人民法院出版社2015年版,第165页。
② 参见梁根林:《传统犯罪网络化:归责障碍、刑法应对与教义限缩》,载《法学》2017年第2期。
③ 参见林山田:《刑法通论》(下册),北京大学出版社2012年版,第17页。

第四章　预防性刑法的具象考察与模式革新（上）

助犯侵害法益的内容差别,意味着"必须等待正犯着手犯罪之实行后,帮助犯始具有处罚未遂犯之可罚性"①。因此,网络犯罪刑事立法中的帮助行为正犯化就意味着,将原来仅具有法益侵害抽象危险的非实行行为拟制为实行行为。从本质上而言,这是刑法规制前置化的预防性刑事立法模式的典型体现。这一立法安排尽管具有一定的实践正当性,但是刑事立法的扩张亦可能会造成对公民自由的不当限缩,从而使网络犯罪预防性规制模式面临正当性危机。②

一、刑法外部关系层面的危机展示

网络犯罪预防性规制模式在刑法外部关系层面面临的正当性危机,主要指刑法采取预防性模式规制网络犯罪时,因刑罚处罚触角前伸、犯罪圈扩大,从而过度侵占其他部门法的规制领域、违背刑法谦抑性原则而引发的正当性危机。

"刑事立法将特定风险领域的集体法益作为对个人法益保护的前阶,直接作为刑法的保护对象"③,是预防性刑事立法中较为常见的立法技术,在网络犯罪预防性规制模式中也不例外。帮助信息网络犯罪活动罪作为网络犯罪预防性规制模式的代表,亦是对公民财产权益、人身权益等个人法益所作的超前保护,其实现路径是用作为公共秩序的网络秩序这一集体法益替代个人法益,通过对网络秩序这一集体法益的保护,即通过处罚侵犯网络秩序这一集体法益的抽象危险行为,实现对个人人身、财产权利的提前保护。不可否认,上述帮助行为正犯化的立法技术在一定程度上确实有助于遏制网络犯罪多发的态势。但是,帮助行为正犯化强调行为应罚性和必罚性的侧面,这就可能导致不当扩大刑罚处罚范围的局面出现,进而

---

① 陈子平:《论共犯之独立性与从属性》,载《刑事法评论》2007年第2期。
② 参见房慧颖:《预防性刑法的风险及应对策略》,载《法学》2021年第9期。
③ 王永茜:《论集体法益的刑法保护》,载《环球法律评论》2013年第4期。

引发过度限制网络空间中公民自由的附随结果。刑法将原本由其他部门法规制的行为圈入自己的"领地",从而过度侵占其他部门法的调整范围,阻碍甚至窒息互联网产业的发展和创新。

如前所述,网络犯罪预防性规制模式的发端和集体法益滥觞具有密切关联。然而,集体法益所固有的抽象性特征,使得法益的内涵愈加稀薄,以至失去原本的功能和意义,无法再为刑事立法提供基础性的、令人满意的界限。① 在刑法教义学层面,集体法益导致法益的内涵与功能发生转变,削弱了法益概念在立法论上的批判功能,进而引发网络犯罪预防性规制模式在刑法外部关系层面的正当性危机。

首先,网络犯罪预防性规制模式导致法益的内涵与功能发生转变。根据传统法益观,法益作为刑罚发动正当性的根据,其主要功能在于限制国家的刑罚权。② 而法益这一功能的实现仰赖于具有明确个人法益内容的法益内涵基础。随着信息网络技术的创新与发展,公民获知社会风险的途径增多,即使在社会风险不变的假定条件之下,公民对风险的感知也会更强,从而在一定程度上放大风险,导致公民对风险的担忧加剧。因此,公民对政府采取有效措施控制和预防风险的希望会更加迫切。③ 与此相对应,法益的内涵与功能发生转变。法益从具有明确、具体内涵的个人法益扩张为包括模糊、抽象的集体法益。④ 具体到网络犯罪领域,网络犯罪的法益从人身权利、财产权利等个人法益扩张到网络秩序这一集体法益。同时,法益的功能从限制国家刑罚处罚范围转向为积极证立国家刑罚权扩张的正当性,甚至出现行为有法益侵害危险就被立法规定为犯罪的倾向。⑤

---

① 参见〔德〕克劳斯·罗克辛:《德国刑法学总论》(第 1 卷),王世洲译,法律出版社 2005 年版,第 14 页。
② 参见〔德〕克劳斯·罗克辛:《对批判立法之法益概念的检视》,陈璇译,载《法学评论》2015 年第 1 期。
③ 参见高铭暄、孙道萃:《预防性刑法观及其教义学思考》,载《中国法学》2018 年第 1 期。
④ 参见房慧颖:《预防性刑法的具象考察与理念进路》,载《法学论坛》2021 年第 6 期。
⑤ 参见何荣功:《预防刑法的扩张及其限度》,载《法学研究》2017 年第 4 期。

第四章 预防性刑法的具象考察与模式革新（上）

其次，在法益概念具体构造层面，网络犯罪预防性规制模式同样放弃了法益概念对刑事立法的批判功能。"法益论预设的前提是，我们从一开始就可以用一条清晰的界线将世界万事万物截然区分开来，一部分有资格成为法律保护的对象，一部分则绝对禁止进入法律的保护领域。"[①]正因如此，法益内涵越具有客观性、可观察性、具体性，法益概念就越能发挥刑事立法批判机能。从这一意义上来讲，具有客观性、具体性的个人法益，而非具有主观性、抽象性的集体法益，才最能发挥刑事立法批判机能。显然，网络犯罪预防性刑事立法所保护的网络秩序这一集体法益因本身的主观性、抽象性特征，较难发挥法益概念的刑事立法批判机能。

最后，割裂了刑法谦抑性与法益概念的内在关联，是网络犯罪预防性规制模式的法益观丧失了刑事立法批判机能的关键。针对法益概念在刑事立法中的批判机能，有学者提出，一条合法化的罪刑规范，必须既具有目的正当性，也具有手段正当性；但是，法益概念只涉及目的正当性，所以它并不具有完整地划定刑事立法界限的能力。[②] 这种观点忽视了刑法谦抑性原则与传统法益观之间互为表里的关系，使得传统法益观能够发挥界定刑罚处罚界限的机能，表现为只有在重要的个人法益受到现实侵害或面临紧迫危险之时才能动用刑法。但是，网络犯罪预防性规制模式所保护的法益与刑法谦抑性原则不再具有内在关联性，从而等同于在网络犯罪预防性刑事立法框架内放弃了刑法谦抑性原则。

二、刑法内部体系层面的危机展示

以帮助信息网络犯罪活动罪为代表的网络犯罪预防性刑事立法在刑法内部体系层面面临的正当性危机具体是指帮助行为的非定型性与罪刑法定原则相抵牾所引发的正当性危机，以及本罪和其他犯罪的关系梳理不

---

① 陈璇：《法益概念与刑事立法正当性检验》，载《比较法研究》2020年第3期。
② 同上。

周密而影响法条的准确理解与适用所引发的正当性危机。

第一,帮助行为的非定型性与罪刑法定原则相抵牾。根据共犯从属性原理,正犯直接侵犯法益,而帮助犯通过介入正犯行为间接侵犯法益,因此仅具有法益侵害的抽象危险。因此,帮助犯必须依附作为主行为的正犯才具有处罚正当性。这一共识对于网络空间中的犯罪帮助行为亦应适用。尽管网络空间中的犯罪帮助行为相较于传统帮助行为而言具有特殊性,但从本质上而言,网络空间中的犯罪帮助行为依然无法摆脱"帮助"特性。脱离网络空间中的实行行为对法益造成的侵害,网络空间中的犯罪帮助行为的法益侵害将无法自圆其说。回归到共犯教义学中帮助犯的属性,网络空间中帮助行为正犯化的刑事立法也应当遵守上述基本教义学共识:刑法分则规定的犯罪行为均为实行行为,而实行行为具有定型性;帮助行为在本质上是非实行行为,如果帮助行为正犯化的刑事立法将其拟制为实行行为,则也需同样满足实行行为所具有的定型性特征,否则便有违罪刑法定原则之要求。反观《刑法修正案(九)》增设的帮助信息网络犯罪活动罪的条文设置,虽然本罪在对客观行为方式的表述中较为详细地列举了行为类型[1],并以"……等技术支持"和"……等帮助"作为兜底,意在囊括所有的网络空间中的犯罪帮助行为,从而作为网络空间中犯罪帮助行为的基础性处罚条款,弥补网络空间中犯罪帮助行为的刑罚处罚漏洞,但是帮助行为本身具有非定型性,通过刑法条文将其拟制为实行行为,难以摆脱与罪刑法定原则相抵牾的弊病。同时,帮助信息网络犯罪活动罪条文中,除帮助行为本身具有非定型性之外,帮助行为的对象范围亦十分宽泛,在网络时代中,帮助信息网络犯罪活动犯罪行为的对象几乎涵括了所有利用网络实施的犯罪类型,这就在一定程度上导致了帮助行为内涵的无限扩张,进而

---

[1] 根据《刑法》第287条之二,帮助信息网络犯罪活动罪的行为类型包括,为犯罪提供互联网接入、服务器托管、网络存储、通讯传输等技术支持,或者提供广告推广、支付结算等帮助。

第四章 预防性刑法的具象考察与模式革新（上）

使得该罪成为处罚网络空间中犯罪帮助行为的"口袋罪名"。

第二，以帮助信息网络犯罪活动罪为代表的网络犯罪预防性刑事立法中，因缺乏体系性思考而存在大量交叉、竞合现象。尽管《刑法》第287条之二第3款规定"同时构成其他犯罪的，依照处罚较重的规定定罪处罚"，但不可否认，立法中设置过多竞合性条文不利于司法实践中对法条的准确理解与适用。例如，提供侵入、非法控制计算机信息系统程序、工具的行为是对侵入、非法控制计算机信息系统犯罪行为的帮助行为，同时也是侵入、非法控制计算机信息系统犯罪行为的预备行为。由于帮助行为与预备行为都是为实行行为的顺利实施提供辅助条件，因此二者的外观表现存在竞合。换言之，提供侵入、非法控制计算机信息系统的程序、工具的行为性质，在大多数情况下，既符合提供侵入、非法控制计算机信息系统程序、工具罪的构成要件，又符合帮助信息网络犯罪活动罪的构成要件。再如，帮助信息网络犯罪活动罪作为帮助行为正犯化的典型立法，如前所述，立法者意在以本罪囊括所有的网络空间中的犯罪帮助行为，弥补网络空间中犯罪帮助行为的刑罚处罚漏洞。拒不履行网络安全管理义务罪所规制的不作为行为，客观上即是对网络犯罪实行行为的帮助，只不过这种帮助是以不作为形式实施的。换言之，帮助信息网络犯罪活动罪所规制的核心行为是帮助行为，由于帮助行为具有非定型性，为网络犯罪行为提供便利的行为在本质上都可归属于帮助行为，因此帮助信息网络犯罪活动罪条文中的"帮助行为"网罗了诸多行为。而拒不履行信息网络安全管理义务的行为在客观上也可归属于为他人实施网络犯罪提供帮助的不法行为，因而帮助信息网络犯罪活动行为事实上也囊括了拒不履行信息网络安全管理义务的行为。立法中设置的类似此种竞合性条文不利于司法实践中对法条的准确理解与适用，也使得相关罪名的设立难以摆脱正当性诘问。

第三节　网络犯罪预防性规制模式的必要限缩

网络犯罪预防性规制模式具有实践正当性,但也因其本质上是刑事立法的扩张而面临不当限缩公民自由的正当性危机。正视我国网络犯罪预防性规制模式的走向,应在对其进行立法论层面客观评价的同时,跳出立法中心主义窠臼,给予解释论范畴中刑法体系内部控制足够的关注度。"刑法在网络时代遇到的最大挑战是正确保障和对待新出现的法定权益,避免其被不当地限制,并减少刑事定罪的覆盖面。"[①]为了尽量协调好个人权利和社会公共利益之间的关系,必须对网络犯罪预防性刑法规制模式进行必要限制。[②] 对网络犯罪预防性规制模式进行教义学重塑,必然要对帮助信息网络犯罪活动罪的犯罪构成要件进行体系化的限缩解释。因此,在对帮助信息网络犯罪活动罪的犯罪构成要件进行解释时,不应采取宽泛性、概括性的宽松解释方法,而应采取限缩性、类型化的严格解释方法。

一、"帮助行为"之教义学限定

首先,应引入客观归责相关规则对《刑法》第287条之二所规定的"帮助行为"进行实质判断。《刑法》第287条之二所规定的"帮助行为"具有非定型性,外延边界不明确,容易导致刑罚处罚范围的不当扩大。为了避免不当扩大帮助信息网络犯罪活动罪的刑罚处罚范围,对于《刑法》第287条之二"帮助行为"所进行的教义学解释,应根据客观归责理论的相关规则,判断行为人的行为是否对信息网络犯罪起到了实质性的促进作用。也就是说,只有对他人利用网络实施犯罪行为起到实质性促进作用的帮助行

[①] Marko Eskola, From Risk Society to Network Society: Preventing Cybercrimes in the 21st Century, *Journal of Applied Security Research*, Vol. 7, No. 1, 2012.

[②] 参见房慧颖:《智能风险刑事治理的体系省思与范式建构》,载《山东社会科学》2021年第2期。

为,才属于《刑法》第287条之二所规定的"帮助行为"。正如罗克辛教授所言,根据客观归责理论的基本原则,引起构成要件实现虽是帮助行为的重要特征,但并非认定帮助行为的充分条件,只有当行为提升了正犯行为引发法益侵害结果的概率且提升了被害人风险时,才可被称为帮助。[①] 具体而言,在判断网络空间中的犯罪帮助行为是否符合《刑法》第287条之二中"帮助行为"的构成要件时,应按照客观归责理论的基本架构,并结合具体犯罪帮助行为的形态与功能,依次判断帮助行为是否创设了法律所不容许的风险,继而判断帮助行为是否实现了法律所不容许的风险。以互联网接入行为为例,互联网接入可以被区分为物理接入和内容接入。按照开放式系统互联通信参考模型(OSI 模型)[②],电信公司提供的基础入网服务即为物理接入,处于 OSI 模型底层;而提供具体信息、数据的传输通道则属于内容接入,处于 OSI 模型上层。[③] 因此,根据网络本身的层级结构,同样作为互联网接入行为,物理接入与内容接入是性质、特征完全不同的互联网接入行为。应当看到,提供基础入网服务只是单纯地提供普遍性、基础性的互联网物理接入这一网络业务行为,并未创设法律所不容许的风险,更未加功于网络犯罪正犯行为引发的法益侵害结果,因此其不具有客观上的违法性,与特定网络犯罪所引发的法益侵害结果并无刑法意义上的关联。

其次,应当采用类型化思维对《刑法》第287条之二中"帮助行为"的范围予以限定。共犯理论中的帮助行为,指对正犯行为起到促进、强化、保障等作用的行为,且既可以包括物理方式的促进、强化、保障,也可以包括心理层面的促进、强化、保障。[④] 可见,共犯理论对帮助行为的界定较为模糊,帮助行为本身的非定型性明显。而帮助信息网络犯罪活动罪的设立本

---

① Vgl. Roxin, Strafrecht Algemeiner Teil, Band I, Besondere Erscheinungsformen der Straftat, 2003.
② OSI 模型指网络的体系结构和数据传输流程,从上至下分别是应用层、表示层、会话层、传输层、网络层、数据链路层和物理层。
③ Vgl. Sieber, Verantwortlichkeit im Internet, 1999.
④ Vgl. Rengier, Strafrecht Algemeiner Teil, 9. Aulf., 2017.

身是将非实行行为"提升"为实行行为,且根据罪刑法定原则的基本要求,实行行为应具有定型性、明确性。因此,对《刑法》第287条之二帮助信息网络犯罪活动罪的构成要件进行教义学解读,不能再采用上述共犯理论中对帮助行为的界定方式和思路,否则就将和罪刑法定原则的明确性要求不可避免地产生矛盾与冲突,甚至背离罪刑法定原则的基本要求。① 定型化的思考方式应当成为对《刑法》第287条之二中的"帮助行为"予以教义学解读的前提。根据《刑法》第287条之二帮助信息网络犯罪活动罪的构成要件,帮助行为包括技术支持与商业帮助,这两种基本行为类型是对本罪的构成要件予以定型化的教义学解释的核心要素。根据同类解释的解释规则,并非所有能够对网络犯罪起到促进、强化、保障作用的行为都可以被认定为帮助信息网络犯罪活动罪构成要件的"帮助行为",只有和《刑法》第287条之二所列举的互联网接入、服务器托管、网络存储、通讯传输具有相当性的技术支持行为,以及与广告推广、支付结算具有相当性的帮助行为,才可以被认定为符合帮助信息网络犯罪活动罪构成要件的"帮助行为"。

最后,根据《刑法》第287条之二的规定,帮助信息网络犯罪活动罪的对象是他人利用信息网络实施的犯罪,也即本罪行为人的帮助行为理应是加功于他人的信息网络犯罪法益侵害结果实现的行为。如何理解此处的"犯罪",对认定本罪以及确定本罪的处罚边界具有重要意义。学界对于如何理解此处的"犯罪"有较大分歧,争议焦点主要围绕作为帮助对象的"犯罪",是否应当将因未达到罪量要求而被认定为违法的行为包括在内。有学者认为,刑法中所言之"犯罪"具有多层次的含义,因此应当认为此处的"犯罪"涵括因未达到罪量要求而被认定为违法的行为。② 笔者认为,上述

---

① 参见房慧颖:《新型操纵证券市场犯罪的规制困局与破解之策》,载《华东政法大学学报》2022年第1期。
② 参见陈洪兵:《帮助信息网络犯罪活动罪的限缩解释适用》,载《辽宁大学学报(哲学社会科学版)》2018年第1期。

观点有待商榷。如前所述,"帮助行为"本身具有非定型性,如果不对其进行限缩解释,很容易使本罪涵括范围过广进而导致刑罚处罚范围过大。刑法中所言之"犯罪",虽然具有多层次的含义,但当作为犯罪构成要件要素存在时,理应遵循严格解释的规则,否则便有类推解释之嫌疑。原因在于,根据《刑法》第13条的"但书规定"[①]和刑法分则条文所规定的相关犯罪的构成要件,只有满足相应的罪量要求才可能被认定为犯罪。在我国二元制裁语境中,作为行政违法处罚标准的《治安管理处罚法》与作为犯罪行为处罚标准的《刑法》,在行为类型上有大面积的重合,而量的区分法是行政违法与刑事犯罪的重要区分标准,甚至是区分某些行为类型构成违法抑或构成犯罪的核心标准。如果认为《刑法》第287条之二所言之"犯罪"可以包括因未达到罪量要求而被认定为违法的行为,则本罪条文中的"犯罪"就与治安管理处罚意义上所言之"违法行为"别无二致,这必将导致《刑法》第287条之二的处罚范围急剧膨胀。同时,从法益保护必要性角度观之,帮助对象因未达到罪量要求而不能被认定为犯罪,说明其法益侵害较小,没有对其进行刑罚处罚之必要,则对此种实质正犯行为提供帮助的行为就更无刑罚处罚之必要。因此,帮助信息网络犯罪活动罪的对象是他人利用信息网络实施的犯罪,此处的"犯罪"原则上必须是达到刑法分则所规定的罪量要求的犯罪行为。

二、"网络服务提供者"之教义学阐释

《刑法》第287条之二虽未明确规定本罪的犯罪主体,但是根据本罪对行为方式的表述,可知本罪的犯罪主体是网络服务提供者。网络服务提供者提供的网络服务行为通常具有业务性和中立性,只有当其违背刑事保证人义务使得网络服务提供行为具备违法性时,才可能构成本罪,也即网络服务提供者违背刑事保证人义务是其构成犯罪的前提。实践中,网络服务

---

① 《刑法》第13条的"但书规定"为:"但是情节显著轻微危害不大的,不认为是犯罪。"

提供者并非一个笼统的群体概念,而是由提供网络接入服务的网络服务提供者、提供网络存储服务的网络服务提供者和提供网络内容服务的网络服务提供者等几大不同类型的网络服务提供者共同组成。不同类型的网络服务提供者的刑事保证人义务不能一概而论,而应根据不同类型网络服务提供者的义务范围予以分别认定和把握。①

其一,提供网络接入服务的网络服务提供者原则上不应被赋予刑事保证人义务,也即原则上不能作为帮助信息网络犯罪活动罪的犯罪主体。提供网络接入服务提供者所提供的网络服务主要是提供网络接入通道或提供信息传输服务。网络接入服务具有业务性和通常意义上的中立性。网络传输的信息具有海量性、数据加密性等特征,且公民的通信自由和隐私受宪法和法律保护,提供网络接入服务的网络服务提供者无法控制也不应控制通过其提供的数据传输通道所传输的信息与数据。更为重要的是,即使监管部门发现有犯罪分子利用信息网络传输不法信息,提供网络接入服务的网络服务提供者也无法删除或屏蔽不法信息的内容,法律与公共政策也不应允许提供网络接入服务的网络服务提供者实施上述行为。② 因此,不能笼统地将提供网络接入服务的网络服务提供者与提供其他类型服务的网络服务提供者相等同,并进而认为所有的网络服务提供者作为网络不法信息内容的危险源控制人,理应履行刑事保证人义务。当然,提供网络接入服务的网络服务提供者原则上不应被赋予刑事保证人义务的前提是,提供网络接入服务的网络服务提供者提供的服务是纯粹的信息通道服务与数据传输服务,免除其刑事保证人义务的根据在于技术和事实控制的不可能以及公共政策上的不妥当。换言之,如果提供网络接入服务的网络服

---

① 参见王华伟:《网络服务提供者的刑法责任比较研究》,载《环球法律评论》2016年第4期;〔德〕乌尔里希·齐白:《比较法视野下网络服务提供者的责任》,王华伟等译,载陈兴良主编:《刑事法评论:犯罪的阶层论》,北京大学出版社2016年版,第193页。

② 参见〔德〕乌尔里希·齐白:《比较法视野下网络服务提供者的责任》,王华伟等译,载陈兴良主编:《刑事法评论:犯罪的阶层论》,北京大学出版社2016年版,第193页。

第四章　预防性刑法的具象考察与模式革新（上）

务提供者并非单纯提供信息通道和数据传输服务，而是对信息进行了加工或者筛选，则意味着其对数据和信息具有技术或事实上的控制可能性，此时应当认为提供网络接入服务的网络服务提供者具有刑事保证人义务。[①] 在符合帮助信息网络犯罪活动罪行为构成要件的情况下，其可以构成本罪。

其二，提供网络存储服务的网络服务提供者在特定条件下应被赋予刑事保证人义务，也即在特定条件下能够作为帮助信息网络犯罪活动罪的犯罪主体。提供网络存储服务的网络服务提供者能够控制服务器和云存储空间，其有能力删除存储空间中的不法内容信息或封锁不法信息的传输通道。因此，提供网络存储服务的网络服务提供者被行政法律法规赋予网络安全管理义务具有妥当性，同时，其能够控制网络不法信息的危险源而具有刑事保证人义务。提供网络存储服务的网络服务提供者具有刑事保证人义务，并不意味着其未尽到信息安全管理义务时被当然地追究刑事责任。由于网络存储空间中数据信息具有海量性，根据避风港原则，提供网络存储服务的网络服务提供者在监管部门责令采取改正措施而拒不改正时，才具备被追究刑事责任的基础。换言之，提供网络存储服务的网络服务提供者并不当然地具备刑事保证人义务，只有在监管部门责令其删除或屏蔽相关犯罪信息数据时，其才具有刑事保证人义务；此时，如果其不删除、屏蔽相关犯罪信息数据，则可能成立拒不履行信息网络安全管理义务罪和帮助信息网络犯罪活动罪，择一重处。

其三，提供网络内容服务的网络服务提供者原则上应被赋予刑事保证人义务，也即原则上能够作为帮助信息网络犯罪活动罪的犯罪主体。信息网络的内容由提供网络内容服务的网络服务提供者制作并上传，因此提供网络内容服务的网络服务提供者对网络信息具有事实上的支配力，法律当

[①] 参见陈兴良：《共犯行为的正犯化：以帮助信息网络犯罪活动罪为视角》，载《比较法研究》2022年第2期。

然应当赋予其制作、上传合法合规内容的义务,杜绝其制作、上传侵权乃至违法犯罪信息。对于制作并上传犯罪信息的提供网络内容服务的网络服务提供者,刑法不仅可以追究其帮助信息网络犯罪活动罪的刑事责任,还可追究其制作、上传的犯罪信息所涉犯罪的刑事责任,依照竞合犯原理,从一重处。

但是,赋予提供网络内容服务的网络服务提供者刑事保证人义务并非绝对的,对于同样作为提供网络内容服务的搜索引擎服务提供者存在例外。虽然法律对搜索引擎服务提供者设定了刑事保证人义务,但是并不意味着搜索引擎服务提供者当然地具有阻止犯罪内容的义务。搜索引擎服务提供者对数据信息内容无法做到完全控制。因此,与提供网络接入服务的网络服务提供者类似,搜索引擎服务提供者的刑事保证人义务并不当然地具备,只有当监管部门通知要求搜索引擎服务提供者封锁或者删除违法犯罪信息时,才意味着搜索引擎服务提供者对违法犯罪的数据信息存在明知且有义务予以封锁或者删除。此时,如果搜索引擎服务提供者拒不履行封锁或删除相关违法犯罪信息,则有违刑事保证人义务,可以被追究拒不履行信息网络安全管理义务罪和帮助信息网络犯罪活动罪的刑事责任,择一重处。当然,随着人工智能技术的发展以及智能识别功能的日益强大,如果未来在技术上,搜索引擎服务提供者能够实现对内容的自动识别,也即搜索引擎服务提供者具有随时检测、识别并封锁、拦截违法犯罪信息内容的技术手段,则法律应当一般性地肯定搜索引擎服务提供者的刑法保证人义务。[1] 此时,搜索引擎服务提供者原则上应被赋予刑事保证人义务,也即原则上能够作为帮助信息网络犯罪活动罪的犯罪主体。

---

[1] 参见陈兴良:《共犯行为的正犯化:以帮助信息网络犯罪活动罪为视角》,载《比较法研究》2022年第2期;〔德〕乌尔里希·齐白:《比较法视野下网络服务提供者的责任》,王华伟等译,载陈兴良主编:《刑事法评论:犯罪的阶层论》,北京大学出版社2016年版,第193页。

三、"主观明知"之教义学重构

双向意思联络是一般共同犯罪的必要构成要件,但是在网络犯罪语境中,由于网络空间中各犯罪参与行为的从属关联弱化,双向意思联络难以确认,这成为网络犯罪刑事归责的难题。《刑法》第287条之二帮助行为正犯化的规定,在很大程度上使得上述难题得到解决。帮助信息网络犯罪活动罪仅需实施网络犯罪帮助行为的行为人具有单方面的"明知"即可成立。

对于"明知"的认定,根据刑法通说及相关司法解释的规定[①],作为《刑法》第287条之二帮助信息网络犯罪活动罪主观构成要件的"明知",包含"确知"与"应知","应知"是指通过客观情形可以推定行为人知道,也即"明知"不包含"确实不知"的情形和过失的情形。[②] 换言之,帮助信息网络犯罪活动罪的主观方面只能是故意,而不能扩张解释为包括过失。[③] 应当看到,根据行为人不同程度的意识和意志,犯罪故意可以被划分为直接故意和间接故意[④],间接故意的认识程度低于直接故意的认识程度。笔者认为,对《刑法》第287条之二帮助信息网络犯罪活动罪的主观故意进行教义

---

① 2019年10月21日发布的《最高人民法院、最高人民检察院关于办理非法利用信息网络、帮助信息网络犯罪活动等刑事案件适用法律若干问题的解释》第11条规定:"为他人实施犯罪提供技术支持或者帮助,具有下列情形之一的,可以认定行为人明知他人利用信息网络实施犯罪,但是有相反证据的除外:(一)经监管部门告知后仍然实施有关行为的;(二)接到举报后不履行法定管理职责的;(三)交易价格或者方式明显异常的;(四)提供专门用于违法犯罪的程序、工具或者其他技术支持、帮助的;(五)频繁采用隐蔽上网、加密通信、销毁数据等措施或者使用虚假身份,逃避监管或者规避调查的;(六)为他人逃避监管或者规避调查提供技术支持、帮助的;(七)其他足以认定行为人明知的情形。"

② 参见刘宪权:《论信息网络技术滥用行为的刑事责任——〈刑法修正案(九)〉相关条款的理解与适用》,载《政法论坛》2015年第6期;欧阳本祺、王倩:《〈刑法修正案(九)〉新增网络犯罪的法律适用》,载《江苏行政学院学报》2016年第4期。

③ 参见王新:《我国刑法中"明知"的含义和认定——基于刑法立法和司法解释的分析》,载《法制与社会发展》2013年第1期。

④ 参见陈兴良:《刑法分则规定之明知:以表现犯为解释进路》,载《法学家》2013年第3期。

学解读,应严格限定在直接故意的范围内,排除行为人以间接故意的主观心态实施帮助行为构成本罪的可能。与传统犯罪语境下的帮助行为不同,网络语境中的犯罪帮助行为具有明显的业务性,如果刑法规定即使对利用信息网络实施犯罪的行为仅存在可能性认识也可以构成本罪的话,则相当于变相增加了网络服务提供者对用户的调查和监督义务,这会为网络服务提供者的运营增加过高的成本,阻碍网络技术的发展与创新,进而使网络犯罪预防性规制模式面临正当性危机。

第五章

预防性刑法的具象考察与模式革新(中)
——对污染环境罪预防性规制模式的考察与革新

当前,我国正处于全面推进依法治国和加强生态文明建设的关键时期,惩治污染环境犯罪,用最严格制度最严密法治保护生态环境①,是刑法在生态文明时代的重要使命。面对日益严峻的环境污染现状,运用法律治理机制加强对生态环境的保护,构建层次分明、轻重有序、宽严适中、效果显著的污染环境犯罪的法律治理机制是法治建设的应有之义。

1997年《刑法》第338条增设了重大环境污染事故罪;2011年《刑法修正案(八)》将相对明确的、限缩入罪的"造成重大环境污染事故,致使公私财产遭受重大损失或者人身伤亡的严重后果"修改为较为模糊、相对扩张的"严重污染环境",罪名变更为污染环境罪;2020年《刑法修正案(十一)》将"后果特别严重"修改为"情节严重",并增设了第三档法定刑和想象竞合的注意规定条款。从污染环境罪条文的修正历程来看,污染环境罪的适用范围扩大,刑法处置时间提前,入罪门槛降低,法定刑升高,刑法治理污染环境罪的理念发生了根本转变,从事后惩罚主义走向事前预防主义。预防

---

① 在2018年全国生态环境保护大会上,习近平总书记指出:"用最严格制度最严密法治保护生态环境,加快制度创新,强化制度执行,让制度成为刚性的约束和不可触碰的高压线。"

主义治理模式能够有效实现对污染环境犯罪行为的刑罚处罚,遏制了污染环境犯罪行为的不断高涨,但也面临着司法认定和适用效果方面的一系列纷争和难题。

国家以刑法手段保护生态环境的正当性依据及界限为何?换言之,如果刑法以生态环境保护作为规范任务,则污染环境罪的行为构造及主观罪过应以何种形式呈现?刑法设置污染环境罪所要保护的法益,从根本上决定了污染环境罪条文的规范保护目的和污染环境行为的刑事可罚性根据,这是污染环境罪认定的基础。污染环境罪条文的犯罪构成设置所体现的法益保护程度,是准确认定污染环境罪具体构成要件要素的决定性因素。污染环境罪的法益定位和行为构造又影响着污染环境罪罪过形式的确定。解决污染环境罪的认定这一实践问题,并非仅靠根据刑事政策需要权宜性地尽量多纳入各种需处理的解释情形就能解决,而是要相对明晰地回答作为集体法益的生态法益应如何定位以及采取何种入罪形态、如何确定主观罪过才合适的教义学问题。① 污染环境罪的法益定位、行为构造与罪过形式这三个存在重要争议的问题,不只是纯粹的理论问题,也对污染环境罪的司法认定具有重要影响。

污染环境犯罪具有长期性、潜伏性、累积性、隐蔽性,对污染环境犯罪行为的治理并非一时之功,不可能毕其功于一役。对污染环境犯罪行为的处罚固然能够在一定程度上遏制环境污染事故频发的态势,但修复社会关系,恢复被污染的生态环境,实现人与自然的和谐共生,才应该是惩治污染环境犯罪的最终目的。生态环境污染的治理需要刑法机制,而刑法机制和其他法律机制同属法治系统的组成部分,法治系统中各关联要素之间既有功能区分又有价值连接。行政法强调事前的危险防御或风险控制,民法的功能则在于事后的损害填补。治理环境污染不能仅凭刑法的一己之力,民

---

① 参见李川:《二元集合法益与累积犯形态研究——法定犯与自然犯混同情形下对污染环境罪"严重污染环境"的解释》,载《政治与法律》2017年第10期。

第五章 预防性刑法的具象考察与模式革新（中）

法、行政法作为法治系统中的要素，与刑法之间既有功能区分又有价值连接。建构污染环境罪的刑事治理机制，需要在法秩序统一视野下审视刑法机制与行政法、民法等部门法机制之间的关系，充分发挥各部门法的功效，以形成层次分明、轻重有序、宽严适中、效果显著的污染环境犯罪的法律治理机制。

第一节 污染环境罪预防性规制模式的现实图景

一、立法脉络：污染环境罪条文的修正历程

1979年《刑法》中并无环境污染犯罪方面的条文。1997年《刑法》第338条增设了重大环境污染事故罪，具体内容见表1。在实际执行过程中，重大环境污染事故罪无法有效发挥保护环境的作用，无法适应日益严峻的环保形势需要。重大环境污染事故罪为结果犯，只有"造成重大环境污染事故"时才能构成，且在认定时需要证明污染环境行为与重大环境污染事故之间的因果关系。这就导致在司法实践中，只有重大突发环境污染事件发生时，行为人才可能被追究刑事责任；而对于长期累积所形成的环境污染，即使损害了公民的生命、健康或者对公私财产造成重大损失，由于难以确定与评估污染行为和危害结果之间的因果关系，而难以追究行为人的刑事责任。[①] 这在很大程度上影响了重大环境污染事故罪的适用效果。

为了突破刑法对污染环境犯罪的处罚不能适应生态环境保护需要的现实困境，增强《刑法》第338条的可操作性，有效解决司法实践中面临的

---

① 参见全国人大常委会法制工作委员会刑法室编著：《中华人民共和国刑法解读》（第四版），中国法制出版社2015年版，第811页。

问题,2011 年《刑法修正案(八)》对重大环境污染事故罪进行了重要修改。如表 1 所示,这次修正内容主要有三个方面:其一,将"造成重大环境污染事故,致使公私财产遭受重大损失或者人身伤亡的严重后果"修改为"严重污染环境",将本罪的处罚节点提前;其二,将"危险废物"修改为"有害物质",扩大了本罪犯罪对象的范围;其三,删除了"向土地、水体、大气"排放、倾倒或处置的规定,扩大了本罪行为的认定范围。经《刑法修正案(八)》修改之后,本罪的罪名由重大环境污染事故罪变为污染环境罪。本次修订扩大了《刑法》第 338 条的适用范围,降低了入罪门槛,将刑法处置污染环境犯罪行为的时间大大提前。但在司法实践中,第二档法定刑所对应的"后果特别严重"情形的适用率极低。尽管 2016 年《最高人民法院、最高人民检察院关于办理环境污染刑事案件适用法律若干问题的解释》第 3 条明确列举了应当认定为"后果特别严重"的情形,但检察机关往往难以提供行为人的污染行为所造成的人身、财产损失的损失数额或具体危害后果方面的证据,致使法院在判断行为人的污染行为是否造成"特别严重"的后果时缺乏证据依托,进而导致司法实践中对"后果特别严重"这一档法定刑的适用率极低。

为了解决司法实践中污染环境行为因果链条复杂、具体危害结果难以准确查实、部分严重污染环境犯罪法定刑配置偏低等问题①,同时为了"用最严格制度最严密法网保护生态环境",2020 年《刑法修正案(十一)》再次对《刑法》第 338 条进行了重要修改,具体内容见表 1。本次修正内容主要有四个方面:其一,第二档入罪条件从"后果特别严重"调整为"情节严重";其二,增加第三档法定刑,设置了更高的法定刑幅度,将最高法定刑提升至有期徒刑 15 年;其三,将第三档法定刑所对应的构成要件的行为类型

---

① 参见许永安主编:《中华人民共和国刑法修正案(十一)解读》,中国法制出版社 2021 年版,第 372 页。

第五章 预防性刑法的具象考察与模式革新(中)

予以细化,为本罪在司法实践中的适用提供更明确的指引;其四,增加第 2 款作为注意规定,如果行为人实施污染环境行为,同时构成其他犯罪的,属于想象竞合犯,应从一重处。应当看到,为了改善之前污染环境行为危害后果的认定难题,在本次修订中,将原《刑法》第 338 条规定的后果要件修改为情节要件。同时,将重要的环境保护区域(如饮用水水源保护区,自然保护地核心保护区,国家确定的重要江河、湖泊水域)直接作为影响社会危害性评价的"情节"要素,而不以物质损失作为构罪要素,体现了立法者对现实的关切,本次修改能够有效缓解社会生活复杂多变的特性与刑法稳定性、局限性之间的矛盾。

表 1 污染环境罪罪刑体系之变化

罪名	/	重大环境污染事故罪(1997 年《刑法》)	污染环境罪(2011 年《刑法修正案(八)》修正)	污染环境罪(2020 年《刑法修正案(十一)》修正)
第一档	罪状	违反国家规定,向土地、水体、大气排放、倾倒或者处置有放射性的废物、含传染病原体的废物、有毒物质或者其他危险废物,造成重大环境污染事故,致使公私财产遭受重大损失或者人身伤亡的严重后果的	违反国家规定,排放、倾倒或者处置有放射性的废物、含传染病原体的废物、有毒物质或者其他有害物质,严重污染环境的	违反国家规定,排放、倾倒或者处置有放射性的废物、含传染病病原体的废物、有毒物质或者其他有害物质,严重污染环境的
	法定刑	处三年以下有期徒刑或者拘役,并处或者单处罚金	处三年以下有期徒刑或者拘役,并处或者单处罚金	处三年以下有期徒刑或者拘役,并处或者单处罚金
第二档	罪状	后果特别严重的	后果特别严重的	情节严重的
	法定刑	处三年以上七年以下有期徒刑,并处罚金	处三年以上七年以下有期徒刑,并处罚金	处三年以上七年以下有期徒刑,并处罚金

(续表)

罪名	/	重大环境污染事故罪（1997 年《刑法》）	污染环境罪（2011 年《刑法修正案（八）》修正）	污染环境罪（2020 年《刑法修正案（十一）》修正）
第三档	罪状	/	/	有下列情形之一的①
	法定刑	/	/	处七年以上有期徒刑，并处罚金
注意规定	/	/	/	有前款行为，同时构成其他犯罪的，依照处罚较重的规定定罪处罚

二、治理理念：从事后惩罚主义到事前预防主义

根据 1997 年《刑法》第 338 条的规定，只有当非法排污行为累积而成重大环境污染事故，且能够证明污染环境的行为与重大环境污染事故具有实在因果关系，污染环境的行为才具有刑事可罚性，这是典型的事后惩罚主义的体现。经过 2011 年《刑法修正案（八）》、2020 年《刑法修正案（十一）》的两次修正，刑法介入污染环境行为的规制时间提前至环境介质被严重污染而非必须等到严重后果形成之时，即通过事前预防环境危险行为来实现对生态环境的优先保护，说明我国环境犯罪治理理念已经从事后惩罚主义转型为事前预防主义。② 因此，污染环境犯罪刑事治理理念的分水岭为 2011 年《刑法修正案（八）》的出台。

从 1997 年《刑法》设立重大环境污染事故罪开始，至 2011 年《刑法修正案（八）》将其修正为污染环境罪，这段时期我国污染环境罪的治理模式

---

① （1）在饮用水水源保护区、自然保护地核心保护区等依法确定的重点保护区域排放、倾倒、处置有放射性的废物、含传染病病原体的废物、有毒物质，情节特别严重的；（2）向国家确定的重要江河、湖泊水域排放、倾倒、处置有放射性的废物、含传染病病原体的废物、有毒物质，情节特别严重的；（3）致使大量永久基本农田基本功能丧失或者遭受永久性破坏的；（4）致使多人重伤、严重疾病，或者致人严重残疾、死亡的。

② 参见房慧颖：《污染环境罪预防型规制模式的省察与革新》，载《宁夏社会科学》2022 年第 4 期。

第五章　预防性刑法的具象考察与模式革新（中）

采用的是事后惩罚主义的理念，采用事后追责方式进行法益保护，即通过事后对严重侵害法益的行为进行刑罚处罚，实现对公民生命、健康、财产的保护，而环境本身并非刑法的保护对象。具体表现有二：其一，重大环境污染事故罪的法益是公民的生命、健康与财产安全。这一法益定位立基于纯粹的人类中心主义价值观，刑罚的启动皆因公民的生命、健康或者财产受到了环境污染行为的损害，生态环境安全本身只是刑法保护公民生命、健康或者财产安全的副产品。其二，重大环境污染事故罪的行为构造为结果犯模式。如果只是生态环境本身遭到侵害，但并未损害公民的生命、健康或者财产，则刑罚无法启动。这一时期刑法以事后惩罚主义治理模式惩治污染环境犯罪，有其深厚的社会经济发展背景与刑法理论背景。这一时期我国坚持"先发展后治理"的经济发展方式，重经济发展、轻环境保护是常态。同时，这一时期坚持事后、消极、被动的结果本位的古典主义刑法观。在古典主义刑法观的指导下，只有在法益遭受实际侵害时，国家刑罚权才得以发动。古典主义刑法观有其自身合理性，在保障公民自由、防止国家刑罚权恣意发动方面发挥了重要作用。但是，污染环境犯罪行为具有隐蔽性、长期性、复杂性等特征，而在结果本位的古典主义刑法观指引的立法模式下，出于污染行为与损害结果之间的因果关系难以认定等原因，重大环境污染事故罪条文基本处在虚置状态。根据中国裁判文书网的数据统计，可以发现，这一时期重大环境污染事故罪案件极少（见图1）。面对日益加重的环境污染现状，刑法却有心无力，司法机关对环境污染治理处于难作为的尴尬境地，由此宣告了结果本位的古典主义刑法观指引下的事后惩罚主义刑事治理模式在环境污染治理领域的失灵。

2011年《刑法修正案（八）》对重大环境污染事故罪进行重大修改，将其确定为污染环境罪，2020年《刑法修正案（十一）》对污染环境罪进行又一次重大修改，标志着我国污染环境犯罪的刑事治理彻底转向为事前预防主义的治理模式。具体表现有二：其一，生态法益具有了刑法上的独立价值,不再是刑法保护公民生命、健康与财产法益的副产品。作为人类赖以生存的基础,生态环境安全本身成为刑法保护的法益。其二,污染环境罪的行为构造转变为抽象危险犯模式。从结果犯向抽象危险犯的转变,意味着犯罪门槛的降低,契合了风险社会中刑事治理早期化的趋势。经过《刑法修正案(八)》与《刑法修正案(十一)》的修正,成立污染环境罪,仅需达到"严重污染环境"的程度,法定刑升格的条件则是"情节严重"而非"后果特别严重"。这一修正清楚无误地传达了刑事立法通过法益保护前置化来遏制污染环境行为的姿态。污染环境犯罪刑事治理从事后惩罚主义治理模式向事前预防主义治理模式的转变,立基于社会经济发展与刑法理论发展背景。晚近以来,我国社会经济的发展模式发生了深刻变革。环境保护上升为国家基本国策,生态安全被提升到国家安全组成部分的战略高度,"绿色原则"被写入民法典,绿色发展观成为社会经济发展的基本模式。同时,风险社会的来临,促使各国刑法观逐渐从事后、消极、被动的结果本位的古典主义刑法观转向为事前、积极、主动的行为本位的预防主义刑法观。《刑法修正案(八)》《刑法修正案(九)》《刑法修正案(十一)》对网络犯罪、环境犯罪、恐怖主义犯罪、食品药品犯罪等一系列犯罪的修订与相关新罪的增设,标志着预防主义刑法观在我国的确立。[①] 污染环境犯罪刑事治理模式转变为事前预防主义,实现了生态环境法益保护早期化,隐性废除了在事后惩罚主义治理模式下难以证明却必须证明的污染行为与公民生命、健康与财产法益遭受损害之间的因果关系,缓解了环境侵害累积性与环境治理恢复长期性之间的矛盾。根据中国裁判文书网的数据统计,可以发现,自2011年以来,污染环境刑事案件的判决数量在迅速增长(见图1)。这意味着刑法顺应社会发展模式作出了正确的调整,在污染环境治理中逐渐发挥重要作用,回应了社会公众对生态环境安全的正当诉求。

---

① 参见张明楷:《增设新罪的观念——对积极刑法观的支持》,载《现代法学》2020年第5期。

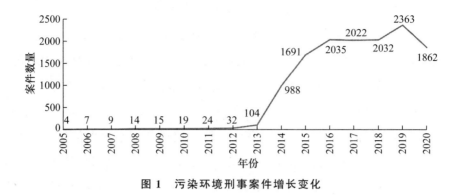

图 1　污染环境刑事案件增长变化

第二节　污染环境罪预防性规制模式的体系省察

一、法益定位：本罪侵犯的法益为人类本位的生态法益

2011 年《刑法修正案（八）》修正后的《刑法》第 338 条所保护的法益为生态法益或者环境法益，在学界已几无争议。但是，关于如何理解污染环境罪所侵犯的生态法益，学者们各执己见、众说纷纭。关于污染环境罪所侵犯的生态法益，理论上存在秩序本位的生态法益说、生态本位的生态法益说和人类本位的生态法益说之争。对于污染环境罪所侵犯的法益定位，本书采取人类本位的生态法益说。

秩序本位的生态法益说认为，生态法益的本质是生态环境保护管理秩序，也即污染环境罪的设立是为了用刑罚惩罚的手段维护生态环境保护管理秩序。① 这一结论是基于污染环境罪在刑法分则中的定位所得出的。由于污染环境罪在刑法分则中定位于第六章妨害社会管理秩序罪，因此秩

---

① 参见王作富主编：《刑法分则实务研究》（第五版·下），中国方正出版社 2013 年版，第 1389 页。

序本位的生态法益说被认为符合污染环境罪条文的立法原意。① 同时,随着信息化与工业化的迅猛发展,体系性的社会风险增加,对刑法提出了系统性、前置性保护需求,要求刑法的保护范围从个人法益向集体法益拓展,要求刑法的保护阶段从结果生成阶段前置到危险生成阶段。秩序本位的生态法益说体现了国家对社会风险的回应,凸显了国家在社会治理中的核心机能,体现出国家对生态环境保护方面的地位及所承担的职能。但是,秩序本位的法益说过于强调社会的规范秩序,而生态环境保护管理秩序作为国家行政管理秩序的一部分,其规范保护目的并非是空洞的行政管理条文与规章得到公众的普遍遵守,而是为了维护社会稳定与公民的人身与财产利益。秩序本位的生态法益说对这一点的忽视,导致其陷入形式主义立场,偏离了生态环境保护的根本目的。形式主义缺陷会进一步导致法益内容的空洞化,从而使得法益保护管理秩序这一手段无法实现社会保障与个体权利保护的实质目标。② 例如,当行政管理法规允许有限排污或者允许买断部分排污权时,行政管理秩序的规范保护目的就完全偏离了刑法保护生态法益的目的,对行政管理秩序的维护并不能实现对生态法益的保护。③ 因此,行政管理秩序引导下的污染环境罪入罪标准有可能偏离环境保护目的,不当扩大污染环境罪的处罚范围,而使刑法沦为保护行政管理秩序的工具。④

生态本位的生态法益说认为,生态环境法益,也即生态系统的多样性、生态平衡与稳定发展本身就具有刑法独立保护的价值,而非依附于公民的人身利益或者财产利益存在。例如,有学者主张,对污染环境犯罪的处罚,

---

① 参见刘泽鑫:《论我国环境刑法与德日环境刑法的法益比较》,载《人民司法》2013 年第 15 期。
② Vgl. Hohamann, Das Rechtsgut der Umweltdelikte: Grenzen des strafrechtlichenUmweltschutzes, Verlag Peter Lang, 1991.
③ 参见劳东燕:《刑事政策与功能主义的刑法体系》,载《中国法学》2020 年第 1 期。
④ 参见房慧颖:《新型操纵证券市场犯罪的规制困局与破解之策》,载《华东政法大学学报》2022 年第 1 期。

第五章 预防性刑法的具象考察与模式革新(中)

并非仅为确认相关行政保护方面的行政规则,还为维持公民对环境保护的伦理感。环境刑法所要保护的法益是生态系统本身,而环境犯罪就是侵犯这一法益的危险犯。① 生态本位的生态法益说强调生态环境系统自身的保护需要和独立价值,有利于顺应环境保护的社会需要。但是,所谓法益,是指刑法所保护的人的生活利益②,是指对个人自由发展、个人的基本权利实现以及建基在这个目标之上的国家制度功能运转所必需的现实存在或目的设定。③ 刑法是以限制公民自由等代价较高的方式实现规范保护目的。④ 生态本位的生态法益说忽视了法益应服务于具体的人类利益这一基本出发点,从而可能导致刑法为了保护生态法益这一集体法益而过度牺牲公民的自由和权利。此外,法律是人类为人类制定的规则,而非为非理性的生物制定的规则。⑤ 所谓生态本位的生态法益,因过于强调生态系统的独立性,始终未能厘清自然意义的环境媒介之于人类社会运作的关联意义,采取了人类与环境截然二分的思维,忽略了人类与环境之间富有多样性的相互依存关系,进而失去了正当性基础。总之,生态本位的生态法益说过于强调生态环境系统自身的独立性,人为割裂了生态环境与人类的互动关系,使得法益保护走向物本主义极端。

人类本位的生态法益说认为,刑法保护的生态法益是与人类的人身利益和财产利益相关的生态环境系统的多样性、生态平衡与稳定发展。换言之,刑法保护生态法益的目的是通过维护生态环境系统的正常运转而维持人类的存续与发展。事实上,人类本位的生态法益说是将保护法益向前移

---

① 参见〔日〕伊东研祐:《环境刑法研究序说》,成文堂2003年版,第42页。
② 参见张明楷:《法益初论》,中国政法大学出版社2003年版,第166页。
③ Vgl. C. Roxin, StrafrechtAllgemeinerTeil, Band I, 4. Aufl., C. H. Beck, 2006.
④ Vgl. Hohamann, Das Rechtsgut der Umweltdelikte: Grenzen des strafrechtlichenUmweltschutzes, Verlag Peter Lang, 1991.
⑤ 参见高鸿钧、赵晓力主编:《新编西方法律思想史(现代、当代部分)》,清华大学出版社2015年版,第111页。

动,其宗旨是为了人类的发展而将生态环境的危险回避作为共同体的任务。① "天道有常,不为尧存,不为桀亡。"②从生态环境整体角度出发,人类仅是生态环境系统的组成部分,环境的整体性和独立性不以人的意志为转移,只有保护好生态环境系统本身,才能最终维护好人类的人身利益与财产利益。生态环境对于个人的生命、健康与财产至关重要。以人的生命健康为例,生态环境对于人的生命健康维持具有不可或缺的作用。人依赖生态环境而得以存活,生命体的运转过程即是与环境进行物质能量交换的过程。大气、土壤、水体的污染,可能直接影响人类生命机体的正常运转,从而损害人体健康,乃至威胁人的生命。人类本位的生态法益说并没有脱离人类利益而去抽象地看待生态法益。"保护环境的最终目的仍是保护人类利益,但是这种人类利益是一种未来的、预期的利益,就现实保护而言,只能转移为保护与人类生存密切联系的现实整体环境。"③

人类本位的生态法益说与我国法律规定相契合。构成污染环境罪的前提是行为人的行为违反国家规定,而此处的国家规定包括环保法律法规。以《环境保护法》为例,其第1条规定:"为保护和改善环境,防治污染和其他公害,保障公众健康,推进生态文明建设,促进经济社会可持续发展,制定本法。"可见,环保法律法规所关注的生态环境,并非自然意义上的环境媒介,而是关注生态环境所内含的社会性意义④,而社会性意义上的生态法益,即是人类本位的生态法益。生态环境的安全是公民人身利益与财产利益得以保全的根基,任何人都无法脱离生态环境变化所带来的良性或恶性影响。从形式而言,生态法益是能够实现对公民个人法益(即公民的人身利益和财产利益)系统性、长远性、前置性保护的集体法益,代表的

---

① 参见张明楷:《污染环境罪的争议问题》,载《法学评论》2018年第2期。
② 《荀子·天论》。
③ 周光权:《刑法各论》(第三版),中国人民大学出版社2016年版,第421页。
④ 参见古承宗:《刑法的象征化与规制理性》,元照图书出版公司2017年版,第206—207页。

是国家提供的保证公民个人生存发展的体系性和制度性的环境生态条件。① 而该体系性和制度性的环境生态条件具有抽象化特质，并非公民个人法益在形式上的简单累加，所以不能以作为集体法益的生态法益能否还原为公民个人的人身和财产利益来作为其正当性根据。② 从实质而言，生态法益自设立之初就是为了实现对公民个人法益的保护，生态法益是对个人法益的前置性防护。传统刑法理论立基于社会契约论，其所倡导的法益观是围绕公民个人权益形成的法益概念，对于制约刑罚权的恣意具有重要意义。生态法益作为集体法益，是对法益范围的扩张，其正当性的基础取决于是否围绕公民个人权益形成。秩序本位的生态法益说和生态本位的生态法益说完全脱离了公民个人权益，在证立国家刑罚权扩张的同时忽视了对公民个人权益的保护，因此缺乏正当性基础。人类本位的生态法益说并非单纯证立国家刑罚权的扩张，而是立基于对公民个人人身利益与财产利益的保护，同时又承认生态环境超越公民个人人身利益与财产利益的实存地位，具有合理性。

二、行为构造：本罪的犯罪形态为抽象危险犯

刑法设置污染环境罪所要保护的法益，从根本上决定了污染环境罪条文的规范保护目的和污染环境行为的刑事可罚性根据，这是认定污染环境罪的基础。在明确污染环境罪条文的保护法益为人类本位的生态法益之基础上，需要进一步通过污染环境罪条文的犯罪构成设置探讨本罪的行为构造，即污染环境罪条文的犯罪构成设置所体现的法益保护程度。换言之，污染环境罪处罚的是对侵犯人类本位的生态法益的实害、具体危险抑或抽象危险？这是污染环境罪的核心，也是准确认定污染环境罪具体构成

---

① 参见房慧颖：《预防性刑法的具象考察与理念进路》，载《法学论坛》2021年第6期。
② 参见〔德〕吴登堡：《德国刑法学的现状》，蔡墩铭译，台湾商务印书馆1977年版，第59页。

要件要素的决定性因素。①

众所周知,以对法益的现实侵害为构成要件实现的必要要素的犯罪为实害犯,以对法益的侵害危险为构成要件实现的必要要素的犯罪为危险犯。② 因此,对污染环境罪行为构造的探讨建基于污染环境罪条文的保护法益。污染环境罪条文的保护法益为人本主义的生态法益,生态法益是集体法益,具有不同于个人法益的特征。尽管犯罪的行为构造设置应以实害犯与具体危险犯为优先,但是从人本主义的生态法益本身的特质出发,将污染环境罪设置为抽象危险犯具有必要性。其一,人本主义的生态法益作为集合法益,具有一般集合法益的特性,即精神化和抽象性特征,而非具体实存,表达为抽象的生态系统的多样性、生态平衡与稳定发展,对其侵害(实害或者具体危险)往往难以通过经验化的判断来说明,更无法准确说明集合法益之侵害(实害或者具体危险)与污染环境行为之间的因果关系。③ 污染环境行为所产生的对生态法益的侵害属性,通常只能进行抽象意义的推定或拟制,基于这一原因,将污染环境罪的行为构造设置为抽象危险犯更为妥切。其二,生态系统具有复杂性,生态法益受侵害的过程、程度以及与污染环境行为之间的因果关系,因难以准确说明而具有一定的偶然性。污染环境的行为所造成的生态法益被侵害的结果或具体危险,未必会即时造成明显的生态环境损害后果,其侵害结果或具体危险与污染环境行为之间通常会有一段时间间隔,甚至需要经过代际更迭才得以体现。同时,污染环境行为对生态法益的侵害通常表征为生态环境系统的破坏,而生态环境系统的破坏往往具有共害特征,即生态环境系统破坏的原因在很多情形下源于多个主体同质污染行为的渐次累积。生态环境系统破坏具有不可逆性,为了实现对生态环境的有效保护,刑法就不能等污染环境行为造成

---

① 参见林钰雄:《新刑法总则》,中国人民大学出版社 2009 年版,第 75 页。
② 参见〔日〕山中敬一:《刑法总论》,成文堂 2015 年版,第 174 页。
③ 参见李川:《二元集合法益与累积犯形态研究——法定犯与自然犯混同情形下对污染环境罪"严重污染环境"的解释》,载《政治与法律》2017 年第 10 期。

第五章　预防性刑法的具象考察与模式革新（中）

明显的法益侵害结果或者具体危险,而需提前到法益侵害风险产生的初始阶段予以规制,以实现对生态环境严重破坏的预防。

抽象危险犯的设立代表着国家刑罚权的扩张与公民自由的限缩。为了防止刑法不当限制公民自由,需要通过对污染环境行为侵犯个体法益的抽象危险判断,形成对污染环境罪抽象危险犯认定的限制过滤。具体而言,对污染环境罪抽象危险犯认定的限制过滤机能的形成主要依赖于对污染环境行为侵犯公民的人身与财产法益的判断,这是人本主义的生态法益观的必然要求。应当承认,当污染环境行为对生态法益的侵害都是一种抽象的、拟制的危险,则其对公民的人身与财产法益的侵害就更不可能是具体危害结果或者具体危险。同时也应看到,如果某种污染环境行为只是对侵犯生态法益具有抽象危险,但是缺乏形成侵犯公民人身与财产法益的抽象危险的逻辑进路与具体经验,则不宜被认定为侵犯人本主义的生态法益的污染环境罪。① 在人本主义的生态法益观视野下,生态环境因对人类生存发展的重要作用而具有被刑法独立保护的价值,与人身和财产要素完全割裂的生态法益缺乏被保护的正当性与意义。②

有学者认为,根据现行《刑法》第 338 条规定,行为人的行为构成污染环境罪需达到"严重污染环境"的程度,这意味着当行为人污染环境的行为对水体、大气、土地等造成实际损害(如水体污染物超标、大气雾霾、土地污染等可感知的实害结果)时,才构成污染环境罪。因此,污染环境罪应是实害犯。③ 这一结论的得出事实上混淆了生态法益与生态要素。生态要素是指水体、大气、土地等具体的可感知的生态环境的组成部分,具有局部性和具体性;而生态法益是指生态环境系统的多样性、生态平衡与稳定发展,具有系统性和抽象性。一方面,对生态要素的破坏不能直接等同于对生态

---

① 参见张明楷:《污染环境罪的争议问题》,载《法学评论》2018 年第 2 期。
② 参见房慧颖:《智能风险刑事治理的体系省思与范式建构》,载《山东社会科学》2021 年第 2 期。
③ 参见姜俊山:《论污染环境罪之立法完善》,载《法学杂志》2014 年第 3 期。

法益的侵害。对水体、大气、土壤等生态要素的破坏，可能会因自然环境的自净能力而在一段时间之后消失，此时不能认为对生态要素的侵害破坏了生态环境系统的多样性、生态平衡与稳定发展。只有当污染环境行为对生态要素的破坏达到一定的严重程度，进而影响到作为整体的生态环境的稳定发展时，才能认为污染环境行为侵害了生态法益。另一方面，对生态法益造成侵害不一定意味着对生态要素也造成侵害。污染环境行为造成对生态法益的抽象危险，但并未实际破坏生态要素，此时也应认为行为符合"严重污染环境"要件。例如，严重排污行为被及时发现，尚未造成对水体的实际污染，此时尚未对生态要素造成实际破坏，但是行为已经对生态法益造成了抽象危险，已经达到污染环境罪的入罪标准。《刑法》第338条所言的"严重污染环境"，并非是指对具体生态要素的可感知破坏，而是指污染环境行为对生态法益造成抽象危险，即行为对生态环境系统的多样性、生态平衡与稳定发展具有拟制或推定的抽象危险。因此，从污染环境罪条文保护的集体法益即生态法益的抽象性出发，将本罪理解为抽象危险犯更为妥切。原因如下：

《刑法》第338条保护的法益是生态法益这一集体法益，而集体法益具有和个人法益不同的独特性质。一方面，集体法益并非具体实存，具有抽象性、精神化特征，作为集体法益的生态法益指的是抽象的生态环境的平衡和稳定发展。而对生态环境的平衡和稳定发展这一生态法益的破坏，往往无法进行经验化的具体判断，也无法对污染环境行为与生态法益破坏的结果之间的因果关系进行明确说明。① 对污染环境行为侵害法益的后果，通常情况下只能进行抽象的拟制或者推定。另一方面，生态法益的载体是生态系统，而基于生态系统的复杂特性，生态法益受到侵害的程度、过程以及污染行为与生态法益受损结果之间的因果关系都具有一定程度的偶然

---

① 参见李川：《二元集合法益与累积犯形态研究——法定犯与自然犯混同情形下对污染环境罪"严重污染环境"的解释》，载《政治与法律》2017年第10期。

性,并且上述因素在多数情况下难以得到准确的说明。更有甚者,污染行为和生态法益受损结果之间会存在相当长的时间间隔,乃至要经过生态系统的代际更迭,生态法益受损的结果才会显现。同时,单一污染行为对生态系统的破坏有时并不显著,但多个类似污染环境行为的累积往往会对生态系统造成不可逆的严重破坏。换言之,污染行为对生态系统的破坏具有共害特性。因此,将污染环境罪理解为抽象危险犯,在法益侵害危险产生之初即予规制,有利于防止生态环境损害危险演变为对生态环境的严重破坏。

三、罪过形式:本罪的主观罪过为故意

关于污染环境罪的罪过形式,学界主要有故意说、过失说、故意与过失混合说等三种学说。对于污染环境罪的罪过形式,本书采取故意说。

首先,《刑法》第 15 条第 2 款规定:"过失犯罪,法律有规定的才负刑事责任。"也就是说,刑法分则条文以处罚故意犯罪为原则,以处罚过失犯罪为例外。换言之,认定某一行为构成过失犯罪,必须从刑法条文用语中找到相对应的依据。例如,刑法分则条文中的"过失""玩忽职守""造成……事故"等用语,可以作为行为构成过失犯罪的依据。1997 年《刑法》规定的重大环境污染事故罪条文中即有"造成重大环境污染事故"的表述,因此将重大环境污染事故罪认定为过失犯罪,有刑法条文用语作为依据。但是,2011 年《刑法修正案(八)》对该条文进行修改后,删除了"造成重大环境污染事故"的表述,认定污染环境罪属于过失犯罪已经没有刑法条文用语作为依据。"一切法律规范都必须以'法律语句'的语句形式表达出来。可以说,语言之外不存在法。只有通过语言,才能表达、记载、解释和发展法。"[①]具体到刑罚法规而言,"一个刑罚法规的目的,必须在它实际使用的

---

① 〔德〕伯恩·魏德士:《法理学》,丁小春、吴越译,法律出版社 2003 年版,第 73 页。

语言中去寻找,根据它明显的和清晰的含义来解释"①。确定污染环境罪是否属于过失犯罪,也只能将污染环境罪条文的用语作为依据。有人指出,2013年《最高人民法院、最高人民检察院关于办理环境污染刑事案件适用法律若干问题的解释》第1条第6项至第13项对能够认定为"严重污染环境"的情形进行了细化规定,其中使用了"致使"一词,而"致使"一般用来描述严重的危害后果,通常作为过失犯罪的标志。② 这一论断存在的疑问有三。

其一,"过失犯罪,法律有规定的才负刑事责任",其中的"法律有规定",根据罪刑法定原则,指的是刑法的明文规定,而不包括司法解释的规定。将司法解释中的规定作为认定某一过失行为可以构成犯罪的依据,显然有违罪刑法定原则的精神。其二,"致使"即使在刑法条文中出现,也不能作为认定过失犯的用语依据。刑法条文中所用的"致使"一词,旨在描述和说明行为所造成的严重后果,并非对过失犯的表述。例如,《刑法》第203条逃避追缴欠税罪条文中有"致使税务机关无法追缴欠缴的税款"的表述,但该条文中的"采取转移或者隐匿财产的手段",明显表明本罪是故意犯罪;再如,《刑法》第290条聚众扰乱社会秩序罪条文中有"致使工作、生产、营业和教学、科研、医疗无法进行"的表述,但该罪也是故意犯罪;又如,《刑法》第168条中有"致使国家利益遭受重大损失"的表述,但该结果要件既可以适用于国有公司、企业、事业单位人员失职罪,也可以适用于国有公司、企业、事业单位人员滥用职权罪,表明"致使"一词既可以用于故意犯罪,也可以用于过失犯罪。可见,《刑法修正案(十一)》修正后的污染环境罪条文,虽然在加重处罚的情形中有"致使大量永久基本农田基本功能丧失或者遭受永久性破坏"与"致使多人重伤、严重疾病,或者致人严重残疾、

---

① Jane C. Ginsburg, *Legal Methods*, 2nd edition, Foundation Press, 2003, p. 271.
② 参见秦鹏、李国庆:《论污染环境罪主观面的修正构成解释和适用——兼评2013"两高"对污染环境罪的司法解释》,载《重庆大学学报(社会科学版)》2016年第2期。

第五章 预防性刑法的具象考察与模式革新（中）

死亡"的表述，但也无法作为污染环境罪可以由过失犯构成的用语依据。其三，尽管司法解释中使用了"致使"一词，但从司法解释的其他规定看来，司法解释制定者也仍将污染环境罪作为故意犯罪论处。现行《最高人民法院、最高人民检察院关于办理环境污染刑事案件适用法律若干问题的解释》第 8 条规定："明知他人无危险废物经营许可证，向其提供或者委托其收集、贮存、利用、处置危险废物，严重污染环境的，以共同犯罪论处。"根据《刑法》第 25 条对共同犯罪概念的界定，共同犯罪是指二人以上共同故意犯罪。可见，司法解释制定者将污染环境罪作为故意犯罪认定。此外，根据中国裁判文书网提供的数据进行统计可知，2018 年 1 月至 2021 年 1 月的污染环境案件中，涉及共同犯罪的案件有 669 件，占污染环境犯罪案件总数的 10.7%（见图 2）。因此，将污染环境罪认定为可以由过失构成，不符合罪刑法定原则的精神，不符合刑法与司法解释的规定，也不利于实践中对污染环境案件的处理。

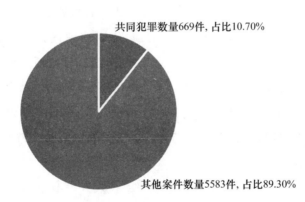

图 2　共同犯罪案件占比

其次，根据污染环境罪条文的法益保护内容，污染环境罪的故意内容指行为人对严重污染环境本身持希望或者放任的态度，不需要对生态环境污染之后所造成的其他严重危害后果持希望或者放任的态度。认为污染环境罪可以由过失构成的学者通常会认为，行为人对于违反国家规定，排放、倾倒或者处置有放射性的废物、含传染病病原体的废物、有毒物质或者其他有害物质的行为虽然是故意的,但是对于以上行为所造成的危害后果可能是持否定态度①。而故意或者过失的判断应该以行为人对于危害结果的认识为依据,而非以行为为依据,因此污染环境罪可以由过失构成。②上述说法与人类本位的生态法益观相违背。当行为人的行为导致生态环境面临抽象危险时,即是对人类本位的生态法益的侵犯,而生态环境面临的抽象危险现实化之后所表现出的具体的严重危害后果,则并非污染环境罪基本犯的构成要件所描述的危害后果。事实上,排放、倾倒或者处置有放射性的废物、含传染病病原体的废物、有毒物质或者其他有害物质的行为,本身就内含着对生态环境的抽象危险。对于污染环境罪这一抽象危险犯而言,行为对生态环境所造成的侵害属性,通常只能进行抽象意义的推定或拟制。保护生态环境给人类带来的利益是一种未来的、预期的利益,反之,污染环境行为对人类利益的损害也是一种未来的、预期的损害。当行为人违反国家规定,实施排放、倾倒或者处置有害物质的行为时,即对生态环境系统造成了一种未来的、预期的损害,而这种损害可以被抽象或者被拟制为"严重污染环境"这一危害后果。换言之,符合污染环境罪构成要件的污染环境行为的实施,即意味着"严重污染环境"这一结果构成要件的满足。如果行为人明知自己排放、倾倒、处置有害物质的行为违反国家规定,仍有意为之,则行为人对自己行为所造成的"严重污染环境"后果至少存在间接故意而非过失。

最后,将污染环境罪认定为故意犯罪,不会不当缩小污染环境罪的处罚范围。有学者提出,重大环境污染事故罪由过失构成,刑法修正案将重大环境污染事故罪修改为污染环境罪,旨在扩大处罚范围,严惩污染环境的行为。如果污染环境罪不处罚过失犯,则是不当缩小了处罚范围,与修

---

① 参见周道鸾、张军主编:《刑法罪名精释》,人民法院出版社2013年版,第858页。
② 参见周光权:《刑法各论》(第三版),中国人民大学出版社2016年版,第423页。

第五章　预防性刑法的具象考察与模式革新（中）

法初衷相违背。① 上述论说的不合理之处在于对污染环境罪抽象危险犯的行为构造有所误解。事实上，1997年《刑法》设置的重大环境污染事故罪作为过失犯，需要出现"造成重大环境污染事故，致使公私财产遭受重大损失或者人身伤亡的严重后果"才能构成。换言之，只有出现了公私财产的重大损失或者人身伤亡的严重后果，行为人的行为才能构成重大环境污染事故罪。污染环境罪的成立仅需出现"严重污染环境"的后果，刑法介入及刑罚处罚的节点明显前移。因此，仅因污染环境罪是故意犯罪就认为不当缩小了处罚范围的观点过于武断。此外，鉴于污染环境罪的行为构造是抽象危险犯，行为人违反国家规定排放、倾倒、处置有害物质的行为即已对生态环境系统造成符合犯罪构成要件的抽象危险，而行为人对违反国家规定实施排放、倾倒、处置有害物质的行为即意味着对"严重污染环境"后果的明知，可以认定为行为人是故意犯罪。相比较而言，污染环境罪的处罚范围明显大于重大环境污染事故罪的处罚范围，2011年《刑法修正案（八）》出台前后的污染环境刑事案件数量之对比即是有力证明。

还有一种观点认为，在过失导致污染物泄露的情况下，根据1997年《刑法》规定的重大环境污染事故罪条文，可能成立本罪；但如果将污染环境罪作为故意犯来认定，反而不可能构成本罪，这便是将污染环境罪作为故意犯罪认定从而缩小处罚范围的典型例证。② 上述说法固然有一定道理，将污染环境罪作为故意犯罪来认定，则因过失而导致污染物泄露的情况确实不可能成立污染环境罪。但是，不能就此认为将污染环境罪的责任形式认定为故意，而缩小了刑事处罚范围。成立重大环境污染事故罪，以"公私财产遭受重大损失或者人身伤亡的严重后果"发生为前提。因过失

---

① 参见苏永生：《污染环境罪的罪过形式研究——兼论罪过形式的判断基准及区分故意与过失的例外》，载《法商研究》2016年第2期；陈洪兵：《模糊罪过说之提倡——以污染环境罪为切入点》，载《法律科学》2017年第6期。

② 参见陈洪兵：《模糊罪过说之提倡——以污染环境罪为切入点》，载《法律科学》2017年第6期。

而导致污染物泄露可具体划分为两种情况：其一，如果因过失而导致污染物泄露，但是并未就此造成公私财产的重大损失或者人身伤亡的严重后果，则该过失行为因不符合重大责任事故罪所要求的结果要件而不能成立本罪。此时，行为人的行为既不成立作为过失犯罪的重大环境污染事故罪，也不成立作为故意犯罪的污染环境罪，将污染环境罪作为故意犯从而缩小了刑罚处罚范围的说法自然不能成立。① 其二，如果因过失而导致污染物泄露，并因此造成公私财产的重大损失或者人身伤亡的严重后果，则行为人的行为虽不能成立作为故意犯罪的污染环境罪，但如果行为人的行为危害了公共安全，可以认定行为人的行为成立过失以危险方法危害公共安全罪；如果行为人的行为并未危害公共安全，在造成人身伤亡的情况下，可以认定行为人的行为成立过失致人死亡罪或者过失致人重伤罪。此时，将污染环境罪作为故意犯也不存在缩小刑罚处罚范围的问题。当然，如果行为人的行为并未危害公共安全，也未造成人身伤亡，仅造成财产损失，且不符合其他过失犯罪的构成要件，则对行为人的行为不以犯罪论处，通过民事、行政、经济法规追究行为人的责任。此时，因行为人行为的社会危害性不大，预防必要性也较小，对其行为不以犯罪论处并无不妥，不存在不当缩小刑罚处罚范围的问题。

四、污染环境罪预防性规制模式面临的危机

对污染环境罪采取事前预防型规制模式，在实现优先保护生态环境目的的同时，也潜藏着预防性刑事立法固有的危机，具体包括：污染环境罪条文保护的法益内涵与功能发生转变，从而削弱了法益概念所具有的立法批判机能；条文表述的变化导致解释标准的抽象化，从而容易滋生司法恣意的危机。归结而言，对污染环境罪采取事前预防型规制模式，在证立国家

---

① 参见房慧颖：《人工智能犯罪刑事责任归属与认定的教义学展开》，载《山东社会科学》2022年第4期。

第五章 预防性刑法的具象考察与模式革新（中）

刑罚权扩张的同时容易过度干预公民自由，从而造成刑法社会保护与人权保障机能的失衡。

将污染环境罪的行为构造设置为抽象危险犯，如前所述，具有妥当性和必要性。但同时，抽象危险犯作为事前预防型立法的典型模式，潜藏着预防性刑事立法证立国家刑罚权扩张从而过度干预公民自由的固有风险。①

第一，在立法层面，污染环境罪条文保护的法益内涵与功能发生转变，从而削弱了法益概念所具有的立法批判机能。"法益论预设的前提是，我们从一开始就可以用一条清晰的界限将世界万事万物截然区分开来，一部分有资格成为法律保护的对象，一部分则绝对禁止进入法律的保护领域。"②正因如此，法益内涵越具体清晰，就越有利于发挥立法批判机能与解释指导机能。根据古典刑法理论，法益概念的主要功能是避免刑罚的恣意发动，维护刑法确定性，从而保证国家利用刑罚权限制公民自由的正当性与合理性。③换言之，法益概念作为刑罚发动正当化的根据，主要功能体现为限制国家的刑罚权，保证公民的自由权利。法益概念这一功能实现的立基点在于法益内涵的范围被限制在内容具有明确性的个人法益内。从这一意义上来说，个人法益才最能发挥出法益的立法批判机能。生态法益作为集体法益，具有集体法益固有的抽象特征，难以有效发挥法益概念限制国家刑罚权、保障公民自由权利的机能。

随着环境污染事故的频发与公民对生态环境恶化的担忧，公民对政府有力预防与控制环境危机，实现对生态环境有力度、有成效的维护寄予厚望。④刑法中规制污染环境行为的罪名从重大环境污染事故罪变更为污

---

① 参见房慧颖：《预防性刑法的风险及应对策略》，载《法学》2021年第9期。
② 陈璇：《法益概念与刑事立法正当性检验》，载《比较法研究》2020年第3期。
③ 参见〔德〕克劳斯·罗克辛：《对批判立法之法益概念的检视》，陈璇译，载《法学评论》2015年第1期。
④ 参见熊永明：《我国罪名建言热潮之隐忧及其批判》，载《法学评论》2015年第6期。

染环境罪。与之相应,本罪法益的功能与内涵也发生了变更,即从重大环境污染事故罪条文所保护的具有较为明确、具体内涵的个人法益扩张为相对模糊、抽象的生态法益。与个人法益以限制刑法的处罚范围为主要锚向不同,生态法益侧重于积极证成刑法介入生态环境治理的合理性、正当性。换言之,在事后惩治型的污染环境罪治理模式中,法益概念对国家刑罚权的影响体现在促成国家刑罚权限缩上;①而在事前预防型的污染环境罪治理模式中,法益概念对国家刑罚权的影响恰恰相反,在于积极证立国家刑罚权扩张。② 在污染环境罪中,法益概念机能的这一转向,预示着法益概念的立法批判机能在事前预防型规制模式中被弱化甚至被舍弃。

然而,应当看到,在社会治理中,道德教化、行政管控、刑罚处罚三者之间应层层递进、相互配合,从而达成社会的良法善治。刑法并非社会治理的最佳手段,也并非成本最低的手段。过度强调环境污染刑事治理的功效容易掩盖其他社会治理手段的优势。当其他社会治理方式能够有效降低环境污染风险、实现对环境污染的有效治理时,应当优先采用其他社会治理方式。③ 采用预防型规制模式治理环境污染,固然能够在一定程度上实现公民对政府有力预防与控制环境危机、实现对生态环境有力维护的厚望,但片面扩大刑罚处罚在环境治理中的功效也导致社会对刑法治理作用的过度依赖并进而容易陷入泛刑化窠臼。④ 在传统意义上,刑法是社会的"最后一道防线",污染环境罪预防型规制模式,相当于将"最后一道防线"推到环境污染治理的"第一线",既容易导致刑法机能的失衡,也容易导致管理层缺乏优化制度设计的动力,进而形成过度依赖刑法的"懒政"现象。

第二,在司法层面,污染环境罪解释标准的抽象化易滋生司法恣意的

---

① 参见高铭暄、孙道萃:《预防性刑法观及其教义学思考》,载《中国法学》2018年第1期。
② 参见何荣功:《预防刑法的扩张及其限度》,载《法学研究》2017年第4期。
③ 参见房慧颖:《人工智能犯罪刑事责任归属与认定的教义学展开》,载《山东社会科学》2022年第4期。
④ 参见张永强:《预防性犯罪化及其限度研究》,中国社会科学出版社2020年版,第108页。

第五章　预防性刑法的具象考察与模式革新（中）

危机。生态法益的抽象性特征导致侵犯生态法益的危害后果、危害程度等难以被准确证明和清晰判断。作为抽象危险犯的污染环境罪，其入罪标准并非具体的法益侵害结果或者危险，而是模糊、抽象的法益侵害危险。正因如此，司法人员在判断污染环境行为是否构成污染环境罪时，无须具体判断行为的真实危险性，也无须审查污染环境行为和生态法益损害结果或危险之间是否存在因果关系，仅根据特定行为的实施，就可基于对法益侵害危险的推定而径直作出裁判。[1] 行为人实施了法规范违反行为，即可被推定创造了法不容许的抽象的法益侵害危险，并进而被认定为构成污染环境罪。污染环境罪的这一条文设置方式，使得司法人员在污染环境刑事案件诉讼中的证明责任得以降低，进而使得司法人员对行为人构成污染环境罪的控诉更为顺利，但同时会导致司法人员在污染环境刑事案件诉讼中的自由裁量权不当扩大，增加了污染环境罪认定的不确定性，从而埋藏了司法恣意的隐忧。

具体到污染环境罪条文的解读与适用中，"严重污染环境"这一犯罪构成要件的认定缺乏统一的标准。尽管 2016 年《最高人民法院、最高人民检察院关于办理环境污染刑事案件适用法律若干问题的解释》针对"严重污染环境"的理解与适用详细列举了 18 种情形，但是落实到司法实践中，司法机关认定行为是否符合"严重污染环境"的构成要件时，多在形式上进行判断。只要行为在形式上符合上述司法解释规定的 18 种具体情形，就径直作出行为因符合"严重污染环境"要件而构成污染环境罪的判决。[2] 此外，认定污染环境行为构成犯罪，除满足"严重污染环境"要件外，还须以"违反国家规定"为前提。而基于国家规定的宽泛性，污染环境罪的处罚范围难以被准确划定。[3] 根据《刑法》第 96 条之规定，"全国人民代表大会及

---

[1] 参见黄星：《刑法抽象司法解释的时代定位与纠偏》，载《法学评论》2017 年第 1 期。
[2] 参见杨继文：《污染环境犯罪因果关系证明实证分析》，载《法商研究》2020 年第 2 期。
[3] 参见石亚淙：《污染环境罪中的"违反国家规定"的分类解读——以法定犯与自然犯的混同规定为核心》，载《政治与法律》2017 年第 10 期。

其常务委员会制定的法律和决定,国务院制定的行政法规、规定的行政措施、发布的决定和命令",都属于"国家规定"的范畴。这就意味着,司法机关认定行为是否构成污染环境罪时,不仅要查核行为人的行为是否符合刑法规定,还要考察上述"国家规定"中有关环境污染的规定。这就使得作为抽象危险犯的污染环境罪中空白罪状认定的不确定性被进一步放大,并进而加剧污染环境罪处罚范围无法合理限定的状况。① 因此,污染环境罪在司法层面解释标准的抽象化易滋生司法恣意的危机。

第三节　污染环境罪预防性规制模式的危机应答

如上所述,适用事前预防型规制模式治理污染环境罪,虽然在客观上实现了对生态环境的优先保护,但在立法层面和司法层面都潜藏着危机。为此,应采取必要方式对污染环境罪事前预防型规制模式进行必要限缩,以防规制污染环境罪的事前预防型模式在证立国家刑罚权扩张的同时过度干预公民自由,从而积极应答上述危机。

一、刑法不能脱离公民个人权利而单独保护生态法益

生态法益是集体法益,而集体法益相对于个人法益而言,是对法益固有范围的扩张,其正当性根据取决于是否立基于公民个人权益而形成。从脱离公民个人权益角度理解生态法益,固然在污染环境行为侵犯公民人身权利和财产权利的前端和远端就介入对生态环境的保护,但人为地割裂了人类和生态环境之间的互动关系,使得对生态法益的保护不可避免地走向物本主义的极端,这无疑使得法益概念的立法批判机能被大大削弱,埋下

---

① 参见李永升、袁汉兴:《污染环境罪的司法困境与出路——以生态和人类双重法益为中心》,载《湖北社会科学》2021年第1期。

第五章　预防性刑法的具象考察与模式革新（中）

过度干预公民自由的隐患。所谓法益，指的是刑法保护的人的生活利益。① 而人的生活利益，具体表现为个人基本权利实现、个人的自由发展，以及为了实现上述目标而建立的国家制度运转所必须依存的目的设定或者现实存在。刑法的规范保护目的是以限制和干预公民自由等较高代价实现的。② 根据卢梭的社会契约论，国家刑罚权的正当性建基于公民为了更好地实现个体的自由与发展而让渡出的权利和自由，国家不能为了保护公民个人权益以外的利益而行使刑罚权干涉公民的权利和自由。如果脱离公民个人权益理解生态法益，则可能导致刑法为保护作为集体法益的生态法益而过度地牺牲公民权利和自由。此外，包括刑法在内的法律是人类为了人类而制定的规则，并非为了非理性生物而制定的规则。③ 从与人类割裂的角度对生态环境系统进行刑法解读，即单纯对自然意义的生态系统进行刑法保护的思维，缺乏正当性基础。

受刑法保护的生态法益指的是和人类自身利益密切相关的生态环境的平衡和稳定发展，也即对生态法益进行刑法保护并非为了保护自然意义上的生态环境，而是通过对生态环境正常运转的维系从而维持人类的永续发展。事实上，与重大污染环境事故罪条文所保护的人身权利和民主权利这一法益相比，污染环境罪条文所保护的生态法益更加前置，宗旨则是为了人类的永续发展而把回避生态环境危险上升为人类的共同任务。④ 从作为整体的生态环境视角观之，人类是生态系统的组成部分之一，环境的独立性与整体性并不会随人类意志而转移。保护好与人类密切相关的生态环境，最终才能维护好人类的切身利益。不可否认，生态环境对于人的

---

① 参见张明楷：《法益初论》，中国政法大学出版社2003年版，第166页。
② Vgl. Hohamann, Das Rechtsgut der Umweltdelikte: Grenzen des strafrechtlichen Umweltschutzes, Verlag Peter Lang, 1991, S. 188 ff.
③ 参见高鸿钧、赵晓力主编：《新编西方法律思想史》（古代、中世纪、近代部分），清华大学出版社2015年版，第111页。
④ 参见张明楷：《污染环境罪的争议问题》，载《法学评论》2018年第2期。

生命、健康、财产等切身利益具有不可或缺、至关重要的作用。例如,人体的正常运转离不开和生态环境之间的能量物质交换。对土地、水体、大气的污染可能会直接影响到人类机体的健康运转,甚至会威胁到人类的生命。污染环境罪条文所保护的法益,不应是脱离人类利益而抽象存在的生态法益。"保护环境的最终目的仍是保护人类利益,但是这种人类利益是一种未来的、预期的利益,就现实保护而言,只能转移为保护与人类生存密切联系的现实整体环境。"[1]这一点在我国的环保法律法规中也可以得到印证。《环境保护法》第 1 条就明确规定:"为保护和改善环境,防治污染和其他公害,保障公众健康,推进生态文明建设,促进经济社会可持续发展,制定本法。"可以看到,环境保护法律法规所保护的并非自然意义上的生态环境,而是与人类利益密切关联的社会意义上的生态环境。[2]

生态环境的平衡与稳定发展是保全人类切身利益的根基,生态环境的良性发展或者恶性转变最终都会作用于人类自身。对生态法益的刑法保护,有利于实现对公民切身利益的前置性、系统性、长远性保护。从这一意义而言,对生态法益的刑法保护是国家为了公民个人利益的永续发展而提供的制度性、体系性的生态环境条件。[3] 制度性、体系性的生态环境条件无疑具有抽象化特征,且并非公民个体的生命、健康、财产等的简单累加。因此,尽管对生态法益的刑法保护,是为了实现公民个体利益的永续发展,但是不能将生态法益是否可以还原为公民个人利益作为考察生态法益刑法保护正当化的基础与根据。[4] 生态法益实质上是对个人法益的前置性保护,也即生态法益这一集体法益设立的目的就是实现对个人法益的更好保护。传统刑法理论倡导以个人权益为中心形成法益概念的法益观,这对

---

[1] 周光权:《刑法各论》(第三版),中国人民大学出版社 2016 年版,第 421 页。
[2] 参见古承宗:《刑法的象征化与规制理性》,元照图书出版公司 2017 年版,第 206—207 页。
[3] 参见房慧颖:《预防性刑法的具象考察与理念进路》,载《法学论坛》2021 年第 6 期。
[4] 参见〔德〕吴登堡:《德国刑法学的现状》,蔡墩铭译,台湾商务印书馆 1977 年版,第 59 页。

第五章 预防性刑法的具象考察与模式革新（中）

防止刑罚权恣意具有重要的作用。完全脱离公民个人权益的纯粹生态法益，仅关注证立国家刑罚权扩张的侧面，而忽视了保护公民自由的侧面，缺乏正当性根基。① 立基于公民个人权益而形成的生态法益，既承认了生态环境具有超越个人权益的实存地位，又能在一定程度上起到限制国家刑罚权的作用，因此具有合理性。

二、充分发挥行政法律规范对污染环境罪认定的限缩过滤功能

污染环境罪作为法定犯，其成立需满足"违反国家规定"的要件。行政法律规范对污染环境罪认定的限缩过滤功能主要体现为：第一，行为是否构成污染环境罪，需要将行政标准作为重要参照。根据环境保护法治系统中不同部门法的作用机制与特性，行政法律规范是"第一道防线"，刑法则是"第二道防线"。作为法定犯，污染环境罪是具有更高程度违法性的行政违法行为，污染环境罪的成立首先需要满足行政违法性，也即污染环境罪是同时具备双重违法性（行政违法性与刑事违法性）的行为。② 第二，度量生态法益的受损程度，也需要将行政标准作为重要参照。与刑法相比，对于衡量生态法益的受损程度的判断标准，行政法律规范所规定的标准更为详尽、细致、专业。③ 因此，对生态法益受损程度的度量和评估，需要在行政法律规范规定的标准指导下进行。

需要说明的是，排放有害物质的行为违反国家规定，是构成污染环境罪的必要非充分条件。也就是说，行为成立污染环境罪，则必然违反国家规定；但反之，行为违反国家规定，则并不一定构成污染环境罪。

一方面，排放有害物质的行为若没有违反国家规定，即使行为存在实

---

① 参见房慧颖：《预防刑法的天然偏差与公共法益还原考察的化解方式》，载《政治与法律》2020年第9期。

② 参见时延安：《刑法规范的结构、属性及其在解释论上的意义》，载《中国法学》2011年第2期。

③ 参见焦艳鹏：《生态文明保障的刑法机制》，载《中国社会科学》2017年第11期。

质上的严重危害性,也因不符合污染环境罪"违反国家规定"的构成要件,而不能成立本罪,否则便是对罪刑法定原则的损害,也是对法律尊严与权威性的践踏。人类为了自身的生存和发展,必须以一种相对化的模式利用生态环境。此处所言之"相对化",指的是人类对生态环境的保护或者利用都并非绝对化模式,而是站在人类能够永续生存的视角,在自然环境自净能力范围内利用生态环境。这也就意味着,人类为了生存与发展而对自然环境的利用,可能会在一定程度上对生态环境造成污染与损害,但这种污染与损害在自然环境自净能力范围之内。生态环境是一个具有自净能力的循环系统,人类自诞生起就在利用自然环境的自净能力。工业革命之前,生态环境有足够的能力净化人类排放的污染物,彼时法律并无必要设置专门标准用以规定人类向生态环境中排放的污染物数量、种类等。但工业革命之后,生产力迅速发展,人类对自然界的利用达到前所未有的程度,向自然界排放的有害物质也呈现爆发式增长态势。如果法律对人类的排污行为不加限制,则人类排放的污染物将会很快超出自然环境自净能力的极限,从而使人类因自然环境的极端恶化而走向灭亡。因此,法律需要制定标准限制人类的污染物排放行为。这就需要行政法律规范根据污染物特质、不同环境介质的性质等进行专业判断,制定明确的标准,限制排放污染物的种类、数量、地点等①,以将人类的排污行为限制在不影响生态环境的平衡和稳定发展的范围内。② 排污行为在超出行政法律规范所确定的标准时,才具有行政违法性;在严重超出行政法律规范所确定的标准并符合刑法规定时,即因同时违反行政法律规范和刑法而具有双重违法性。因为刑事违法性与行政违法性相比,是违法性程度更高的行为,所以未违反国家规定即不具有行政违法性的行为必然不具有刑事违法性,从而不构成

---

① 李兴锋:《排污许可法律制度重构研究——环境容量资源配置视角》,载《中国地质大学学报(社会科学版)》2016年第2期。

② 参见石亚淙:《污染环境罪中的"违反国家规定"的分类解读——以法定犯与自然犯的混同规定为核心》,载《政治与法律》2017年第10期。

第五章　预防性刑法的具象考察与模式革新（中）

污染环境罪。

另一方面，排放有害物质的行为违反国家规定，也不必然构成污染环境罪。根据行政违法行为与刑事违法行为的区别，可将行政违法行为分成两类。第一类是和刑事违法行为存在非本质区别的行政违法行为。此类行政违法行为指的是违反了行政管理秩序且对刑法所保护的法益造成侵害或者侵害危险的违法行为。第二类是和刑事违法行为存在本质区别的行政违法行为。此类行政违法行为指的是仅违反行政管理秩序但并未对刑法所保护的法益造成侵害或者侵害危险的违法行为。对第一类行政违法行为而言，违反行政管理秩序行为造成的法益侵害或法益侵害危险符合刑法认定犯罪所要求的严重社会危害性时，行政违法就上升为刑事违法。因此，这类行政违法行为与刑事违法行为之间并不存在本质区别，仅存在"量"的区别。对第二类行政违法行为而言，违反行政管理秩序的行为不可能造成法益侵害或者法益侵害危险，也即不可能符合刑法认定犯罪所要求的严重社会危害性。因此，这类行政违法行为与刑事违法行为之间存在"质"的区别。此类行政违法行为仅侵害了单纯的行政管理秩序，无论程度如何严重，都不可能上升到刑事不法。[①] 排放有害物质的行为如果属于第二类行政违法行为，则尽管其符合"违反国家规定"的要件，但因不具有对生态法益的实质侵害性，也不应被认定为污染环境罪。例如，通过贿赂或者欺骗等不正当的手段获得了排污许可并实施排污行为，但排放的污染物在种类、数量、程度上都没有超出行政法律规范所确定的排污标准。此时，该排污行为具有行政违法性，但是不存在对生态法益的实质侵害性，不存在刑事违法性，不应被认定为污染环境罪。

现行《最高人民法院、最高人民检察院关于办理环境污染刑事案件适用法律若干问题的解释》第1条第8项之规定有混淆行政不法与刑事不法

[①] 参见房慧颖：《新型操纵证券市场犯罪的规制困局与破解之策》，载《华东政法大学学报》2022年第1期。

的嫌疑,存在不妥之处。根据该项规定,二年内曾因违反国家规定,排放、倾倒、处置有放射性的废物、含传染病病原体的废物、有毒物质受过二次以上行政处罚,又实施此类行为的,应当被认定为"严重污染环境",以污染环境罪论处。此处受到的行政处罚包括两种情况:一是排放、倾倒、处置有害物质的行为违反行政法律法规且造成法益侵害或者法益侵害危险,该行为在实质上侵害了生态法益;二是排放、倾倒、处置有害物质的行为虽违反行政法律法规,但并未造成法益侵害或者法益侵害危险,仅是因具有形式上的瑕疵而受到行政处罚。对于第一种情况而言,行为人的行为实际侵害了法益或者造成法益侵害危险,同时具备行政不法性与刑事不法性,以污染环境罪论处并无异议。对于第二种情况而言,仅因形式瑕疵而受到行政处罚的行为,例如通过贿赂、欺骗等不正当手段获得排污许可,但是排放污染物的数量、种类、程度并未违反行政法律法规所规定的标准,此时行为在实质上并未具备刑事可罚性所要求的程度。将两次因存在形式瑕疵而受到行政处罚的行为,等同于具备刑事违法性,混淆了行政不法与刑事不法的界限,使得一个本应只受到行政处罚的行为,在没有实际侵害法益或造成法益侵害危险的情况下,受到刑事制裁。这是《最高人民法院、最高人民检察院关于办理环境污染刑事案件适用法律若干问题的解释》对《刑法》第338条适用范围的不当扩张,违背了罪刑法定原则和比例原则,不当侵犯了公民自由和权利。

在此需要予以说明的是,"即使是相同的文字,如果所处的具体语境不同,所结合的具体事态不同,所实现的具体目的不同,也会具有不同的含义"①。行政法与刑法的适用条件、具体语境、规范事态、保护目的等各方面都存在差异,同一用语在行政法条文与刑法条文中的含义可能会有所区别,不能因用语相同而机械地将行政法所认定的违法行为等同于具备"违反国家规定"的刑事不法要件。例如,根据国务院《危险废物经营许可证管

---

① 张明楷:《行政违反加重犯初探》,载《中国法学》2007年第6期。

第五章 预防性刑法的具象考察与模式革新(中)

理办法》第 31 条的规定,处置是指危险废物经营单位将危险废物焚烧、煅烧、熔融、烧结、裂解、中和、消毒、蒸馏、萃取、沉淀、过滤、拆解以及用其他改变危险废物物理、化学、生物特性的方法,达到减少危险废物数量、缩小危险废物体积、减少或者消除其危险成分的活动,或者将危险废物最终置于符合环境保护规定要求的场所或者设施并不再回取的活动。显然,《危险废物经营许可证管理办法》作为行政法规,其所规定的"处置"含义不同于《刑法》第 338 条污染环境罪条文所规定的"处置"。污染环境罪条文中所规定的"处置",是与"倾倒""排放"行为并列的将有害物质作出向生态环境中的处理安排(包含废弃意思)。[①] 只有向环境介质中作出蕴含污染环境危险的处置行为,才有可能侵害生态法益并进而构成污染环境罪。而《危险废物经营许可证管理办法》中所言的"处置",指对危险废物作内部利用和处理行为或者将危险废物置于符合要求的场所或设施,其中并不含有侵害生态法益的可能性。现行《最高人民法院、最高人民检察院关于办理环境污染刑事案件适用法律若干问题的解释》第 18 条规定:"无危险废物经营许可证,以营利为目的,从危险废物中提取物质作为原材料或者燃料,并具有超标排放污染物、非法倾倒污染物或者其他违法造成环境污染的情形的行为,应当认定为'非法处置危险废物'。"此处,司法解释对污染环境罪条文中的"处置"作出了不同于行政法规中的解释。从危险废物中提取物质作为原材料或者燃料,即属于行政法规中所规定的处置行为,但是行政法规中有关处置行为的含义不能直接用于对刑法中污染环境罪的认定。只有当违法处置的行为造成环境污染的后果时,才能被认定为污染环境罪条文所规定的处置行为。这一解释严格区分了行政法与刑法相同用语在同一法治系统内的不同部门法要素之间的区别,具有合理性。

---

① 参见李尧:《如何界定污染环境罪中的"处置"行为》,载《中国检察官》2014 年第 4 期。

三、在法秩序统一性原理指导下建立环境污染事后修复机制

污染环境罪是公害犯罪,会对人类赖以生存的生态环境造成公害,而有公害就意味着有必要对被污染的生态环境进行修复。同时,污染环境罪具有累积性、隐蔽性、潜伏性,与普通犯罪不同,即使对环境的污染或破坏行为已经终结,行为所引发的生态环境损害也仍可能在持续。仅关注对污染环境犯罪行为人的刑罚处罚而忽视对被污染环境的修复,可能会对人类的长期利益带来不可挽回的损失。站在人类命运共同体的高度,具有公害性质的环境污染会影响到全人类的共同利益,因此对受损环境的修复比对犯罪人进行刑罚处罚更为迫切。① 对环境犯罪的应对绝不应止步于对犯罪人的刑罚处罚,弥补污染环境犯罪行为造成的环境损坏、重建美好生态、实现人与自然和谐共生,才是治理污染环境罪的终极目的。但是,仅凭刑法一己之力无法完成以上任务。为此,应在法秩序统一性理念的指导下建立起有成效的事后修复机制。

从宏观层面看,法律由公法和私法组成,而公法责任和私法责任的救济方式存在本质区别。明确对生态环境的修复责任是公法责任还是私法责任,是在法秩序统一性理念指导下建立环境污染事后修复机制的关键所在。欧盟《环境民事责任白皮书》提出了同时用私法手段和公法手段解决生态环境修复问题的观点。② 可见,污染环境罪的事后修复问题同时涉及公法和私法两方面的责任。③ 因此,在法秩序统一性理念的指导下建立环境污染事后修复机制时,也应区分公法方面的责任与私法方面的责任,双

---

① 参见孔梁成:《从"人类共同关切事项"到"人类命运共同体"——全球治理法学范式的升级和嬗变》,载《法学论坛》2021年第4期。
② 参见蔡守秋主编:《欧盟环境政策法律研究》,武汉大学出版社2002年版,第389—393页。
③ 参见魏汉涛:《刑事制裁与生态环境修复有机衔接的路径》,载《广西大学学报(哲学社会科学版)》2020年第5期。

第五章 预防性刑法的具象考察与模式革新(中)

管齐下,方能建立宽严适中、层次分明、成效显著的环境污染治理机制,在惩罚污染环境罪的同时,实现人类的永续生存与发展。

(一)公法方面:顶层设计中坚持环境修复优先原则

不同部门法的目标和优先方向存在差异。刑法的目标是打击犯罪、保护人民,追究犯罪人刑事责任是刑法优先追求的方向。而环境保护法的目标是实现对生态环境的有效保护,也即保护生态环境是环境保护法优先追求的方向。污染环境犯罪行为发生之后,行为人不仅需要承担刑事责任,还可能需要承担行政责任、民事责任等,而刑事责任中的罚金、行政责任中的罚款、民事责任中的侵权损害赔偿等,都和行为人经济状况密切相关,且彼此之间存在重叠甚至冲突。如果不妥善处理各部门法之间的关系,则会导致各部门法各自为政,甚至彼此之间发生冲突,在环境污染事后修复方面,就无法实现刑事制裁与环境修复二者之间的有效衔接。而妥善处理刑法和环境保护法在环境污染事后修复方面的关系,建立起二者之间的有效衔接机制,关键是在部门法之上确立一个共同遵守的原则,也即明确相关责任的承担位阶,以化解彼此之间的冲突。笔者认为,在法秩序统一性理念的指导下建立环境污染事后修复机制时,应遵守环境修复优先原则。

第一,从人类命运共同体角度出发,生态环境的破坏会危及全人类共同命运,应将环境修复放在最优先位置。根据国家利益大于集体利益、集体利益大于个人利益的价值取向,生态环境的破坏危及全人类的共同命运,理应被置于最重要的位置得到优先保障。因此,应在法秩序统一性理念的指导下,遵守环境修复优先原则,确保遭受损害的生态环境能够被尽快、优先修复。"绿水青山就是金山银山",修复受损的生态环境,就是保护全人类的生命、健康和财产,是保护全人类共同命运的需要。从这个意义上来说,环境修复优先原则是人类命运共同体理念在生态环境领域的具体体现,人类命运共同体理念和环境修复优先原则一脉相承。

第二,在刑事、行政、民事多种责任发生竞合的场合,遵守环境修复优先原则可以有效化解各部门法之间的矛盾与纷争。在刑事、行政、民事等多种不同性质责任发生竞合的场合,如果不确立竞合处理原则,设立不同性质责任之间的位阶,就会出现不同责任间的适用混乱。按照一贯的刑事责任优先的传统,司法机关往往重视对行为人刑事责任的追究而轻视对受损生态环境的修复。同时,如果不为行为人需要承担的刑事责任中的罚金、行政责任中的罚款、民事责任中的侵权损害赔偿等设定先后顺序,司法实务中就可能出现判决和执行不统一的局面。环境修复优先原则能够有效化解上述矛盾与纷争,实现污染环境刑事责任追究与生态环境修复责任之间的有机衔接,促成法治系统内部各部门法之间的和谐与衡平。

(二)私法方面:健全污染环境罪刑事附带民事诉讼机制

"经过近40年的探索,我国针对环境侵权的实践已不再局限于传统侵权法的思路或者满足于临时性的救急措施,而是逐渐建立起应对环境侵权的综合法律体系和司法制度,并不断完善了部门法之间的协调关系。"[①]在法秩序统一性原则的指导下,对污染环境罪的刑事治理应当和《民法典》所确立的环境污染责任相衔接,以便形成多维度与多层次的归责设置,有效实现对受损生态环境的修复。当然,刑事责任与民事责任二者的衔接,并不是指刑法归责原则和民法归责原则的等同。民法领域的环境污染责任是严格责任,但是在刑法领域贯彻严格责任是对刑法主客观相统一原则的悖逆。刑法归责原则和民法归责原则的衔接,指的是民法严格责任和刑法过错责任之间层次分明的位阶关系。在污染环境治理领域,刑法的作用体现为对行为人刑事责任的追究,即惩罚和矫治犯罪人,而民法的作用体现为事后的损害填补,即弥补污染环境罪对生态环境造成的损害,二者的作用恰好形成互补关系。

《民法典》第 9 条规定:"民事主体从事民事活动,应当有利于节约资

---

① 吕忠梅、窦海阳:《以"生态恢复论"重构环境侵权救济体系》,载《中国社会科学》2020 年第 2 期。

第五章　预防性刑法的具象考察与模式革新（中）

源,保护生态环境。"这一规定在民法学界被称为"绿色原则"。绿色原则不应仅在民法体系内产生影响,在法秩序统一性视野中,民法中绿色原则的贯彻落实离不开行政法与刑法的保障。同时,民法中绿色原则的贯彻落实反过来可以促进污染环境行为所造成的生态环境损害的修复,从而在法秩序统一性原则指导下建立环境污染事后修复机制。① 环境污染事后修复机制,在私法方面,表现为民事责任与刑事责任之间层次分明的衔接,具体落实到污染环境罪刑事附带民事诉讼的运行与推进。

《民法典》第1235条确定了环境公益诉讼中的损害赔偿范围。② 根据《民法典》第1235条之规定,国家规定的机关或法律规定的组织有权提起公益诉讼,请求侵权人赔偿损失。同时,根据相关司法解释的规定③,检察院对破坏环境资源等公害行为提起刑事诉讼时,可以一并提起附带民事公益诉讼,对于检察院一并提起的附带民事公益诉讼,应由法院同一审判组织审理。对实施污染环境犯罪行为的行为人,除追究其刑事责任外,一并追究其损害赔偿责任。因此,附带民事公益诉讼可以视为对污染环境罪事前预防型规制模式的补充,有利于填补刑罚处罚不能实现环境污染修复的漏洞,有利于实现对生态环境的事后及时修复,有利于节约司法资源,有利于在法秩序统一性原则的指导下促进环境保护法治系统的建构和运行。

根据《民法典》第1235条之规定,环境公益诉讼的提起方式包括独立民事公益诉讼方式和刑事附带民事公益诉讼方式。对于环境污染事后修复机制的建构而言,后一种方式更为可取。原因在于,独立民事公益诉讼

---

① 参见于改之:《法域冲突的排除:立场、规则与适用》,载《中国法学》2018年第4期。
② 《民法典》第1235条规定:"违反国家规定造成生态环境损害的,国家规定的机关或者法律规定的组织有权请求侵权人赔偿下列损失和费用:(一)生态环境受到损害至修复完成期间服务功能丧失导致的损失;(二)生态环境功能永久性损害造成的损失;(三)生态环境损害调查、鉴定评估等费用;(四)清除污染、修复生态环境费用;(五)防止损害的发生和扩大所支出的合理费用。"
③ 具体指2020年12月29日发布的最高检、最高法《关于检察公益诉讼案件适用法律若干问题的解释》第20条。

中,原告调查权优先会导致相关证据的取得存在很大困难。但是,在刑事附带民事公益诉讼中,刑事诉讼中获取的证据同时能够作为附带的民事诉讼中的证据,来作为民事侵权行为事实的证明。同前一种方式相比,后一种方式能够较为显著地减少证据的调查核实工作,更有利于对污染环境行为的证明和实现对环境污染侵权损害赔偿的诉求。①"刑事案件已经依法认定的事实和证据一般可以作为刑事附带民事公益诉讼案件的免证事实和证据。而对于刑事案件未予认定的事实和证据,如经审理认为达到民事诉讼规定的证据标准的,亦应依法予以确认。"②鉴于污染环境犯罪存在累积性、隐蔽性、潜伏性,单纯运用刑罚手段难以达成对抗犯罪之效果,必须兼采民事修复和赔偿等方式才可以真正地达到保护生态环境的功效。以上综合运用刑法对污染环境犯罪行为的刑罚制裁与民法对环境污染事后修复功效的方式,有利于提高诉讼效率,有利于增强对污染环境犯罪行为人的震慑从而遏制环境污染行为,也有利于实现对被污染环境的治理和修复。

在污染环境刑事附带民事诉讼中,追究行为人的民事损害赔偿责任时,面临的一个重要问题便是如何合理确定环境损害赔偿的费用。与传统犯罪不同,污染环境罪的受害人通常难以对危害行为的程度、内容以及发生过程等具有直观感受或者明确认识。同时,污染环境罪所造成的危害具有累积性、隐蔽性、潜伏性,较难明确犯罪发生的原因、侵害事实和结果等,且污染环境罪的侵害范围通常较广、受害人众多。污染环境罪的上述特征导致被害人在寻求环境损害赔偿时存在巨大困难。尽管《民法典》第1235条对环境损害赔偿范围作了明确规定,但是在司法实践中,对环境损害赔偿费用的认定仍然存在困难,而困难存在的主要原因在于对环境损害程度的鉴定难问题。环境损害既包括对环境要素的损害,也包括整体环境系统

---

① 参见刘加良:《刑事附带民事公益诉讼的困局与出路》,载《政治与法律》2019年第10期。
② 刘艺:《刑事附带民事公益诉讼的协同问题研究》,载《中国刑事法杂志》2019年第5期。

第五章 预防性刑法的具象考察与模式革新（中）

功能退化。① 环境要素相对具体,对其损害程度可以通过测量或观察而得出结论,因此对其损害鉴定相对容易;整体环境系统功能具有抽象性,难以通过测量或观察确定其损害程度,因此对其损害鉴定相对困难得多。②"对于大多数生态环境损害案件而言,如果不进行专业化的生态环境损害鉴定评估,便很难证明损害是否存在、损害的程度以及损害即将发生。"③因此,健全污染环境罪刑事附带民事诉讼机制,必须借由对相关技术手段和相关法律制度的完善,实现对环境损害程度的准确鉴定。

（三）小结

面对日益严峻的环境污染现状,运用法律治理机制加强对生态环境的保护,构建层次分明、轻重有序、宽严适中、效果显著的污染环境犯罪的法律治理机制是法治建设的应有之义。《刑法修正案（八）》和《刑法修正案（十一）》对污染环境罪进行了两次重要修改,体现出适用范围扩大、处置时间提前、入罪门槛降低、法定刑升高的预防主义趋势。预防主义治理模式在遏制污染环境犯罪行为的同时,也面临着司法认定和适用效果方面的一系列纷争和难题。解决污染环境罪的认定这一实践问题,并非仅靠根据刑事政策需要而权宜性地尽量多纳入各种需处理的解释情形就能解决,而是要相对明晰地回答作为集体法益的生态法益应如何定位以及采取何种入罪形态、如何确定主观罪过才合适的教义学问题。④

生态法益作为集体法益,是对法益范围的扩张,其正当性的基础取决于是否围绕公民个人权益形成。人类本位的生态法益观并非单纯证立国家刑罚权的扩张,而是立基于对公民个人人身与财产利益的保护,承认生

---

① 参见 2017 年中共中央办公厅、国务院办公厅发布的《生态环境损害赔偿制度改革方案》。
② 参见吕忠梅、窦海阳:《以"生态恢复论"重构环境侵权救济体系》,载《中国社会科学》2020 年第 2 期。
③ 曹明德:《检察院提起公益诉讼面临的困境和推进方向》,载《法学评论》2020 年第 1 期。
④ 参见李川:《二元集合法益与累积犯形态研究——法定犯与自然犯混同情形下对污染环境罪"严重污染环境"的解释》,载《政治与法律》2017 年第 10 期。

态环境超越公民个人人身与财产利益的实存地位。在人本主义的生态法益观视野下,生态环境因对人类生存发展的重要作用而具有被刑法独立保护的价值,与人类发展密切相关的人身财产要素完全割裂的生态法益缺乏被保护的正当性与意义。[①] 污染环境罪的犯罪形态为抽象危险犯。抽象危险犯的设立代表着国家刑罚权的扩张与公民自由的限缩,为了防止刑法不当限制公民自由,需要通过对污染环境行为侵犯个体法益的抽象危险判断,形成对污染环境罪抽象危险犯认定的限制过滤。如果某种污染环境行为只是对侵犯生态法益具有抽象危险,但是缺乏形成侵犯公民人身与财产法益的抽象危险的逻辑进路与具体经验,则不宜被认定为侵犯人本主义的生态法益的污染环境罪。符合污染环境罪行为构成要件的污染环境行为的实施,即意味着"严重污染环境"这一结果构成要件的满足。当行为人明知自己排放、倾倒、处置有害物质的行为违反国家规定,仍有意为之,则行为人对自己行为所造成的"严重污染环境"后果至少存在间接故意而非过失。

生态环境污染的治理需要刑法机制,但治理环境污染不能仅凭刑法的一己之力,刑法是整体法规范的一部分,法治系统中各关联要素之间既有功能区分又有价值连接。我们需要在法秩序统一视野下审视刑法机制与行政法、民法等部门法机制之间的关系,充分发挥各部门法在治理污染环境违法犯罪方面的功效,以形成层次分明、轻重有序、宽严适中、效果显著的污染环境犯罪的法律治理机制。

---

① 参见房慧颖:《预防性刑法的风险及应对策略》,载《法学》2021年第9期。

第六章

预防性刑法的具象考察与模式革新(下)
——对数据犯罪预防性规制模式的考察与革新

根据我国《数据安全法》第3条的规定,数据是指任何以电子或者其他方式对信息的记录。数据与信息二者系内容与载体的关系,信息的载体是数据,数据表达的内容是信息,数据与信息的内涵并非泾渭分明。① 伴随大数据与人工智能技术的飞速发展,信息处理速率显著提升,数据的潜能被无限挖掘出来。② 在当今的大数据时代,数据并非仅仅是与公民个人隐私、人格相关的个人信息,而已成为社会运转必不可少的动力与新型生活方式的载体。③ 例如,数据的获取、分析与使用是万物互联的物联网正常运转的前提,缺少安全可靠的数据"燃料",自动驾驶将沦为空谈。甚至有学者提出,在当代社会,最关键的商品是信息,而作为实物的产品只是信息运动偶然得出的结果。④ 可见,数据已成为增强社会创造力和市场活力的

---

① 参见于改之:《从控制到利用:刑法数据治理的模式转换》,载《中国社会科学》2022年第7期。

② 参见〔英〕维克托·迈尔-舍恩伯格、肯尼思·库克耶:《大数据时代》,盛杨燕、周涛译,浙江人民出版社2013年版,第130—131页。

③ 参见〔美〕詹姆斯·格雷克:《信息简史》,高博译,人民邮电出版社2013年版,第5页。

④ 参见〔加拿大〕马歇尔·麦克卢汉:《理解媒介:论人的延伸》,何道宽译,译林出版社2019年版,第255页。

重要战略性资源。[①]

基于数据的基础性价值,数据治理成为全球各个国家的共同任务,破坏数据安全、妨碍数据资源利用的行为已成为全球"公敌"。为了保障数据安全、释放数据价值,各个国家持续出台新的立法,英国、法国、德国、意大利、美国、俄罗斯、日本等多个国家纷纷制定数据安全法规、战略、政策等。[②] 同样,我国近年来也制定了《网络安全法》《数据安全法》《个人信息保护法》等多部专门性法律,为数据安全体系的建设提供了法律保障与制度支撑。在数据犯罪的刑法治理方面,刑事法网日益严密、行为类型日益增加、处罚节点整体前置成为基本趋势。

在数据违法犯罪治理水平逐渐提升的同时,非法获取、滥用数据的行为仍屡禁不止,且手段层出不穷、花样不断翻新,严重危害社会稳定和经济发展。[③] 不可否认,尽管刑法规制数据犯罪的力度在不断增强,但仍存在体系性不足与系统性缺陷,导致数据犯罪刑法治理在立法层面和司法层面都面临尴尬境地。过于严厉的刑法规制手段可能会阻碍新技术的发展和数据的利用与共享,而过于宽松的刑法治理模式又无法真正实现对数据安全的保障。因此,如何建构规制数据犯罪的严而不厉的刑事法网,在有效维护社会治理、保障数据安全的同时,促进数据利用与共享、推动科技进步与社会发展,是刑法学亟须解决的重要问题。[④] 本章将对我国数据犯罪刑法规制现状进行系统性研判,明晰现行刑法对数据犯罪的规制不足,并对我国数据犯罪刑法规制体系的立体化建构提出基本思路。

---

① 参见刘权:《数据安全认证:个人信息保护的第三方规制》,载《法学评论》2022年第1期。
② 参见〔英〕维克托·迈尔-舍恩伯格、肯尼思·库克耶:《大数据时代》,盛杨燕、周涛译,浙江人民出版社2013年版,第123—126页。
③ 参见董凡超:《全国公安机关深入推进"净网2021"专项行动 侦办侵犯公民个人信息等网络犯罪6.2万起》,载《法治日报》2022年1月6日第2版。
④ 参见何渊主编:《数据法学》,北京大学出版社2020年版,第18页。

第六章 预防性刑法的具象考察与模式革新（下）

第一节 数据犯罪预防性规制模式的现状梳理

一、数据犯罪的刑法规制现状

我国已出现以数字经济为引领的新经济形态，近年来，我国的数据规模以几何级数爆发和增长，为经济和社会的发展带来了巨大效益，注入了新动能。2022年《政府工作报告》中提出，加强数字中国建设整体布局。实体经济与数字经济的融合，极大地推动了数字产业化和产业数字化，这在促进经济高质量发展的同时，对国家治理模式的调整也提出了新要求。2021年国务院发布的《"十四五"数字经济发展规划》提出，进一步建立与完善和数字经济发展相适应的法律法规体系。数据资源是数字经济的关键要素，实现数字经济的有规制发展，首先要规范数据的采集、存储、流转、利用行为。当前，数据的采集、存储、流转、利用等环节仍存在巨大安全风险，例如，医疗、生物识别等特殊敏感的高价值数据泄露风险加剧；数据的非法获取行为会侵犯公民的隐私，进而威胁公民的人身、财产安全；数据的非法跨境流转会给国家安全带来隐患。[①] 发挥刑法的社会保护机能，构建保护数据资源的刑事法治规则体系，是增强大数据时代数字经济风险防控能力的重要路径，也是实现国家治理能力现代化的时代课题。

对于上述侵犯数据安全的行为，如果刑法介入规制的时间过晚，则无法有效应对数据安全风险倍增的局面，从而无法实现有效的社会治理；但是如果刑法介入规制的时间过早，则有违刑法谦抑性，出现重刑主义、猛药治疴的负面效应，甚至可能会阻碍数字科技的发展。显然，采用单一刑法手段规制数据犯罪的单向度国家监管模式存在很大局限性，容易陷入进退两难的"僵死"局面，且规制效果难彰。

---

① 参见贾宇：《数字经济刑事法治保障研究》，载《中国刑事法杂志》2022年第5期。

因此,既要充分发挥刑法治理数据犯罪的功效以实现保护社会的机能,又要避免因刑法过度介入社会治理而对经济发展和科技进步形成阻碍,这就需要我们探索以保护数据安全、促进数据利用为核心的数据犯罪治理新机制。① 具体而言,如何应对单一刑法手段规制数据犯罪的局限性,实现企业内控机制与国家监管规则之间的功能化互动②,为数据犯罪治理提供充足的外部制度补给予支撑,以及如何准确把握刑法介入数据犯罪治理的时机,在实现对数据犯罪治理"到位"的同时避免刑法过度介入社会治理的"越位"现象,是立法者、司法者和研究者共同面临的不可回避的重要议题,也是本章着重探讨和力图解决的问题。

目前,我国刑法中尚不存在以数据法益为规制核心的罪刑规范体系,有关数据犯罪的条文,分散于刑法分则的各个章节中。总结而言,我国刑法对数据犯罪的规制,主要集中于对破坏数据真实性、破坏数据完整性、破坏数据保密性等行为方式的制裁。

其一,刑法对破坏数据真实性行为的规制。例如,《刑法》第142条之一妨害药品管理罪,药品申请注册中提供虚假的证明、数据、资料、样品或者采取其他欺骗手段的;《刑法》第160条欺诈发行证券罪,在招股说明书、认股书、公司、企业债券募集办法等发行文件中隐瞒重要事实或者编造重大虚假内容;《刑法》第181条第1款编造并传播证券、期货交易虚假信息罪,编造并且传播影响证券、期货交易的虚假信息;《刑法》第291条之一第1款编造、故意传播虚假恐怖信息罪,编造爆炸威胁、生化威胁、放射威胁等恐怖信息,或者明知是编造的恐怖信息而故意传播;《刑法》第291条之一第2款编造、故意传播虚假信息罪,编造虚假的险情、疫情、灾情、警情,在信息网络或者其他媒体上传播,或者明知是上述虚假信息,故意在信息网络或者其他媒体上传播。

---

① 参见于改之:《从控制到利用:刑法数据治理的模式转换》,载《中国社会科学》2022年第7期。
② 参见敬力嘉:《个人信息保护合规的体系构建》,载《法学研究》2022年第4期。

第六章 预防性刑法的具象考察与模式革新(下)

其二,刑法对破坏数据完整性行为的规制。例如,《刑法》第134条之一危险作业罪,在生产、作业中违反有关安全管理的规定,篡改、隐瞒、销毁其相关数据、信息;《刑法》第181条第2款诱骗投资者买卖证券、期货合约罪,伪造、变造、销毁证券期货交易记录;《刑法》第286条破坏计算机信息系统罪,违反国家规定,对计算机信息系统中存储、处理或者传输的数据和应用程序进行删除、修改、增加的操作。

其三,刑法对破坏数据保密性行为的规制。例如,《刑法》第180条泄露内幕信息罪,泄露内幕信息;《刑法》第219条侵犯商业秘密罪,以不正当手段获取权利人的商业秘密;《刑法》第253条之一侵犯公民个人信息罪,窃取或者以其他方法非法获取公民个人信息的;《刑法》第282条非法获取国家秘密罪,以窃取、刺探、收买方法,非法获取国家秘密;《刑法》第285条第2款非法获取计算机信息系统数据罪,违反国家规定,侵入前款规定以外的计算机信息系统或者采用其他技术手段,获取该计算机信息系统中存储、处理或者传输的数据;《刑法》第431条非法获取军事秘密罪,以窃取、刺探、收买方法,非法获取军事秘密。

二、数据犯罪的刑法规制特点

通过以上对数据犯罪罪刑规范体系的梳理可以看出,我国刑法对数据犯罪的规制呈现出"数据"内涵的口袋化、对滥用数据行为规制的前置化与规制类型的片面化等特征。

第一,数据犯罪的刑法治理呈现出"数据"内涵口袋化的特征。随着科技发展和大数据时代的来临,数据安全逐渐成为具有刑法保护需求的全新法益类型。[①] 但是,数据犯罪不仅包括侵害数据安全这一新型法益的犯罪,而且包括传统犯罪的异化类型,即以数据为工具、媒介侵犯传统法益的

---

① 参见杨志琼:《非法获取计算机信息系统数据罪"口袋化"的实证分析及其处理路径》,载《法学评论》2018年第6期。

犯罪类型。2011年8月1日发布的《最高人民法院、最高人民检察院关于办理危害计算机信息系统安全刑事案件应用法律若干问题的解释》第11条规定:"本解释所称'计算机信息系统''计算机系统',是指具备自动处理数据功能的系统,包括计算机、网络设备、通信设备、自动化控制设备等。"上述司法解释将具备自动处理数据功能定义为计算机系统的本质内涵,从而扩大了数据载体的范围。① 正因如此,"数据"逐渐变得包罗万象。例如,在司法实践中,出现了将盗窃虚拟财产的行为认定为非法获取计算机信息系统数据罪的案例。② 换言之,目前实践中并未区分侵害数据安全法益的犯罪和以数据为工具、媒介的侵犯传统法益的犯罪,而是把侵害数据安全法益的新型犯罪与传统犯罪异化类型的犯罪混为一谈,"数据"的内涵与外延模糊不清。

第二,数据犯罪的刑法治理呈现出对滥用数据行为规制前置化的特征。危险行为造成对法益的威胁,即可认定刑事不法存在,这是风险社会中风险预防理念在刑法领域的体现,也是预防刑法观的立足之本。③ 刑法对数据犯罪的规制,体现出事前预防的特征,即通过对非法获取数据或者泄露数据行为的打击,预防数据滥用行为所带来的危害后果。例如,《刑法》第253条之一侵犯公民个人信息罪,规制的行为是非法获取、非法向他人出售或提供公民个人信息的行为。但立法者设立侵犯公民个人信息罪的实质理由在于,公民个人信息往往与公民的人身利益或者财产利益直接相关、密切联系,通过刑事立法上对公民个人信息权利的保护,可以前置性地、间接地保护公民的人身权利、财产权利。换言之,刑事立法通过规制非法获取、出售、提供公民个人信息的行为,可以达到切断下游滥用公民个人

---

① 参见田刚:《大数据安全视角下计算机数据刑法保护之反思》,载《重庆邮电大学学报(社会科学版)》2015年第3期。
② 参见(2017)浙0382刑初1244号。
③ 参见〔德〕乌尔里希·齐白:《全球风险社会与信息社会中的刑法:二十一世纪刑法模式的转换》,周遵友、江溯等译,中国法制出版社2012年版,第208页。

信息的犯罪行为,从源头上保护公民人身权利、财产权利的目的。再如,《刑法》第134条之一危险作业罪,规制的行为是篡改、隐瞒、销毁相关数据、信息的行为。实质上,危险作业罪的规范保护目的在于通过对相关数据、信息真实性、完整性、可用性的保护,排除重大隐患,防范重大事故危险的现实化。

第三,数据犯罪的刑法治理呈现出规制类型片面化的特征。由前述可知,我国刑法对数据犯罪的治理,主要集中于规制编造、传播虚假数据的行为,非法获取或泄露真实数据的行为,以及删除、篡改、隐瞒、销毁数据的行为等,也即刑法对数据犯罪的治理重点集中于数据获取阶段而非数据利用阶段。换言之,刑法主要关注上游和中游的数据转移与流动,而忽略了下游对数据加以非法处理、利用的行为。例如,刑法过于强调数据获取行为的非法性,导致合法获取但非法利用数据行为的刑法认定,处于无法可依的尴尬境地。但是,数据的获取、泄露等行为只是犯罪链条的起点与发端,而通过滥用数据获得非法利益,往往才是数据犯罪产业链的落脚点与最终目的。可见,目前刑法对数据犯罪的规制链条并不完整,具有明显的片面化特征。

三、数据犯罪刑法规制模式呈现的趋势

数据犯罪刑法治理模式呈现出预备行为实行化、共犯行为正犯化、公民刑法义务增加等预防性趋势。有效应对社会风险和满足公众的安全期待,是数据犯罪刑法治理模式呈现出预防性趋势的动因。

(一)数据犯罪刑法治理模式呈现出预防性趋势

《数据安全法》第3条规定,数据是指任何以电子或者其他方式对信息的记录。数据与信息二者系内容与载体的关系,数据是信息的载体,信息

是数据表达的内容,二者并非泾渭分明。① 1997年《刑法》颁布之初,我国的信息化建设处于起步阶段,《刑法》中只规定了非法侵入计算机信息系统罪;随着我国信息技术的高速发展,信息化向智能化转型迭代,立法者通过刑法修正案的方式,增加了非法获取计算机信息系统数据、非法控制计算机信息系统罪,提供侵入、非法控制计算机信息系统程序、工具罪,拒不履行信息网络安全管理义务罪等有关侵犯计算机信息系统和网络安全的罪名。除此之外,为了打击大数据时代中的新型犯罪,《刑法修正案(九)》针对恐怖主义数字化的趋势,增设了相关的恐怖犯罪;针对编造有重要影响的虚假信息的情况,增设了编造、故意传播虚假信息罪;针对侵犯公民个人信息的行为,修改完善了侵犯公民个人信息罪。《刑法修正案(十一)》针对侵犯商业秘密行为的新情况,修改完善了侵犯商业秘密罪;在新增的危险作业罪条文中明确规定,对篡改、隐瞒、销毁有关生产安全数据的行为进行处罚。无论立法者通过刑法修正案新增罪名抑或对原条文进行修改完善、扩大处罚范围,都体现出刑法以扩张的姿态介入到社会生活中,以提前干预与预防的手段实现保护社会的机能。具体表现如下:

其一,预备行为实行化。《刑法修正案(七)》增设非法获取计算机信息系统数据、非法控制计算机信息系统罪。应当看到,非法获取计算机信息系统数据和非法控制计算机信息系统的行为,尚未实现危险的现实化,也即尚未出现侵害法益的实际后果,而是作为行为人实施其他犯罪行为的预备行为。立法者通过刑法修正案的方式将原本作为其他犯罪预备行为的行为规定在刑法分则条文中,赋予其实行行为的形式和意义,即是刑法预防性趋势的典型表现。《刑法修正案(九)》增设的非法利用信息网络罪,也是赋予预备行为以实行行为的形式和意义,使之独立成罪。预备行为与法益侵害结果之间存在密切联系,立法者通过预备行为实行化的立法逻辑,

---

① 参见于改之:《从控制到利用:刑法数据治理的模式转换》,载《中国社会科学》2022年第7期。

第六章 预防性刑法的具象考察与模式革新（下）

也即通过在行为过程的前阶段阻断预备行为，实现对法益的间接性、前置性保护，达到阻止危害结果发生的目的，有效实现对法益侵害结果的预防。与之类似，《刑法修正案（十一）》增设危险作业罪，通过制裁篡改、隐瞒、销毁相关生产安全数据的行为，保护生产安全数据的真实性、完整性、可用性，来达到排除重大生产安全隐患，防范重大事故发生的目的。

其二，共犯行为正犯化。《刑法修正案（九）》增设帮助信息网络犯罪活动罪，赋予原本属于共犯范畴的帮助行为以正犯的形式和意义。对于帮助信息网络犯罪活动罪，有学者提出，应将其理解为量刑规则。① 对于此观点，学界存在较大争议。但无论是将帮助信息网络犯罪活动罪条文理解为独立犯罪，还是理解为量刑规则，都可以在一定程度上摆脱帮助行为的定罪量刑对被帮助行为定罪量刑的依赖，弥补传统共犯理论在应对不断异化的数据犯罪共犯时的不足。②

其三，公民刑法义务的增加。《刑法修正案（九）》增设拒不履行信息网络安全管理义务罪，利用刑法的强制性，强化网络服务提供者的信息网络安全管理义务，来达到维护信息网络安全的目的。信息网络安全管理义务本属行政义务的范畴，《刑法修正案（九）》通过增设新罪名，将原本属于公民行政义务的内容上升到刑法义务。赋予网络服务提供者在面对海量数据信息时对相关数据信息进行审查、甄别的行政义务，本身就可能对网络运营造成妨碍③，而将这种行政义务上升为刑法义务，更是立法者在网络运营效率和数据信息安全之间做出的侧重维护数据信息安全的抉择。显然，拒不履行信息网络安全管理义务罪是纯正不作为犯，其可罚性根据在于，当法益面临巨大危险时，处于保证人地位的行为人如不及时消除危险，将会造成难以挽回的重大损失。④ "义务应当在何处止步是社会哲学所面

---

① 参见张明楷：《论帮助信息网络犯罪活动罪》，载《政治与法律》2016 年第 2 期。
② 参见贾宇：《数字经济刑事法治保障研究》，载《中国刑事法杂志》2022 年第 5 期。
③ 参见周光权：《转型时期刑法立法的思路与方法》，载《中国社会科学》2016 年第 3 期。
④ 参见张明楷：《刑法学》（第五版·上），法律出版社 2016 年版，第 147 页。

临的一项最艰巨的课题。"①尽管立法者对网络服务提供者的入罪条件作出了相应限制,但不可否认,该罪的设立仍是对信息网络服务者刑法作为义务的增加。这超越了传统刑法事后回应型的体系定位,而是预防性刑法的典型表现。

(二) 数据犯罪刑法治理模式呈现出预防性趋势的动因

在探寻数据犯罪刑法治理模式呈现预防性趋势的动因时,必须从宏观的视角出发,综合考量国家治理模式、刑事法治的发展阶段、犯罪治理的现实需求等诸种因素。"社会不是以法律为基础的。那是法学家们的幻想。相反地,法律应该以社会为基础。"②刑法应当敏感感知社会生活的变化,认清在不同时代承担的不同使命。如何妥当地实现对数据安全的保护,是刑法在大数据时代面临的重要课题。

应对社会风险是数据犯罪刑法治理模式呈现出预防性趋势的动因之一。在大数据时代,数据资源是数字经济发展的关键要素,对于数据资源的侵害会在根本上危害数字经济的发展。在数据犯罪链条化、产业化的大背景下,侵犯数据法益的犯罪不仅是对数据本身的破坏,而且可能成为其他上游犯罪、伴随犯罪的预备行为或者帮助行为。例如,侵犯公民个人信息的行为不仅是对公民隐私信息等的侵犯,而且可能会对公民的人身权、财产权造成威胁甚至实际的侵害。与侵犯传统法益的犯罪相比,侵犯数据法益犯罪的危害性往往会在网络时代、大数据时代的放射效应影响之下,呈现倍增性、规模化、扩散化特征,从而倒逼传统刑法治理犯罪的格局作出转型。数据包容国家利益、公共利益、个人利益等多元价值,而除了极少数条文(如《刑法》第 285 条第 2 款)之外,《刑法》并未专门对数据进行保护,更遑论对数据法益的全流程保护。然而,民法与行政法承认数据安全法益作为新型法益的法律地位,这使得刑法对数据法益进行独立保护的必要性

---

① 〔美〕富勒:《法律的道德性》,郑戈译,商务印书馆 2005 年版,第 15 页。
② 《马克思 恩格斯 列宁 论意识形态》,人民出版社 2009 年版,第 31 页。

凸显。同时,在大数据技术引发科技变革、数字经济重塑社会经济形态的背景下,刑事法治重塑对数据法益的保护也在所难免。为此,传统刑法作出了相应调整,以预防性的姿态应对社会风险,保护数据法益。

满足公众的安全期待是数据犯罪刑法治理模式呈现出预防性趋势的动因之二。在大数据时代,新型犯罪的规模化、扩散化效应以及对新型犯罪的不可预测性,使得公众的安全焦虑史无前例地增强。卢梭提出的社会契约论表明,国家权力形成的前提是公民让渡出自由,而公民让渡自由的目的是获得更多、更稳定的自由。"这里所讲的自由,本质上应该是安全。"[1]因此,公众对于安全的诉求和渴望,会一定程度上体现在国家权力的表现形式之一——刑事政策乃至刑事立法中。数据安全事故发生后可能造成的规模化、扩散化危害后果强烈销蚀着公众的安全感,也冲击着社会的平稳与秩序。同时,传媒技术的发达,使得公众感知风险的途径增多,也容易让公众在主观上加剧对风险的担忧。公民个人没有足够的力量直接抗衡侵犯其权利的组织体的力量,从而迫切希望国家采取强有力的手段控制和预防社会风险[2],而国家有义务以国家的强制力量实现对公民自由与权利的保护。作为社会治理工具,采用预防性姿态防范社会风险、维护社会治理、保护社会安全便成为刑法的不二选择。

第二节　数据犯罪预防性规制模式的困境研判

一、力所不逮:数据犯罪预防性规制模式面临的困境之一

随着大数据时代的来临,现实中滥用数据实施违法犯罪的行为有增无减。非法获取、泄露数据的行为是滥用数据的前置行为,与非法获取数据

---

[1] 姜涛:《为风险刑法辩护》,载《当代法学》2021年第2期。
[2] 参见高铭暄、孙道萃:《预防性刑法观及其教义学思考》,载《中国法学》2018年第1期。

或泄露数据行为相比,滥用数据的行为更可能对法益造成通常意义上的现实侵害。对非法获取或者泄露数据行为社会危害性的刑法评价,不能涵盖对滥用数据行为社会危害性的评价。因此,单纯保护数据保密性的刑法条文,如非法获取计算机信息系统数据罪等,无法实现对滥用数据行为在刑法上的充分评价。原因在于,非法获取数据或者泄露数据行为本身的社会危害性,仅体现为对数据保密性的侵害,而滥用数据的行为,则是对数据所承载信息的非法发掘与进一步非法利用。换言之,滥用数据行为的社会危害性不同于非法获取、泄露数据的行为,对滥用数据的行为存在进行刑法单独规制的必要性。同时,实行犯的社会危害性程度明显高于与之相对应的预备犯,实害犯的社会危害性程度明显高于与之相对应的危险犯。以此推之,滥用数据行为的社会危害性程度明显高于与之相对应的非法获取、泄露数据行为。因此,滥用数据的行为不仅存在刑法单独规制的必要性,而且根据罪责刑相适应原则的要求,刑法对滥用数据行为的处罚应重于对非法获取、泄露数据行为的处罚。但是,现行刑法将规制的重心放在作为前置行为的非法获取、泄露数据行为上,而不能实现对滥用数据行为的充分评价,这是数据犯罪刑法规制模式在立法上"力所不逮"的典型表现。

二、过犹不及:数据犯罪预防性规制模式面临的困境之二

刑法过于强调知情同意权在公民个人信息保护中的作用,过于强调获取数据行为的非法性,反而不利于对个人数据和一般数据的有效保护,此为数据犯罪刑法规制模式"过犹不及"的体现。

其一,数据犯罪刑法规制模式过于强调数据收集过程中"知情并同意",这种做法非但不能更好地保护公民个人信息,反而容易异化为数据滥用行为的免责依据。将知情同意作为数据利用主体的免责事由,源自前置法的相关规定。根据《网络安全法》第41条之规定,网络运营者收集、使用个人信息,应当遵循合法、正当、必要的原则,公开收集、使用规则,明示收

第六章　预防性刑法的具象考察与模式革新（下）

集、使用信息的目的、方式和范围，并经被收集者同意。①《数据安全法》第32条也作了类似规定。因此，就个人信息这一特殊的数据类型而言，被收集者知情并且同意是阻却数据收集者违法性的事由。② 立法者作出这一规定的原意是维护公民对于个人信息的自决权。但是，基于大数据时代中数据收集者与被收集者在技术层面和交易地位上的巨大差异，这一规定容易异化为数据滥用行为的免责依据，不但不能实现对公民信息安全的有效维护，反而导致被收集者面临权利被侵害的更大风险。原因在于，一方面，从收集者与被收集者在技术层面上的巨大差异而言，收集者在技术层面存在显著优势，当被收集者同意信息的收集之后，收集者对数据的所有利用行为都因被收集者的知情同意而获得免责的根据，当收集者对数据的利用行为对被收集者带来不利影响时，被收集者因曾经作出的同意而失去追究收集者责任的权利，收集者也因被收集者的同意而获得法律责任的豁免，最终承担数据滥用后果的则是被收集者，这就导致本应由滥用数据的一方（收集者）承担的不利后果转而由受害方（被收集者）承担。另一方面，从收集者与被收集者在交易地位上的巨大差异而言，被收集者往往是在接受收集者提供的服务时面临是否同意收集者收集其个人信息的选择，此时，被收集者处于交易中的显著弱势地位，而收集者处于交易中的显著优势地位。被收集者要想使用收集者提供的网络产品或者服务，除了同意收集者收集其个人信息之外别无选择。③ 因此，现实中被收集者的知情同意等同于"被逼无奈"，这就使得立法者确立的知情同意这一保护被收集者权益的条款，反而成为收集者获得豁免权的"护身符"。

其二，数据犯罪刑法规制模式过于强调获取数据手段的非法性，这种做法非但未切中数据犯罪的要害，反而为司法实践中惩处数据犯罪设置了

---

① 参见王锡锌：《个人信息国家保护义务及展开》，载《中国法学》2021年第1期。
② 参见高富平：《个人信息保护：从个人控制到社会控制》，载《法学研究》2018年第3期。
③ 参见曹博：《论个人信息保护中责任规则与财产规则的竞争及协调》，载《环球法律评论》2018年第5期。

障碍。根据《刑法》第 285 条非法获取计算机信息系统数据罪的规定,获取计算机信息系统数据行为构成犯罪的前提是"违反国家规定",《刑法》第 253 条之一侵犯公民个人信息罪也作了类似规定。实践中,获取计算机信息系统数据等的手段行为通常是非法的,例如,运用"爬虫"技术突破所要侵入系统的安全措施,利用"恶意插件"获取受害人电脑或者手机中的数据等。基于对实践经验的总结,立法者在数据犯罪刑法条文中对手段行为的非法性作出强调具有一定的合理性。但是,随着信息技术的发展和犯罪手段的不断翻新,行为人完全可以做到采用合法的手段获取数据,并进而通过对数据的利用行为牟取利益,给国家利益、集体利益或者公民个人利益带来巨大损失。[①] 例如,行为人可以通过"撞库""打码"等技术手段重复、批量登录某一网站获取数据,这种技术手段并未违反国家规定,但是造成的危害结果与社会危害性可能与利用非法手段获取数据行为的结果与社会危害性无异。在司法实践中,对于采取以上技术手段获取数据的行为是否能够被认定为非法获取计算机信息系统数据罪存在疑问。笔者认为,司法实践中疑问产生的根源在于立法上为非法获取计算机信息系统数据罪设置了不必要的烦琐手段,从而带来司法实践中对相关数据犯罪认定的困扰,进而为司法实践中惩处数据犯罪设置了障碍。

三、内外交困:数据犯罪预防性规制模式面临的困境之三

司法实践中,数据犯罪刑法规制模式的"内""外"交困,主要体现为:在数据犯罪构成要件体系内部的认定方面,数据的内涵与外延不清晰;在数据犯罪构成要件体系外部的认定方面,此罪与彼罪的界限难以把握。

第一,在数据犯罪构成要件体系内部的认定方面,数据的内涵与外延不清晰。我国刑法中尚未将数据法益作为独立法益加以保护,这就导致刑法对数据法益的保护,只能通过刑法保护数据背后所彰显的具体法益来间

---

① 参见金山:《物联网信息安全与隐私保护研究》,载《计算机光盘软件与应用》2013 年第 16 期。

第六章 预防性刑法的具象考察与模式革新（下）

接实现。立法具有滞后性，这是不争的事实。在刑法针对数据法益设定专门的保护条款之前，大数据技术背景下各种侵犯数据权益的新型犯罪行为层见叠出。数据法益独立性保护的必要性、紧迫性与刑法所维持的传统数据保护模式之间的矛盾日益突出。在立法无法及时对独立保护数据法益的必要性作出回应之前，实务界为了避免处罚漏洞，只能在现有刑法规范基础之上，对数据的内涵作出扩张性解释。如前所述，对数据内涵的扩张性解释，导致司法实践中并未区分侵害数据安全法益的犯罪和以数据为工具、媒介的侵犯传统法益的犯罪，而是把侵害数据安全法益的新型犯罪与传统犯罪异化类型的犯罪混为一谈，从而导致数据的内涵与外延模糊不清。

第二，在数据犯罪构成要件体系外部的认定方面，数据犯罪与其他相关罪名存在司法适用上的交叉，导致此罪与彼罪的界限难以把握。"数据"承载的权利客体具有多样性，对数据的非法获取或者利用行为可能会同时符合刑法分则中的多个罪名，容易出现司法适用上的交叉与认定疑难，主要表现为非法获取计算机信息系统数据罪与其他犯罪间此罪和彼罪的区分困难。例如，对于非法获取游戏源代码的行为，司法实践中存在认定为非法获取计算机信息系统数据罪与侵犯著作权罪之间的争议；[1]再如，对于非法获取学生的学籍信息、非法获取他人的车辆登记信息等行为，司法实践中存在认定为非法获取计算机信息系统数据罪与侵犯公民个人信息罪之间的争议；又如，对于盗窃网络中的虚拟财产等行为，司法实践中存在认定为非法获取计算机信息系统数据罪与盗窃罪之间的争议。[2]

四、顾此失彼：数据犯罪预防性规制模式面临的困境之四

数据内容具有多样性，包括国家数据、公共数据、商业数据、个人数据

---

[1] 参见于志强：《我国网络知识产权犯罪制裁体系检视与未来建构》，载《中国法学》2014年第3期。

[2] 参见杨志琼：《我国数据犯罪的司法困境与出路：以数据安全法益为中心》，载《环球法律评论》2019年第6期。

等,这决定了数据安全不仅关乎数据本身,而且可能直接关乎国家安全、公共安全、企业安全与公民个人的人身财产安全。如前所述,在大数据时代,国家的任务与角色已发生根本转变,国家有义务对治社会、经济、政治等各领域的潜在危机和风险,保障公民生活的安全、稳定、有序。[①] 同时,在灾害频发的社会中,公众也对国家这一职能的发挥寄予厚望。因此,国家采取一定治理策略以保障社会安全的做法,具有深厚的政治基础与民主根基。为了实现保护社会的机能,刑法从风险源头对数据安全所面临的风险进行防控,也即实现对数据犯罪的事前规制。落后于时代发展现状的刑法体系,可能会牵制甚至阻挠社会发展与时代进步;超前于时代发展现状的刑法体系,可能会被束之高阁乃至对社会发展起掣肘作用。面临大数据时代的侵犯数据安全的新型犯罪,刑法如果坐视不理,可能无法实现有效的社会治理;如果在危害尚未实际发生时,仅因危险的存在就对相关行为人予以刑罚处罚,则可能会引发社会安全保障和技术研发自由之间的矛盾冲突,从而阻碍乃至扼杀数字科技的发展。

五、进退两难:数据犯罪预防性规制模式面临的困境之五

刑法作为最严厉的法律,只应处罚具有严重社会危害性的行为。因此,刑法需寻找介入规制数据犯罪的恰当时机。[②] 刑法过晚介入对数据犯罪的规制,会因监管与规制的空白而导致大数据技术与数字经济的无序发展和风险现实化;刑法过早介入对数据犯罪的规制,则可能会模糊刑法干预社会的应然界限[③],甚至可能会扼杀大数据技术的创新与更迭,阻碍数字经济的发展。具体而言,当前数据犯罪呈现链条化、产业化特征,数据犯

---

① 参见〔德〕汉斯·J.沃尔夫等:《行政法》(第三卷),高家伟译,商务印书馆2007年版,第3页。
② 参见房慧颖:《新型操纵证券市场犯罪的规制困局与破解之策》,载《华东政法大学学报》2022年第1期。
③ 参见房慧颖:《人工智能犯罪刑事责任归属与认定的教义学展开》,载《山东社会科学》2022年第4期。

罪不仅危害数据安全本身,而且通常情况下还可作为其他上游犯罪、伴随犯罪的预备行为或者帮助行为,为其他犯罪提供助力。此外,侵犯数据法益的犯罪往往会在网络时代、大数据时代的放射效应影响之下,危害性呈现倍增性、扩散化效应。因此,数据安全事故所引发的附随性后果通常具有规模化特征,危害性极大。为了对大数据时代侵犯数据安全的犯罪行为进行有效应对,刑法逐渐从事后惩治型向事前预防型转向。德国和日本的刑法频繁修改,已明确展现出预防性趋势①,我国的刑事立法在今后相当一段时期也会坚持预防性方向。"随着风险社会特征的日渐明显,刑法逐渐蜕变成一项规制性的管理实务。在此背景下,作为风险控制机制中的组成部分,刑法一改为报应和谴责而惩罚的特性,转变为为了控制风险而威慑。"②预防性的刑事立法在实现有效社会治理、保护社会安全的同时,也意味着法益批判机能受到挑战、入罪门槛降低。把握不好刑法介入社会治理的限度,也即不能准确确定刑法介入规制数据犯罪的恰当时机,不仅可能会阻碍大数据技术和数字经济的发展,甚至可能会遏制社会活力、激化社会矛盾。因此,在数据犯罪刑法治理方面,刑法面临着进退两难的境地。

第三节　数据犯罪预防性规制模式的范式建构

一、纵向维度:实现对数据犯罪行为链条的完整规制

刑法对数据犯罪的治理重点集中于数据获取阶段而非数据利用阶段,也即刑法主要关注上游和中游的数据转移与流动,而忽略了下游对数据加以非法处理、利用的滥用数据行为。刑法对数据犯罪在纵向维度上的这一规制缺陷,反映出数据权利的刑法保护链条并不完整。显然,立法上的此

---

① 参见程红:《德国刑事立法的最新动态及解读》,载《国外社会科学》2019年第4期;张明楷:《日本刑法的修改及其重要问题》,载《国外社会科学》2019年第4期。
② 〔美〕理查德·A.波斯纳:《法理学问题》,苏力译,中国政法大学出版社2002年版,第210页。

种结构性缺陷很难通过刑法教义学来进行弥补,最为有效的修正方式是在纵向维度上完善刑事立法,将数据的非法获取与流转、数据的非法处理与利用都纳入刑法的规制范围,形成对侵犯数据法益行为从事前到事后的完整规制链条,以实现对数据犯罪行为从上游到下游的全面治理。

第一,刑事立法应对个人数据建立从上游到下游的完整规制链条。根据《刑法》第 253 条之一侵犯公民个人信息罪与 2017 年发布的《最高人民法院、最高人民检察院关于办理侵犯公民个人信息刑事案件适用法律若干问题的解释》等相关司法解释规定,侵犯公民个人信息犯罪行为主要指上游的非法获取、非法提供等行为,而不包括下游个人数据的流转、利用等行为。有学者认为,只要行为人在上游获取个人数据的行为合法,无论其在下游如何处理与利用这些合法获取的个人数据,刑法都无须关注。[①] 笔者对此观点并不认同。其一,刑法对下游滥用个人数据行为的忽略,与数据犯罪黑灰产业链的实际运行情况不相适应。[②] 现实中,个人数据黑灰产业链的最终目的和落脚点并非仅为个人数据的流转,而是通过对个人数据的非法处理和利用而牟取利益。其二,刑法对下游滥用个人数据行为的忽略,与前置法的相关规定不相适应。根据《个人信息保护法》的相关规定,个人信息处理是包括收集、存储、使用、加工、传输、提供、公开、删除等在内的一个系统性、全链条工程,刑法只保护其中的部分环节而忽略另一部分环节,显然会降低个人信息保护的有效性。[③] 因此,有学者建议刑法应加强对滥用个人数据的规制。[④] 刑法对个人数据的保护,应与相关前置法规定妥善衔接,将《个人信息保护法》所规定但现行刑法缺失的非法使用数据行为纳入刑法规制范围,建构起个人数据从上游到下游的全链条刑法保护机制。

---

① 参见马永强:《侵犯公民个人信息罪的法益属性确证》,载《环球法律评论》2021 年第 2 期。
② 参见宁利昂:《网络黑灰产业的刑法治理》,载《青少年犯罪问题》2022 年第 2 期。
③ 参见丁晓东:《个人信息的双重属性与行为主义规制》,载《法学家》2020 年第 1 期。
④ 参见刘仁文《:论非法使用公民个人信息行为的入罪》,载《法学论坛》2019 年第 6 期。

第六章 预防性刑法的具象考察与模式革新(下)

第二,刑事立法应对一般数据建立完整有效的保护机制。数据市场化已成为大数据时代的重要议题,数据的资产化使得数据的经济价值日益凸显。侵犯数据权利的行为,不仅集中在数据的非法获取上,更是体现在对数据的非法转让、交易等行为上。尽管数据的非法转让、交易等行为未必使原数据权利人丧失数据的利用价值,但会切实损害权利人的独占且支配数据使用权的权限。因此,仅关注上游中数据的非法获取行为而忽略下游中数据的滥用行为,无法真正切断数据犯罪的利益链条,无法真正为数据权利提供全方位保护。司法实践中对这一问题已有所关注,根据2011年发布的《最高人民法院、最高人民检察院关于办理危害计算机信息系统安全刑事案件应用法律若干问题的解释》第7条之规定,明知是非法获取计算机信息系统数据犯罪所获取的数据,而予以转移、收购、代为销售或者以其他方法掩饰、隐瞒,违法所得5000元以上的,应当认定为掩饰、隐瞒犯罪所得罪。上述司法解释之规定意在打击数据犯罪的下游利益链条,具有相当程度的合理性与实践价值。[①] 但是,从立法论层面观之,立法者尚未将数据法益作为独立法益予以规定与保护,更遑论对数据犯罪上下游犯罪的全链条规制。刑法对一般数据权利的全链条保护,除应将上述司法解释规定的合理之处予以吸收之外,还应注意到数据犯罪与一般财产犯罪的显著差异。上述司法解释对于数据下游犯罪的追查,仅考虑到"违法所得"这一判断标准。但事实上,影响数据犯罪社会危害性程度的判断标准,除了违法所得之外,还应包括数据的数量、数据的类型等因素。在未来,刑事立法构建一般数据的全链条保护规则时,应针对数据犯罪的特征,充分考虑到违法所得、数据类型、数据数量等多方面的因素,确立对数据法益的独立保护模式,以满足数据犯罪治理的现实需求。

---

① 参见喻海松:《〈关于办理危害计算机信息系统安全刑事案件应用法律若干问题的解释〉的理解与适用》,载《人民司法》2011年第19期。

二、横向维度：实现对数据犯罪行为类型的全面规制

《网络安全法》第 10 条规定,要维护网络数据的完整性、保密性和可用性,这与 2001 年《网络犯罪公约》的规定相一致。根据前述可知,我国刑法对数据治理的方向集中于对破坏数据真实性、完整性、保密性等行为方式的制裁。这一方向基本与前置法对数据权利的保护目的相吻合,也与国际层面对数据的刑法保护目标相契合。但是,我国刑法对数据完整性、保密性、可用性的保护程度仍存在显著缺陷,主要表现为刑法对数据犯罪行为的规制力度明显不足,主要原因在于刑法所规定的数据犯罪行为类型缺失。为此,要想建构刑法规制数据犯罪的立体化结构,严密刑法规制数据犯罪的刑事法网,理应对数据犯罪的行为类型进行全面规制。

第一,刑法应对破坏数据保密性的行为类型进行全面规制。一方面,根据《刑法》第 285 条之规定,采用非法手段侵入国家事务、国防建设、尖端科学技术之外的领域,未获取该计算机信息系统中的数据或者未对该计算机信息系统实施非法控制的,不构成犯罪。简言之,对于上述领域而言,单纯"黑客"侵入行为不构成犯罪。这意味着我国刑法并未对一般数据的保密性进行普遍意义上的保护。[①] 这一立法论层面的缺失应得到修正,刑法应考虑在普遍意义上保护一般数据的保密性。另一方面,对于过失泄露数据的行为,刑法存在处罚漏洞。在大数据时代,承担防止数据泄露安全管理义务的主体通常是数据企业,其在享受数据带来资产增值红利的同时,理应履行维护数据保密性、防止数据泄露的义务。[②] 对于故意泄露数据的行为,刑法设置了相关罪刑规范,但是对于过失泄露数据的行为,刑法

---

① 参见王华伟:《数据刑法保护的比较考察与体系建构》,载《比较法研究》2021 年第 5 期。
② 参见房慧颖:《人工智能犯罪刑事责任归属与认定的教义学展开》,载《山东社会科学》2022 年第 4 期。

第六章 预防性刑法的具象考察与模式革新（下）

并未将其纳入规制范围。事实上，过失泄露数据的行为，也具有一定程度的刑罚处罚必要性，否则可能会带来数据企业不认真履行数据泄露风险义务的后果。同时，证明数据泄露主体主观上的罪过存在极大困难，数据泄露通常是简单的系统操作，对于数据泄露的行为，要证明实施数据泄露行为的行为人是无心之过还是有意为之，存在很大困难。刑法将过失泄露数据的行为纳入规制范围，可以强化数据企业的风险防控意识，正向促进数据企业认真履行数据保管义务。

第二，刑法应对破坏数据完整性与可用性的行为类型进行全面规制。数据的完整性与可用性，通常指数据不被非法破坏、变更、删除、篡改等。根据《刑法》第286条破坏计算机信息系统罪之规定，对计算机信息系统中存储、处理或者传输的数据进行删除、修改、增加的操作，构成破坏计算机信息系统罪。可见，现行《刑法》将计算机信息系统与数据的完整性、可用性进行"捆绑"，并未独立保护数据的完整性与可用性。仅对数据进行破坏、变更、删除、篡改，但并未对计算机信息系统造成实质破坏即并未干扰计算机信息系统的正常运行的情况，应如何认定处理，这一问题已成为实践中面临的现实难题。通过对计算机信息系统正常运行的保护来实现对数据完整性与可用性的间接保护，存在明显缺陷。其一，数据涉及的法益范围比较广泛，通过对计算机信息系统正常运行的刑法保护来间接实现对数据完整性与可用性的保护，容易使破坏计算机信息系统罪沦为兜底罪名；其二，破坏计算机信息系统罪的规范保护目的是实现对计算机信息系统正常运行的保护，通过对计算机信息系统正常运行的刑法保护来间接实现对数据完整性与可用性的保护，容易使破坏计算机信息系统罪偏离其原本的规范保护目的。鉴于此，在立法论层面，将非法破坏、变更、删除、篡改数据等破坏数据完整性、可用性的行为纳入刑法规制范围，而非通过对计算机信息系统正常运行的保护来间接实现对数据完整性与可用性的保护，即为破坏数据的行为设置独立构成要件，实现对数据犯罪行为类型的全面规制是较为妥当的做法。

三、轻重程度：实现社会治理与科技发展之间的平衡

为了兼顾数据犯罪刑法规制模式的系统性与有效性，同时保持刑法介入社会治理的谦抑性，数据犯罪的刑法治理应贯彻"严而不厉"的基本思想。通过建构纵向维度与横向维度的治理链条，形成数据犯罪刑法规制模式的立体化治理体系，数据犯罪刑法规制模式的严密法网方可建立。为了避免数据犯罪刑法治理模式从"不严不厉"走向"又严又厉"的极端，立法者应严格把握数据犯罪刑法治理的轻重程度，寻求社会治理与科技发展之间的平衡，谨守刑法不阻碍社会发展的底线。

首先，建构数据犯罪刑法规制模式的立体化结构，应寻求数据保护与数据利用之间的平衡点。在大数据时代，数据的重要性不言而喻，数据已成为激发全社会创造力和市场活力，推动经济发展质量变革、效率变革、动力变革的重要生产力。数据内在价值的释放，依赖于对数据的处理、利用甚至交易，对数据活动进行简单粗暴限制，是在扼杀数据本应具有的生命力。但是，现行刑法中对数据的治理模式，着眼于对数据主体权利的保护，忽视了数据内在价值对社会发展的重要作用，并未充分考虑到数据共享、数据流动和数据交易的潜在价值。① 因此，建构数据犯罪刑法规制模式的立体化结构，要实现社会治理与科技发展之间的平衡，探索保护社会安全与促进数字经济发展的平衡点，释放数据潜在的利用价值，最终实现公共福利的最大化。

其次，建构数据犯罪刑法规制模式的立体化结构，应遵循比例原则。为了实现社会中多元利益的协调共存②，"使其各自的目的以及（所承载

---

① 参见何渊主编：《数据法学》，北京大学出版社2020年版，第18页。
② 参见房慧颖：《污染环境罪预防型规制模式的省察与革新》，载《宁夏社会科学》2022年第4期。

的)法律原则彼此之间处于一个适当的比例关系"①,应确保刑法规制数据犯罪的手段与数据安全治理目标之间的合比例性,实现数据权利保护和数字经济发展、数据价值释放之间的动态平衡。换言之,为了避免数据犯罪刑法治理模式走向"又严又厉"的极端,立法者应严格把握数据犯罪刑法治理的轻重程度,寻求社会治理与科技发展之间的平衡,谨守刑法不阻碍社会发展的底线。

最后,建构数据犯罪刑法规制模式的立体化结构,应遵循刑法谦抑性原则。根据刑法谦抑性原则的要求,刑法在拓宽数据犯罪可罚行为类型的同时,应严格设置罪量标准,将违法性程度不高的行为排除在刑法的处罚范围之外。当行为尚未达到违法性标准时,有必要通过刑事合规计划,探索数据违法犯罪的预防性治理模式;②当行为已达到违法性标准但尚未达到刑事违法性标准时,应通过行政手段或者民事手段予以规制;当行为达到刑事违法性标准时,才可考虑采用轻重程度适当的刑法规制手段。③ 总之,建构数据犯罪刑法规制模式的立体化结构,既要保障刑事法网的严密性,又要避免刑法治理过度严厉而阻碍数字科技发展。

四、内外共治:数据犯罪双轨治理机制的构建

以往的数据侵权或数据犯罪大多是由单一自然人实施的行为,而在大数据时代,以互联网企业为首的网络服务提供者在数据业务运营过程中,理所当然地成为数据处理与利用的重要主体。与此同时,企业已成为数据侵权或数据犯罪的主要阵地,也即数据违法犯罪的主体逐渐从自然人转向企业。企业的运营过程伴随着数据的产生、利用、传输、存储、交易,这在多

---

① 〔德〕齐佩利乌斯:《法学方法论》,金振豹译,法律出版社2009年版,第78页。
② 参见陈瑞华:《企业合规基本理论》,法律出版社2020年版,第139—140页。
③ 参见房慧颖:《刑法谦抑性原则的价值定位与规范化构造——以刑民关系为切入点》,载《学术月刊》2022年第7期。

节点、多层次、大范围上造成对数据安全的威胁。以刑事制裁为主要方式的单向度国家监管模式存在显而易见的局限性,其规制效果难以彰显,亟须其他治理手段提供功能补给。企业数据刑事合规计划通过促进企业制度化、内控化地开展数据安全的保障工作,也即通过企业的事前主动介入,为企业和国家共同治理数据犯罪提供了平台。因此,企业数据刑事合规计划的启动,使得原本以国家为主导的单向度"数据治理"转向国家和企业共同主导的双轨制"数据共治"。

(一)数据犯罪双轨治理机制的显著优势

数据犯罪双轨治理机制的构建,使得以刑事制裁为主的国家单向度的"数据治理"转向国家与企业双轨制的"数据共治",有利于实现对数据安全的协同化、双重性保护,有利于实现对数据犯罪的有效预防,也有利于实现科技发展与社会治理之间的平衡。

1. 有利于实现对数据安全的协同化、双重性保护

在以刑事制裁为主要方式的国家单向度数据治理体系中,企业与国家处于对立地位。企业数据刑事合规计划的实施,使得国家和企业从对抗性的对立地位转向国家和企业共治的"契约"治理模式[①],从而实现对数据安全的协同化、双重性保护。

从企业数据刑事合规计划的制订依据来看,数据犯罪双轨治理机制有利于实现对数据安全的协同化、双重性保护。企业制订数据刑事合规计划,需在法律和责任伦理的指引下,根据数据安全义务的履行要求,积极承担社会责任,参与到"数据共治"机制中来。企业制订数据刑事合规计划的参照包括前置性法律法规的规定和相关行业规范,也即将法律法规的规定和相关行业规范内化为本企业的行为规范。企业通过制订和实施数据刑事合规计划,将自身应尽的数据安全保障义务予以明确化、情境化、具体化、个性化。同时,因刑法处于保障法地位,法律具有底线性特征,前置性

[①] 参见孙国祥:《刑事合规的刑法教义学思考》,载《东方法学》2020年第5期。

第六章 预防性刑法的具象考察与模式革新（下）

法律法规所确定的企业数据安全保障义务不低于（通常高于）刑法所规定的企业数据安全保障义务；而相关行业规范所确定的企业数据安全保障义务不低于（通常高于）前置性法律法规所规定的企业数据安全保障义务。因此，以法律法规为依据、以相关行业规范为参照的企业数据刑事合规计划所确定的企业数据安全保障义务的实现方法，更有利于促进企业数据安全保障义务的履行，从而和国家监管方共同实现对数据安全的保护。

从企业数据刑事合规计划的运行原理来看，数据犯罪双轨治理机制有利于实现对数据安全的协同化、双重性保护。企业数据刑事合规计划的实施，是国家介入企业运作的有效工具与有力手段，也是国家犯罪治理制度与企业内控机制之间形成良性互动的必由之路。从企业数据刑事合规计划的内在运行机制而言，其属于一种企业根据刑事法律规定而自主开展的预防数据犯罪的特殊方式，本质上属于一种社会自治手段。从企业数据刑事合规计划的外在运行机制而言，其与刑法的社会治理相结合，形成协商共治模式，本质上属于犯罪治理的体系化，在国家强制力和企业能动性之间形成"1＋1＞2"的整体效果[①]，从而达到对数据安全的协同化、双重性保护。

2. 有利于实现对数据犯罪的有效预防

在大数据时代，以互联网企业为首的网络服务提供者在数据业务运营过程中，理所当然地成为数据处理与利用的重要主体，与此同时，企业已成为数据侵权或数据犯罪的主要阵地。近年来，国内外频繁发生大规模的侵犯数据安全的事件，其中大多数根源于企业内部的安全漏洞。[②] 随着大数据技术的快速发展，技术和伦理之间的矛盾冲突也频繁显现，如大数据"杀熟"、非法使用个人数据等。与数据犯罪的急剧增长相比，国家刑罚权的启

[①] 参见于冲：《数据安全犯罪的迭代异化与刑法规制路径——以刑事合规计划的引入为视角》，载《西北大学学报（哲学社会科学版）》2020年第5期。

[②] 参见王林、孙吉：《AI安防企业被曝数据泄露，敲响人脸识别安全警钟》，载《中国青年报》2019年2月26日第10版。

动则明显缓慢和滞后。尽管数据犯罪刑法治理模式呈现出预防性趋势,但仍无法改变刑法事后惩治的主旋律。单纯依靠以刑事制裁为主的国家单向度监管模式治理数据犯罪显得捉襟见肘,且以国家单向度监管为主的数据犯罪治理模式将企业置于单纯接受刑法强制治理的被动地位,忽略了企业自身所具有的主观能动性。

根据《数据安全法》第8条的规定,企业在开展数据处理活动时,应履行数据安全保护义务,承担社会责任。因此,企业应将伦理责任观念贯穿于生产经营管理过程中,在促进企业良好发展的同时,履行好数据安全保护义务。① 也就是说,企业具备一定的社会属性,其是社会治理共同体的一员②,需要秉持技术向善的伦理旨趣,而不能任由数据进行超越法律底线和伦理道德的"赋能"。③ 企业数据刑事合规计划成为企业承担上述社会责任的重要途径,对于防范数据安全风险具有重要的"治本"功效。④ 企业数据刑事合规计划的实施,促使企业主动介入对数据犯罪行为的事前预防,从而防患于未然,实现对数据犯罪的积极一般预防,增强对数据犯罪的积极防控。⑤ 同时,如果企业的行为涉嫌危害数据安全的刑事犯罪,则涉案企业的数据刑事合规计划的制订和实施,可能成为影响定罪量刑的因素,这是对企业数据犯罪特殊预防的体现。⑥

在数字经济社会中,企业构建数据刑事合规计划,从而和国家一道形成数据犯罪的共治格局,是预防和减少数据犯罪的重要手段,有利于为大数据时代数字经济的发展提供有效的安全屏障。可见,企业的数据刑事合

---

① 参见刁生富、姚志颖:《大数据技术的价值负载与责任伦理建构——从大数据"杀熟"说起》,载《山东科技大学学报(社会科学版)》2019年第5期。
② 参见潘斌:《风险社会与责任伦理》,载《伦理学研究》2006年第3期。
③ 参见闫宏秀:《数据赋能的伦理基质》,载《社会科学》2022年第1期。
④ 参见李玉华、冯泳琦:《数据合规的基本问题》,载《青少年犯罪问题》2021年第3期。
⑤ 参见于冲:《数据安全犯罪的迭代异化与刑法规制路径——以刑事合规计划的引入为视角》,载《西北大学学报(哲学社会科学版)》2020年第5期。
⑥ 参见李本灿:《刑事合规制度的法理根基》,载《东方法学》2020年第5期。

规计划是数据犯罪事前预防制度架构中的重要组成部分,具有提示潜在刑事风险、提供刑事风险规避方法、提出刑事风险处理策略的重要作用,与刑法的预防犯罪机能遥相呼应①,成为预防数据犯罪的重要途径,有利于实现对数据犯罪的有效预防。

3. 有利于实现科技发展与社会治理之间的平衡

在大数据时代,企业成为数据处理和利用的主要主体,加之数据安全保障法律法规相对滞后于技术的发展水平,复杂的数据处理、利用活动加剧数据安全风险的同时,也导致法律法规对企业数据安全责任认定相对严苛,表现为法律法规赋予企业较多的数据安全保障义务,间接导致企业关涉数据安全的法律风险急剧上升。有学者提出,可以通过企业数据刑事合规计划的实施,"放过涉案的企业,留下犯罪的自然人"②。这对于降低企业的涉数据刑事风险、促使企业持续进行技术创新,具有一定的积极作用。但是,对于中小企业而言,直接负责的主管人员和直接责任人员往往和企业的生存直接关联,追究直接负责的主管人员和直接责任人员的刑事责任,实际就等同于切断了企业生存的命脉。换言之,追究涉案企业的刑事责任,等同于阻断企业进一步发展的道路,企业为科技创新所作的贡献也将戛然而止。

企业数据刑事合规计划的引入,为企业提供了自我"体检"与主动自律的根据与机会。企业在设计、制订、实施、调整数据刑事合规计划的过程中,可以根据自身实际经营情况,将数据安全保障义务融入生产经营活动中,将刑法和其他法律法规赋予企业的数据犯罪预防义务内化为企业的个性化内控机制。企业的内部自律机制和以国家强制力为主要表现形式的外部监管机制融合在一起,有利于推动企业识别数据犯罪刑事风险、制订预防数据犯罪刑事风险的计划、完善规避数据犯罪刑事风险的措施,从而

---

① 参见石磊:《刑事合规:最优企业犯罪预防方法》,载《检察日报》2019年1月26日第3版。
② 孙国祥:《企业合规改革实践的观察与思考》,载《中国刑事法杂志》2021年第5期。

达到有效预防数据犯罪的目的。① 企业数据刑事合规计划的制订和实施,不仅为国家治理数据犯罪提供了助力,而且是企业防范国家非理性干预企业管理的重要手段,成为企业抵御刑事风险、减少犯罪损失的重要屏障。② 企业的生存和发展,关乎企业活力和创新力的维系。因此,数据犯罪双轨治理机制的构建,使得以刑事制裁为主的国家单向度的"数据治理"转向国家与企业双轨制的"数据共治",有利于降低企业刑事风险,增强企业创新动力,实现科技发展与社会治理之间的平衡。

(二) 数据犯罪双轨治理机制的实现路径

构建数据犯罪双轨治理机制,需在企业治理中引入数据刑事合规计划,为企业提供主动自律的根据,促使企业将刑事治理的规则、政策和理念内化为企业的内控机制。同时,国家需构建和企业数据刑事合规计划配套的刑事激励机制,将企业的数据刑事合规计划作为出罪或减免刑罚的事由,从而增强企业制订和实施数据刑事合规计划的积极性,巩固和完善国家和企业双轨制的数据共治格局。

1. 构建企业数据刑事合规机制

企业通过制订数据刑事合规计划,把刑法及其他法律法规所赋予的法律义务内化为企业及企业组成人员的内部规则和行为规范。③ 企业在日常经营管理活动过程中,通过建立内部的风险防控机制,防范企业的数据安全风险,此为企业数据刑事合规计划中的事前自主合规机制;企业在触及涉数据安全的刑事风险之后,通过制订或调整数据刑事合规计划进行补救和整改,以防止数据犯罪的再次发生,此为企业数据刑事合规计划中的

---

① 参见孙国祥:《刑事合规的理念、机能和中国的构建》,载《中国刑事法杂志》2019年第2期。
② 参见万方:《企业合规刑事化的发展及启示》,载《中国刑事法杂志》2019年第2期。
③ 参见刘伟:《刑事合规的溯源、反思与构建》,载《江海学刊》2021年第4期。

第六章 预防性刑法的具象考察与模式革新（下）

事后强制合规机制。① 企业数据刑事合规计划的制订和实施具有充足的法律法规和政策依据。《网络安全法》《数据安全法》《个人信息保护法》等赋予企业开展数据刑事合规计划的义务，可以作为企业制订、实施数据刑事合规计划的重要指南；国务院国有资产监督管理委员会发布的《中央企业合规管理指引》、国家发展和改革委员会等发布的《企业境外经营合规管理指引》、工业和信息化部发布的《工业和信息化领域数据安全管理办法（试行）》等一系列行业规范性指导文件，可以作为企业数据刑事合规计划的指引。同时，最高人民检察院制定的《关于开展企业合规改革试点工作方案》，以及最高人民检察院会同多部门联合制定的《关于建立涉案企业合规第三方监督评估机制的指导意见（试行）》，也为企业数据刑事合规计划的开展提供了重要参考。②

在制订企业数据刑事合规计划时，应将刑法赋予企业的数据安全保障义务予以具体化，明确企业在生产经营时所应具体承担的作为义务，并明确设定义务履行的方法和手段，以真正实现刑法赋予企业的作为义务内化为企业的内部管理制度与运行方式。具体而言，企业应分阶段设定数据刑事合规计划的实际内容。在数据的获取阶段，在数据刑事合规计划中，企业应明确规定获取数据的途径，明晰获取数据过程中的刑法风险，并制定具有明确性、针对性的风险识别、评估及防控措施。在数据的存储、利用阶段，在数据刑事合规计划中，企业应明确规定相关责任人的具体义务，提升企业对违规或违法处理、利用数据行为的预防、识别、反应功能，着重建立内部调查机制与吹哨人机制，从源头上防控数据非法泄露风险和数据滥用风险。③ 在实施企业数据刑事合规计划时，应确保企业的刑事合规计划落

---

① 参见马明亮：《作为犯罪治理方式的企业合规》，载《政法论坛》2020年第3期；陈瑞华：《有效合规管理的两种模式》，载《法制与社会发展》2022年第1期。
② 参见张勇：《数据安全刑事合规的滤罪模式》，载《学术论坛》2022年第3期。
③ 参见敬力嘉：《个人信息保护合规的体系构建》，载《法学研究》2022年第4期。

到实处而非流于形式。① 企业数据刑事合规计划的实施是企业履行数据安全保障义务的核心,比数据刑事合规计划的制订更为重要和关键。在企业数据刑事合规计划的实施过程中,应明确划分企业管理人员的数据刑事合规责任,从企业的管理层面确保刑事合规计划对企业的管理和运营产生实际作用,保证数据刑事合规计划真正在企业的运行过程中得以贯彻和实施。另外,对于因高昂成本或因合规能力有限而缺乏合规动力的中小企业,应引入数据刑事合规支持机制,通过外部的专业支持,帮助企业制订数据刑事合规计划,并在运行过程中予以专业指导、进行风险提示,以提高企业的刑事合规能力。

2. 构建与企业数据刑事合规机制相配套的刑事激励机制

构建与企业数据刑事合规机制相配套的刑事激励机制,核心在于明确企业数据刑事合规计划在何种条件、何种程度上可以作为企业出罪或者刑罚减免的事由。笔者认为,企业制订并执行了数据刑事合规计划,但企业内部人员为了企业利益,以企业名义实施了犯罪行为,此时数据刑事合规计划可以将企业和企业内部人员的刑事责任予以切割,作为涉案企业的出罪事由。在刑罚减免方面,无论企业是在涉案之前制订并实施了数据刑事合规计划,还是在涉案之后知错就改,制订了数据刑事合规计划,都可以从侧面体现出涉案企业对遵守法规范的意愿与对规则的认同和遵守,也就意味着对企业预防必要性的降低②,此为对制订并实施数据刑事合规计划的企业减免刑罚的正当性根据。

由于公安机关对于犯罪情节轻微的案件没有免予刑事处罚的权力,因此负责侦查环节的公安机关很难成为与企业数据刑事合规机制相配套的刑事激励机制的主导。构建与企业数据刑事合规机制相配套的刑事激励机制,应从审查起诉、审判等环节入手,探索有效路径。在审查起诉环节

---

① 参见于冲:《网络平台刑事合规的基础、功能路径》,载《中国刑事法杂志》2019年第6期。
② 参见孙国祥:《企业合规改革实践的观察与思考》,载《中国刑事法杂志》2021年第5期。

中,检察院可对企业作出相对不起诉的决定,通过检察建议的方式监督企业制订并实施数据刑事合规计划。另外,尽管当下的附条件不起诉制度只适用于未成年人犯罪案件,但是可通过对法律的适当修改,使得附条件不起诉制度的适用范围涵盖企业刑事合规领域。对于在涉案前已经制订了数据刑事合规计划的企业,适用相对不起诉;对于涉案前尚未制订数据刑事合规计划的企业,通过附条件不起诉制度,监督其及时制订数据刑事合规计划。在审判环节,同样存在开展企业数据刑事合规计划的空间。法院应告知并促使涉案企业开展刑事合规计划,企业如果在开庭之前制订刑事合规计划,可以作为减免刑罚的依据。[1] 同时,在现有的刑法框架之下,应当赋予数据刑事合规计划以明确的量刑价值,法院在认定涉数据犯罪企业的刑事责任时,可以将企业建立并实施了数据刑事合规计划作为减轻甚至免除刑罚处罚的事由。当然,目前的企业数据刑事合规计划的制订和实施只能作为酌定量刑情节,立法者可以考虑在未来时机成熟时,将其作为法定量刑情节。因此,与企业数据刑事合规机制相配套的刑事激励机制,有利于引导、督促企业建立并实施数据刑事合规计划,从而巩固与完善数据犯罪共治局面。

五、三道防线:数据犯罪分级治理机制的构建

数据犯罪分级治理机制的具体内涵为,只有在企业数据刑事合规计划失灵、前置性法律法规规制无效的前提下,刑法才能介入对数据犯罪行为的规制。换言之,企业刑事合规计划是预防数据犯罪的"第一道防线",前置性法律法规是预防数据犯罪的"第二道防线",刑法则是规制数据犯罪的"最后一道防线"。

(一)数据犯罪分级治理机制的显著优势

数据犯罪分级治理机制具有显著优势,其有利于为数据犯罪的认定提

---

[1] 参见贾宇:《数字经济刑事法治保障研究》,载《中国刑事法杂志》2022年第5期。

供细致、具体的标准,有利于合理限制刑法的适用范围,有利于准确把握刑法介入数据犯罪治理的时机。

1. 有利于为数据犯罪的认定提供细致、具体的标准

企业数据刑事合规计划和前置性法律法规将刑法赋予企业的数据安全保障义务予以具体化、明确化,从而为数据犯罪的认定提供细致、具体的标准。

其一,企业数据刑事合规计划将刑法赋予企业的数据安全保障义务予以具体化、明确化,从而为数据犯罪的认定提供细致、具体的标准。数据刑事合规计划为刑法赋予企业的数据安全保障义务的明确化、具体化提供了现实的可操作标准。不同企业可以根据自己的实际经营情况和业务范围,建立个性化的、有针对性的数据刑事合规计划。这不仅能够避免国家公权力过多介入企业内部具体业务的情况,而且更有利于企业发挥自身能动性,充分实现对数据犯罪的内部防控和源头防控。一方面,企业数据刑事合规计划能够将包括刑法在内的法律法规所确定的企业数据安全保障义务,内化为企业的内部管理机制和具体运营规范。法律法规所确定的违法类型,即是企业行为的"禁区",企业的所有具体活动都应该避开可能触犯刑事风险的"禁区",这有助于明确企业的行为边界与责任承担前提。另一方面,将抽象的法律规则予以具体化所形成的企业数据刑事合规计划,可以作为判定企业未履行数据安全保障义务的明确标准,避免了法律因抽象性而产生的认定结果具有不确定性的弊端。

其二,前置性法律法规将刑法赋予企业的数据安全保障义务予以具体化、明确化,从而为数据犯罪的认定提供细致、具体的标准。随着数字科技在经济发展中的地位逐渐攀升,数据资源在数字经济中的基础性地位日益显现,以及数据犯罪呈现链条化、产业化特征,立法机关对数据安全的保护高度重视,近年来陆续颁布了《数据安全法》《网络安全法》《个人信息保护法》等法律;同时,有关部门也制定了保护数据安全的一系列国家标准和行

业规范,既是对相关法律的落实、补充与细化,也是为企业数据刑事合规计划提供了法律依据、政策依据和明确标准。有学者提出,法律法规及行业规范等对企业设定了过多的数据安全保障义务,从而导致企业的义务过度增加,这是立法过度重视数据安全而忽略了对企业的合法权益保护的体现。[①] 笔者认为,上述观点值得商榷。特定身份的主体对危险源的管控,或者是特定身份的主体对特定法益的保护义务,使得行为人取得相应作为义务。[②] 企业由于自身的经营范围或业务种类,处于对相关数据的存储或者管控状态;基于企业对数据的存储或者管控状态,我们可以认定企业具有保护数据安全的保证人地位。换言之,企业如果基于其自身的生产经营状况而产生对数据的管控状态,则企业自然具有了保证人地位,这一地位决定了企业存在相应的数据安全保障义务;反之,假如企业客观上未处于对数据的管控状态中,则我们不可能认定企业具有数据安全保证人地位,也就不可能赋予企业数据安全保障义务。法律法规并非毫无依据地过度增加企业义务,而是基于企业对数据的实际控制状态判断其是否具有保证人地位,进而决定是否赋予其数据安全保障义务,这一做法并未过度增加企业义务。

2. 有利于合理限制刑法的适用范围

对于企业数据刑事合规计划可以阻却违法或是可以阻却责任,学界存在争议。有学者提出,企业数据刑事合规计划可以成为违法阻却事由;[③] 也有学者提出,企业数据刑事合规计划只能阻却企业本身的责任,即当企业涉嫌数据犯罪时,可以已经制订和实施数据刑事合规计划为由,主张企业本身不具有故意或者过失,进而主张对企业减免刑罚甚至主张企业不构

---

① 参见刘艳红:《无罪的快播与有罪的思维——"快播案"有罪论之反思与批判》,载《政治与法律》2016 年第 12 期。
② 参见许玉秀:《当代刑法思潮》,中国民主法制出版社 2005 年版,第 590 页。
③ 参见黎宏:《合规计划与企业刑事责任》,载《法学杂志》2019 年第 9 期。

成犯罪,但无法主张免除企业内部实施犯罪的自然人的刑事责任。① 笔者赞同后一种观点。如前所述,企业制订并执行了数据刑事合规计划,但企业内部人员为了企业利益,以企业名义实施了犯罪行为,此时数据刑事合规计划可以将企业和企业内部人员的刑事责任予以切割,作为涉案企业的出罪事由。

一方面,从理论层面而言,我国刑法中将自然人犯罪和单位犯罪并列,也即自然人和单位是并列犯罪主体。企业数据刑事合规计划实质上是将法律赋予企业的数据安全保障义务内化为企业的内部规程也即企业运转过程中的"合规义务"。② 根据新过失论,企业对企业内部员工具有监督义务,这种监督义务可以作为监督过失犯罪中的注意义务。③ 如果企业未制订或实施数据刑事合规计划,则企业对企业员工为了企业利益而以企业名义实施的数据犯罪,至少应当承担监督过失责任。而企业数据刑事合规计划的引入,可以在事实评价上排除涉案企业的罪过认定,将企业与企业内部人员的刑事责任予以切割,这也是构建与企业数据刑事合规机制相配套的刑事激励机制的理论依据所在。如果企业制订并实施了数据刑事合规计划,且所涉数据犯罪情节显著轻微、社会危害性程度较小,可根据《刑法》第13条"但书规定",以无罪论处。④ 可见,企业数据刑事合规计划不仅可以作为量刑时的酌定从轻处罚情节,而且可以通过切割企业与企业内部人员的刑事责任而阻却企业的责任。

另一方面,从实践层面而言,司法实践中出现了因涉案企业制订并实施了有效的数据刑事合规计划而被判处无罪的案例。"杨某等侵犯公民个

---

① 参见姜涛:《数字安全与刑事合规建设》,载《检察日报》2021年11月4日第3版。
② 参见韩轶:《企业刑事合规的风险防控与建构路径》,载《法学杂志》2019年第9期。
③ 参见王志祥、融昊:《刑事合规中主体监管义务的教义学分析》,载《法律适用》2021年第7期。
④ 参见卢勤忠:《民营企业刑事合规的理论基础与实践展开》,载《辽宁师范大学学报(社会科学版)》2021年第5期。

人信息案"中,因雀巢公司明确规定禁止其员工非法收集消费者的个人信息,且对员工进行了相关培训并要求员工签署承诺函,最终法院判决雀巢公司无罪。① 这被称为"企业刑事合规抗辩第一案",雀巢公司因实施了数据刑事合规计划而将自身责任和内部员工责任切割,阻却了企业自身的责任。因此,企业的数据刑事合规计划有利于合理限制刑法的适用范围,避免殃及无辜,避免对经济发展和科技进步形成阻碍。

3. 有利于准确把握刑法介入数据犯罪治理的时机

刑法在确定其介入规制数据犯罪行为的时机时,应注意平衡好社会治理和科技发展双重目的。包括大数据技术等在内的科学技术的发展,是全社会全人类的福祉。在技术发展的早期,必然需要一定的试错成本,刑法不能盲目介入对数据犯罪行为的规制,而需要严格的介入前提。刑法介入规制数据犯罪的前提,应当是经过了企业数据刑事合规计划与前置性法律法规的双重过滤。② 数据犯罪的分级治理机制,将企业数据刑事合规计划作为过滤数据犯罪的"第一道屏障",将前置性法律法规作为过滤数据犯罪的"第二道屏障",将刑法作为规制数据犯罪的"最后一道屏障"。详言之,对于轻微的不当获取数据或者滥用数据的行为而言,企业数据刑事合规计划即能够及时纠偏,防止其进一步恶化为数据违法行为或者数据犯罪行为;对于触犯法律底线但尚未达到犯罪标准的非法获取数据或者滥用数据的行为而言,前置性法律法规及时对其进行处理,可阻拦其进一步恶化为数据犯罪行为;对于严重的数据犯罪行为而言,才可考虑适用刑法规定对其进行刑罚处罚。这一有层次、有尺度、轻重得当、缓急分明的治理机制,有利于准确把握刑法介入数据犯罪治理的时机,防止刑法过早介入而造成对科技发展的阻碍,而企业数据刑事合规计划和前置性法律法规对违法违规获取数据或滥用数据的行为具有一定的治理和矫治作用,也防止了刑法

---

① 参见甘肃省兰州市中级人民法院(2017)甘 01 刑终 8 号刑事裁定书。
② 参见房慧颖:《刑法谦抑性原则的价值定位与规范化构造——以刑民关系为切入点》,载《学术月刊》2022 年第 7 期。

过晚介入而无法实现有效社会治理的弊端,有利于同时实现维护社会治理和保护技术创新的双重目的。

(二)数据犯罪分级治理机制的实现路径

构建数据犯罪分级治理机制,需要充分发挥前置性法律法规承上启下的衔接作用,正确处理数据违法与数据犯罪之间的关系,以及以适度预防理念为指导设立数据违法行为犯罪化的标准。

1. 发挥前置性法律法规承上启下的衔接作用

与其他制裁手段相比,刑罚是最为严厉的手段,因此我们必须固守刑法的谦抑性。一方面,如果运用前置性法律法规能够对某一个危害数据安全的行为进行有效惩处,则该行为无须被纳入刑法规制范围。换言之,只有穷尽包括前置性法律法规等所有措施与手段依然无法有效惩处某一个危害数据安全的行为时,该行为才能被纳入刑法规制范围。[1] 另一方面,**数据犯罪是典型的法定犯,其具有双重违法性特征,即同时具有刑事违法性和行政违法性**。所以,"如果某种行为的违法性无法被前置法确定,那么该行为就不应当被刑法规制"[2]。对于数据犯罪的规制,应首先发挥前置性法律法规以及企业数据刑事合规计划的作用。如前所述,企业数据刑事合规计划是预防数据犯罪的"第一道防线",前置性法律法规是预防数据犯罪的"第二道防线",刑法则是规制数据犯罪的"最后一道防线"。只有在企业刑事合规计划失灵、前置性法律法规规制无效的前提下,刑法才能介入对数据犯罪行为的规制。前置性法律法规具有承上启下的衔接作用,当企业数据刑事合规计划失灵时,应考虑采用前置性法律法规对不当获取或者滥用数据的行为进行规制;当不当获取或者滥用数据行为的社会危害性极为严重时,应考虑运用最为严厉的刑罚手段予以制裁。只有充分发挥前置性法律法规承上启下的衔接作用,才能建立完善的数据犯罪治理机制,以

---

[1] 参见陈兴良:《刑法哲学》,中国政法大学出版社 2004 年版,第 7 页。
[2] 何荣功:《刑法"兜底条款"的适用与"抢帽子交易"的定性》,载《法学》2011 年第 6 期。

第六章 预防性刑法的具象考察与模式革新（下）

准确把握实现有效社会治理与保护科技创新的刑法规制"尺度"。

2. 正确处理数据违法与数据犯罪之间的关系

作为法定犯，数据犯罪的罪状中包含前置性法律法规的规定，也即数据犯罪的构成要件是开放的犯罪构成要件，而前置性法律法规对于数据犯罪的认定具有关键的定型性作用，也即前置性法律法规事实上具有填充犯罪构成要件的作用。因此，有权力解释前置性法律法规的行政机关在客观上存在对刑法规范进行扩大解释的可能，也有司法机关为追求刑事违法性认定和行政违法性认定的统一，而随意扩大前置认定规范依据范围，这些都是需要加以克服的。① 应当看到，对于数据犯罪的认定而言，违反前置性法律法规是构成相关数据犯罪的充分而非必要条件。也就是说，如果行为人的行为构成了相关数据犯罪，则其必然违反了前置性法律法规的规定；但反之，如果行为人的行为违反了前置性法律法规的规定，则其并不必然构成相关数据犯罪。认定某一行为是否构成数据犯罪时，不应直接以行政违法性判断替代刑事违法性判断，而应从行为侵害法益的实质解释角度，充分发挥法益的限缩功能，以免将数据违法行为误认为数据犯罪而不当扩大刑法的处罚范围。

3. 以适度预防理念为指导设立数据违法行为犯罪化的标准

适度预防理念，从方法论意义上而言，在于为具有一般预防必要性的行为提供犯罪化标准。根据适度预防理念，不能仅因具有法益侵害性就认定行为符合犯罪化标准。只有当行为是法益侵害既遂结果发生的必经环节或者对既遂结果的发生具有不可或缺的作用时，具有一般预防必要性的行为才可被犯罪化。具体到数据违法行为犯罪化标准的设置方面，需要满足以下两个条件：其一，穷尽前置性法律法规的防控手段。数据犯罪作为法定犯，应具有"二次违法性"，也即当且仅当某一行为违反相关前置性法律法规的规定，其严重性程度超出前置性法律法规的规制范畴时，才进入

---

① 参见张勇：《数据安全刑事合规的滤罪模式》，载《学术论坛》2022 年第 3 期。

刑法的评价视野。在数据犯罪领域存在的某一行为先进入刑法评价视野而后才被行政性法律法规规定为违法行为的现象,实属异常。例如,2009年《刑法修正案(七)》增设出售、非法提供公民个人信息罪和非法获取公民个人信息罪,2015年《刑法修正案(九)》予以修正,设立侵犯公民个人信息罪。可见,《刑法》早在2009年就将侵犯公民个人信息的行为予以犯罪化,但是直到2017年《民法总则》才把公民个人信息作为独立人格权予以保护,2021年才有专门保护公民个人信息的《个人信息保护法》。对于侵犯公民个人信息的行为,在民法、行政法等前置性法律法规尚未出台明确规制措施时,刑法先行入罪,实质上违背了行政犯"二次违法性"特征,也不符合刑法作为"社会最后一道防线"的保障法地位。其二,遵循比例原则。对于可能危害国家安全、为恐怖活动等严重危及公共安全的犯罪行为提供助力,或者可能造成无法进行事后补救的损失的数据犯罪,可以奉行"打早打小"原则,以积极刑法观为指导,将具有一般预防必要性的行为予以犯罪化。而对于其他类型的数据违法行为,应着重突出前置性法律法规的治理作用,严守刑法的保障法地位。[①] 如此,方能准确把握刑法介入社会治理的限度。

---

① 参见贾宇:《数字经济刑事法治保障研究》,载《中国刑事法杂志》2022年第5期。

后　　记

在这个充满挑战与变革的时代，刑法学作为维护社会秩序与正义的基石，其重要性愈发凸显。在键盘的敲击声中，我开启了对预防性刑法的探索之旅；而今，随着最后一段文字的落定，这份学术的果实终于成熟待摘。在这段既孤独又充实的写作旅程中，我深刻体会到了刑法学蕴含的深邃思想与实践智慧。

特别向所有参与本书编辑、校对和出版工作的人员表示衷心的感谢，没有他们耐心、细致的工作，本书不可能如此顺利地呈现在读者面前。感谢我的家人，他们的支持和理解是我能够专注于学术研究的坚强后盾。感谢我的老师、同事和学生，他们提出的宝贵意见使我的研究更加深入和全面。此外，我还要感谢那些在法律实践中不断探索和创新的实务工作人员，他们对法律的深刻理解和对正义的不懈追求，为刑法学的学术研究提供了宝贵的实践经验和案例分析。

在学术的海洋中，每一本书都是一艘船，承载着作者的思考和见解，驶向读者的心灵港湾。我希望本书能够成为一艘稳健的船只，为读者提供有价值的见解和启发，无论是对法律专业人士还是对普通读者。如果本书能够激发读者对刑法学的兴趣，或者对法律实践有所裨益，那将是我最大的荣幸。

本书的完成,对我来说是一个里程碑,但也是一个新的开始。法律是一个不断发展和变化的领域,面对数字经济时代所带来的新挑战,预防性刑法如何适应并服务于法治社会的构建,将是我未来研究的重点。我期待着与更多的同行一起,继续探索刑法学的奥秘,为建设法治社会贡献自己的力量。

再次感谢所有支持和帮助我的人,没有你们,就没有这本书的问世。我期待与你们的进一步交流,并希望本书能够成为我们共同探索刑法学奥秘的起点。